토지투자의 틈새
국유재산 활용법

# 나라 땅 내 땅처럼 사용하기

토지투자의 틈새
국유재산 활용법

# 나라 땅 내 땅처럼 사용하기

이인수(코랜드연구소장) 지음

## 국공유지 투자에 대해 알고 있는가?

조금이라도 토지투자 경험을 가지고 있는 사람이라면 잘 알고 있을 만한 내용 중 하나가 바로 나라 땅을 내 땅처럼 쓸 수만 있다면 그 자체가 대박일 수 있다는 것이다. 필자도 현장에서 그러한 고수들을 가끔씩 만나곤 한다. 큰 땅, 특히 임야를 개발하는 경우에 종종 볼 수 있는 투자의 블루 오션Blue Ocean이라고 할 수 있다.

아래에서 사례를 통해 소개하는 것처럼 국공유지를 활용한 투자법에서 가장 기본적인 것은 대부분의 투자자들이 알고 있는 진입로 개설과 관련된 토지투자법이다. 이런 경우, 해당 토지와 인접한 곳에 국가 및 지자체 소유인 국유지 및 공유지가 있는지를 먼저 살펴본다.

국유지 및 공유지가 있다면 법률에서 정한 규정에 의한 도로를 개설하기 위한 국유재산의 점용허가 및 사용수익허가, 또한 구거가 있다면 농업기반시설 목적 외 사용 등의 허가를 통해서 진입로의 확보가 가능하기 때문이다.

일반 투자자들이 잘 모르는 알짜배기 토지투자 사례 가운데 국유지를 활용한 투자가 의외로 많다.

국유지는 크게 두 가지로 나눌 수 있다. 국가에서 필요로 하는 땅인 행정 재산과 그렇지 않은 일반재산이다. 투자 대상은 일반적으로 개인들이 점유하고 있는 후자인 일반재산에 해당한다.

일단 시세보다 저렴하게 감정 평가된다는 점과 희소성에 대한 가치 등을 장점으로 꼽을 수 있다. 또 적지 않은 부분이 주변 농지에 포함되어, 국유지와 접해 있는 농지 소유자가 점유하고 있는 곳도 많다.

이러한 상황은 토지 경계가 애매한 곳이 많아 지주들이 농사를 짓다 농작물 을 관리하는 과정에서 보이지 않는 경계를 넘어가기 때문이다. 필자 역시 이 점과 연계해 국유지를 이용한 투자수익을 극대화 시켰던 사례가 있었다.

이런 사례에서 필자가 의뢰인에게 추천한 곳은 바로 생산관리지역 내 농지로, 국유지와 인접한 곳이다.

필자는 국유지 불하에 대한 분석을 토대로 국유지와 접해 있으면서 점유를 하고 있는 지주들에게 국유지 매수청구를 권유했다. 이런 경우 해당 지자체는 매매 여부를 결정해야 한다.

앞서 말한 대로 국유지는 시세보다 저렴하게 감정된다. 이 점이 투자를 통해 시세차익을 볼 수 있는 포인트다. 소액 투자처로도 괜찮은 곳이다.

토지투자 전문가들은 적은 규모의 국유지에 접한 사유지(맹지)를 만나는 경우가 많은 편인데, 이런 경우에도 국공유지에 투자할 기회를 만날 수 있다. 물론 국유지에 접한 맹지를 보고 적합한 사업 기회를 만들어낼 수 있는 기획력과 토지투자에 대한 노하우가 있는 경우 접근할 수 있는 방법이다.

그러나 누구나 발품을 팔며 지속적으로 토지투자에 대한 노력을 기울인다면 같은 방법으로 충분히 성공 사례를 만들 수 있다.

따라서 가장 쉬운 국공유지 투자 방법은 복잡한 부동산법을 파헤치며 시간을 보내는 것보다는 주위의 믿을 만한 전문가를 통해 자문을 구하는 것이 가장 현명한 투자방법이라 말하고 싶다. 바로 이런 점에서 필자는 이 기회에 국공유지 투자에 대한 노하우를 전달하고 싶었다.

다른 한편으로, 국공유지 투자방법을 요약한다면 투자시세보다 저렴한 국유지, 기획력과 투자 노하우가 필수라는 점이다.

국유지는 시세에 비해 감정 평가가 저렴하다는 점을 노려야 하며 광활한 농림지역을 제외한 관리지역이 투자 포인트이고, 무엇보다 점유자에게 우선권 있다는 점일 것이다.

일반적으로 새로운 도로의 개설은 인근 지역 개발과 밀접한 관련이 있다. 새로운 도로의 개설은 국공유지가 될 것이고 과거의 폐도로나 구거 등은 용도폐지가 되어 일반재산으로 전환되어 매각의 과정을 거치게 된다.

산 속 묵은 밭도 도로가 개설되고 접근성이 용이해지면 활용도가 더욱 다양성 있게 바뀌게 된다. 주변 환경마저 우수하다면 가치가 높아져 투자자가 몰릴 것이다.

이러한 주변 토지의 개발은 하천, 구거 등의 형상 변경을 가져와 유수의 흐름에 변화를 가져오기 마련이다. 따라서 용도전환이 불가피한 상황으로 변하게 된다.

사유지와 연접한 용도를 다한 국유지는 국유재산법에서 매각이 가능하도록 규정하고 있다. 이러한 규정은 재산의 보전과 관리의 효율성을 높이고자 하는 데 목적이 있는 것으로 생각된다.

또한 여러 사정으로 국유재산을 일부 점유해 건축물이 축조된 경우 그 국유재산의 매입으로 적법화를 꾀할 수도 있다.

'옥에 티'라는 속담이 있다. 이 땅과 합필하면 좋을 텐데 라고 고민하는 투자자들이라면 본서가 해답을 찾는 데 도움이 되었으면 한다.

국유재산법은 용도폐지와 매각 가능한 처분의 규정을 두고 있다.

이러한 법 규정을 잘 살펴 매수에 성공하여 사유재산과 합필한다면 활용도를 높이고 토지투자 수익 향상에도 큰 도움이 될 것이라 기대한다.

주식, 부동산 등 재테크 정보만큼이나 몇 가지 국유지 상식만 알아도 돈을 벌 수 있다.

실제로 우리나라 국유지는 국토 전체 면적(100,140㎢)의 23.7%(23,705㎢)나 차지할 정도로 국유지 비율이 결코 적지 않다.

또, 국유지를 낙찰 받을 수 있는 온비드(Onbid, 캠코 운영 공매사이트)는 경매보다 경쟁률이 낮기 때문에 토지 재테크의 블루오션으로 떠오르고 있다.

이에 국유지 사용과 관련해 돈이 되는 유익한 정보 몇 가지만 알아둔다면 국유지로 인한 '손해'보다 '득'이 되는 일이 많아질 것이다.

코랜드연구소 소장 이인수

# 차례

# PART 3.
# 국유재산처분기준과 매입 실전

## 2019년도 국유재산처분기준

## 국공유지 관리체계와 취득 및 처분

## 국유지 매입에서의 체크사항

# 부록

## 국공유재산 계약 관련 참고서류

# PART 1.

## 국공유지
## 투자의 미래

# 국공유지란 무엇을 말하는가?

## 국공유지의 개념

국유지 vs 공유지

국유지 ≒ 공유지 and 국유지 ≠ 공유지

국·공유지는 국가 또는 지자체 소유의 토지로서 국유재산법과 국유재산법에 근거하여 취득, 운영, 관리되는 국·공유재산의 하나.

| | | |
|---|---|---|
| **국유지** | 국유재산 (국유재산법 제5조) | 1. 부동산과 그 종물<br>2. 선박, 부표, 부잔교, 부선거, 및 항공기와 그들의 종물<br>3. 정부 기업이나 또는 정부 시설에서 사용하는 중요한 기계와 기구<br>4. 지상권, 지역권, 전세권, 광업권, 그 밖에 이에 준하는 권리<br>5. 지분증권, 채무증권, 수익증권, 투자계약증권, 마생결합증권, 증권예탁증권<br>6. 특허권, 저작권, 상표권, 실용신안권, 디자인권, 그 밖에 이에 준하는 권리 |
| **공유지** | 공유재산 (공유재산법 제4조) | 1. 부동산과 그 종물<br>2. 선박, 부잔교, 부선거 및 항공기와 그 종물<br>3. 공영사업 또는 공영시설에 사용하는 중요한 기계와 기구<br>4. 지상권·지역권·전세권·광업권과 그 밖에 이에 준하는 권리<br>5. 저작권, 특허권, 디자인권, 상표권, 실용실안권과 그 밖에 이에 준하는 권리<br>6. 주식 출자로 인한 권리, 사채권·지방채증권·국채증권과 그 밖에 이에 준하는 유가증권<br>7. 부동산신탁의 수익권<br>8. 1, 2의 재산으로 건설 중인 재산 |

출처 : 법제처, 국가법령정보센터

## 국유지의 정의

국유지는 국가가 소유하고 있는 토지를 말한다. 토지등기부 소유자 표시란에 '국'이라 적혀 있는 것이 국유지이다. 행정재산으로 분류한 국유지는 원칙적으로 매각·교환·양여는 불가능하지만, 일정한 재산은 그 재산의 내용이나 성질이 허용하는 범위 내에서는 사용할 수 있으며 그때 사용자는 사용료를 내면 된다. 국유지를 빌려서 버섯을 재배해 수익을 올리는 것과 같은 투자다.

일반재산으로 분류하는 국유지는 매각도 하고 매수청구도 할 수 있다. 근거법은 국유재산법이다.

## 국유지의 법적 지위와 역할

국가가 각종 사용목적에 공여하기 위하여 관리하고 있는 토지를 말하며, 일반적으로는 공부(등기부·토지대장·임야대장)상에 소유자가 국(國)으로 등기·등록된 토지를 의미.(국유재산법 제11조)

국유지의 존재 의의로 ① 국민 또는 주민이 공유하는 공공재로서의 역할, ② 사용·수익·허가·대부 및 매각 등을 통한 재정수입원으로서의 역할, ③ 공적 보유지 및 미래를 대비한 비축자원으로서의 역할, ④ 환경보호를 위한 환경재로서의 역할 등이 있다.

국유지는 용도에 따라 행정재산, 보존재산, 잡종재산의 세 가지로 구분한다.

2009년 현재 우리나라의 국유지 총 면적은 23,891㎢이고, 전체 국토 면적(99,897㎢)의 24%이다. 대부분 임야(65.5%)이므로 사실상 가용 국유지 면적은 협소하다.

관리기관에는 관리·처분에 관한 사무를 총괄하는 총괄청(기획재정부)과 그 사무를 직접 담당하는 관리청, 이외 지방자치단체와 위탁관리기구가 있다.

# 국공유지의 변천과 현황

### 국공유지 관리 정책의 흐름

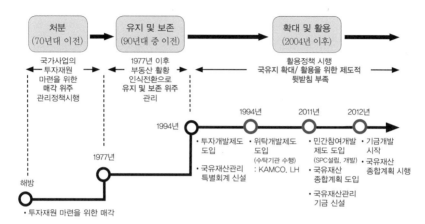

우리나라의 국유지 정책은 크게 다음과 같은 세 시기로 구분하여 살펴볼 수 있다.

① 1945~1976년. 정부수립 초기에 부족한 재정의 확충과 1960년대의 경제개발계획에 따른 막대한 개발자금을 조달하기 위하여 매각을 확대하는 정책을 실시하였다.

② 1976~1993년. 국유지의 보존 필요성을 강조하는 차원에서 관련 제도를 도입하고 국유지에 대한 실태조사 및 권리보존 조치를 취하였다. 이에 1977년 국유재산관리계획을 도입·시행하였고, 1985~1991년 제1차 국유재산실태조사 및 권리보전조치를 추진하여 116만 필지의 국유지에 대하여 등기를 완료하였다.

제2차 국유재산실태조사 및 권리보전조치를 추진한 1992년부터 지적地籍의 전산화가 시작되었다.

③ 1990년대 이후. 각종 개발사업과 지가상승으로 토지에 대한 관심이 높아지면서 국유지 이용에 대한 수요가 증대하여, 1994년도부터는 국유지를 확대·활용하기 위한 재산관리제도의 개선이 이루어졌다. 이에 1994년 국유지 신탁제도와 국유재산관리특별회계가 도입되었다.

**국토 면적과 국유지 현황**

| (%) | 국유지 | 행정재산 | | | | | 일반재산 | 공유지 | 사유지 | 국토 면적 합계 |
|---|---|---|---|---|---|---|---|---|---|---|
| | | 소계 | 공용 | 공공용 | 가업용 | 보존용 | | | | |
| 면적 | 24,940 | 24,199 | 15,208 | 7,689 | 0.4 | 1,212 | 831 | 8,003 | 67,266 | 100,209 |
| 구성비 | 24.9 | 24.1 | 15.2 | 7.7 | 0.0 | 1.2 | 0.8 | 8.0 | 67.1 | 100.0 |

• 출처 : 2016 회계연도 국유재산관리운용 총 보고서(d-Brain 기준) / '17년도 국토교통부 지적통계 연보

## 국공유지의 관리 방향과 관리청

국유지를 활용하기 위한 제반정책의 시행에도 불구하고 전 국토의 약 1/4 이나 되는 국유지가 소극적 관리로 인해 부실하게 관리되어 문제가 제기되고 있다.

2008년 국유재산관리계획 집행 실적을 분석한 결과 무상사용 및 양여되고 있는 국유지는 274㎢로, 유상으로 전환할 경우 대장 금액 기준으로 약 4,044억 원 수준인 것으로 나타났다.

이러한 국유지관리의 부실은 관리 조직의 분산, 관리 인원 및 관리 능력의 부족, 관련 정보의 체계적 관리의 미흡에서 기인한 것으로 보인다.

이에 2010년 2월 국유지 가치를 제고하고 관리시스템을 선진화하기 위해 기획재정부·조달청 및 한국자산관리공사(KAMCO)의 전문가로 국유지 선진화기획단을 구성·발족하였다.

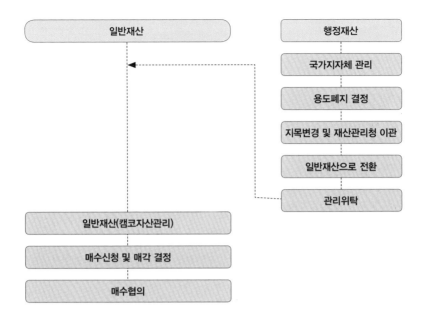

일반재산

행정재산
↓
국가지자체 관리
↓
용도폐지 결정
↓
지목변경 및 재산관리청 이관
↓
일반재산으로 전환
↓
관리위탁

일반재산(캠코자산관리)
↓
매수신청 및 매각 결정
↓
매수협의

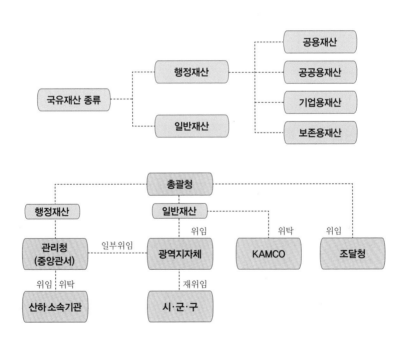

국유재산 종류

행정재산
일반재산

공용재산
공공용재산
기업용재산
보존용재산

총괄청

행정재산
일반재산

관리청
(중앙관서)

일부위임

광역지자체

위임

KAMCO

위탁

조달청

위임

위임 / 위탁

산하 소속기관

재위임

시·군·구

## 국유재산의 종류

국유재산은 행정재산과 일반재산으로 구분하여 관리한다. 간단히 설명하자면 행정재산은 처분(매각)하지 못하는 재산이고 반면에 일반재산은 처분이 가능한 재산이다.

### 행정재산

행정재산은 국유재산법 제27조의 규정에 의해 특별한 목적 이외에는 처분이나 교환, 양여할 수 없도록 하고 있다.

행정재산은 도로, 구거, 하천, 청사(시청 건물, 동사무소 건물) 등 공용이나 공공용으로 사용하는 재산을 말한다.

### 일반재산

행정재산을 제외한 전부가 일반재산으로 구분 관리한다. 국유재산법 제41조의 규정에 의하여 대부 또는 처분 가능한 재산으로 분류된다.


## 국유재산의 분류 이유

행정재산과 일반재산(구 잡종재산)을 구별하여 관리하는 이유는 적정한 보호와 효율적인 관리 및 처분을 목적으로 하기 때문이다.

도로, 구거, 하천, 청사 등 행정재산은 처분을 금지하고 있고, 사용을 하고자 할 경우에는 사용허가를 받아야 한다. 반면 일반재산은 매각하거나 또는 대부신청에 의해 대부계약 체결 후 사용할 수 있는 재산이다.

허가는 일반적으로 금지되어 있는 행위를 특정인에 한하여 사용하도록 해제하는 행정이 우월적 지위로서의 행정처분이고, 대부는 사인의 계약행위와 같이 계약 체결로 사용하게 되는 것을 말한다. 일반재산은 시효취득이 가능하나 행정재산은 시효취득 주장을 할 수 없는 재산이기도 하다.

정리하자면 행정재산은 매수할 수 없는 재산이고, 일반재산은 매수 가능한 재산이라 할 수 있다.


## 간단히 구별하는 방법

해당 재산의 토지대장에 소유자가 '기획재정부'로 표기된 재산은 일반재산이다. 일반재산은 그 재산이 소재하는 관할 시·군·구(시청·자치구청·군청을 말함) 즉 지방자치단체에서 관리해 왔으나 현재는 캠코(한국자산관리공사)가 위탁 관리하고 있다.

토지대장에 국토교통부나 농림축산부 등, 즉 기획재정부가 아니면 행정재산으로 보면 된다.

| 구분 | 행정재산 | 일반재산 |
|---|---|---|
| 행정목적 사용 여부 | 사용 중 | 용도폐지된 재산 |
| 활용 및 처분 여부 | • 행정목적에 지장이 없는 범위에서 사용 허가 가능<br>• 매각 등 처분 불가 | • 대부 가능<br>• 매각 등 처분 가능 |


### 행정재산
▶공용 재산 : 국가나 지방자치단체가 직접 사무용이나 사업용 또는 공무원의 주거용으로 사용하거나 앞으로 5년 내에 사용하기로 결정한 재산(청사, 관사, 학교 등)

▶ 공공용 재산 : 국가나 지방자치단체가 직접 공공용으로 사용하거나 앞으로 5년 내에 사용하기로 결정한 재산(도로, 제방, 하천, 구거, 유지, 항만 등)

▶이외 기업용 재산과 보존용 재산으로 세부적으로 구분.

- 국가의 행정목적을 직접 수행하는 데 필요한 재산으로서, 대부, 매각, 교환 등 처분이 제한되며
- 행정재산은 공용폐지(용도폐지)가 되지 않는 한 사법상 거래의 대상이 될 수 없고
- 취득시효의 대상이 되지 않으며(대판 1995. 12. 22, 95다 19478)
- 또한 행정재산을 소관청이 모르고 매각하였어도 그 매각 처분은 무효임

## 일반재산

행정재산 외의 국유재산 또는 지방자치단체 재산을 말한다.

- 국유의 사물로서의 성질을 가지므로 대부, 매각, 교환, 양여 또는 신탁할 수 있으며
- 법률로 특별히 정한 경우에는 현물출자도 할 수 있음. 즉 법률에 특별히 규정된 것을 제외하고는 사법의 적용을 받는 것을 의미함
- 취득시효의 대상이 되므로 재산관리의 주의를 요하며(대판 1995. 4. 28, 93다 42658호)
- 일반의 사용이 금지되고, 대부계약이나 기타 정당한 사용허가를 받은 경우에만 사용·수익할 수 있음

# 국공유지의 종류에 따른 투자 여부 분석

## 일반재산과 행정재산에 따른 투자

국유지 매입은 해가 갈수록 그 세부규정이 까다로워지고 있다.

과거에는 국가재정 확충을 목적으로 국유지를 매각하여 왔으나 근래에는 국유지 집단화나 보존 관리하는 방향으로 그 정책이 바뀌었다. 따라서 국유지 매입에 있어서 법령이 정하는 규정에 적합하여만 매입이 가능하므로 그 절차와 타당성 여부를 잘 고려해야 한다.

국유재산은 행정재산과 일반재산 등으로 구분되는데, 일반적으로 행정재산은 공용(청사건물 등) 또는 공공용(도로 등) 재산을 말하며, 일반재산(구 잡종재산)은 매각 가능한 재산을 말한다고 앞에서 설명했다.

행정재산은 공용과 공공용 목적으로 사용되었으나 그 용도가 다하면 용도폐지하여 일반재산으로 관리하여야 한다.

예를 들면 도로 선형개량 공사로 폐도로가 된 경우, 도로개설 후 잔여지의 경우 등이 이에 해당한다. 행정재산의 목적으로 토지를 매입하여 잔여지가 발생한 경우 연접한 토지소유자는 그 잔여지에 대하여 경우에 따라서 수의계약으로도 매입할 수 있는데, 이때 행정재산인 그 잔여지는 반드시 용도폐지가 선행되어야 한다. 용도폐지 후 일반재산이 되면 비로소 국유지를 매입할 수 있다.

　도로 잔여지는 용도폐지가 선행된 후 국유지 매입이 가능하다.

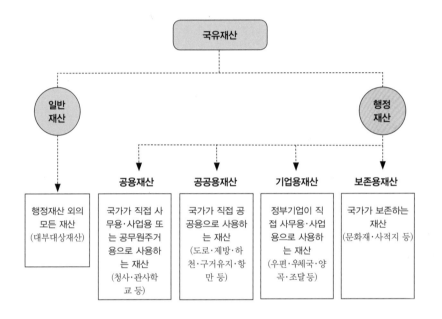

　행정재산을 용도폐지하여야 만하는 사유(국유재산법 제40조, 이하 법)는 다음과 같다.

　① 행정목적으로 사용되지 아니하게 된 경우.
　② 행정재산으로 사용하기로 결정한 날부터 5년이 지난날까지 행정재산으로 사용되지 아니한 경우.

　①, ②와 같은 경우에는 의무규정이기 때문에 재산관리관은 그 사유에 해당할 경우에는 용도폐지를 하여야 한다.

용도폐지한 때에는 그 재산을 총괄청에 인계하여야 하는데, 인계 후 일반재산으로 관리하게 된다.

이 때부터 경우에 따라서 매각 가능한 재산이 될 수 있다.

**국유재산의 매각 및 대여료 수입**

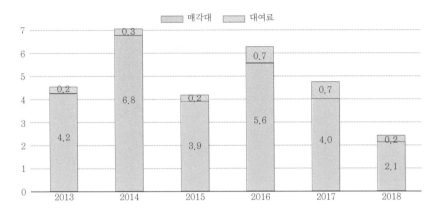

| | 2013 | 2014 | 2015 | 2016 | 2017 | 2018 |
|---|---|---|---|---|---|---|
| 합계 | 4.4 | 7.1 | 4.1 | 6.3 | 4.7 | 2.3 |
| 매각대 | 4.2 | 6.8 | 3.9 | 5.6 | 4.0 | 2.1 |
| 대여료 | 0.2 | 0.3 | 0.2 | 0.7 | 0.7 | 0.2 |

주 : 2018년은 1~12월을 합산한 수치임
자료 : 기획재정부, 월간 〈재정동향〉

다음은 법령이 정하는 국유지 매입 가능한 세부적인 내용을 살펴보자.

국유지 매입 시 그 처분방법은 경쟁입찰이 원칙이다.

예외적으로 계약의 목적·성질·규모 등을 고려하여 필요하다고 인정되면 참가자 자격을 제한하거나 참가자를 지명하여 경쟁에 부치거나, 수의계약으로 처분할 수 있다. (법 제43조)

그렇다면 일반인이 수의계약으로 국유지 매입하기 위해서는 어떤 경우에 해당되어야 가능할까?

## 국유재산 매입(불하)

재산의 위치, 규모, 형상, 용도 등으로 보아 매각하는 것이 유리하다고 판단되는 경우 '관리계획심의'를 거쳐 매각된다. 일반적으로 공개경쟁입찰 방식으로 진행되지만 경우에 따라 수의계약으로 진행된다.

| 수의계약 방식을 택하는 경우 |
| --- |
| • 국가지분 면적이 특별시 300㎡, 기타 시 500㎡, 기타 지역은 1,000㎡ 이하의 토지를 공유지분권자에게 매각할 때<br>• 토지의 형상 및 폭 5m 이하로서 국유지 이외의 토지와 합필이 필요한 토지<br>• 농업진흥지역 안의 농지로서 10,000㎡ 이하의 범위 안에서 동일인이 5년 이상 계속 경작한 자에게 매각하는 경우<br>• 토지면적이 시 지역에서는 1,000㎡, 시 외의 지역은 2,000㎡ 이하로서 7989. 1. 24 이전부터 국유 외의 건물이 있는 토지<br>• 건축법 제57조 제1항의 규정에 의한 최소분할면적에 미달하는 일단의 토지로서 그 경계선의 1/2 이상이 사유토지와 접하는 경우에 한하여 수의계약 방식으로 진행되지만 기타의 경우 공개경쟁입찰 방식으로 진행된다. |

첫째, 국유재산으로서 이용가치가 없으며, 국가 외의 자가 소유한 건물로 점유·사용되고 있는 다음 '가. 나.' 어느 하나에 해당하는 국유지를 그 건물 바

닥면적의 두 배 이내의 범위에서 그 건물의 소유자에게 매각하는 경우.

　가. 2012년 12월 31일 이전부터 국가 외의 자 소유의 건물로 점유된 국유지
　나. 토지 소유자와 건물 소유자가 동일하였으나 판결 등에 따라 토지 소유
　　　권이 국가로 이전된 국유지

　둘째, 사유지에 설치된 국가 소유의 건물이나 공작물로서 그 건물이나 공작
물의 위치, 규모, 형태 및 용도 등을 고려하여 해당 재산을 그 사유지의 소유자
에게 매각하는 경우.(법 시행령 제40조 제3항 제14호)

　셋째, 국유지의 위치, 규모, 형태 및 용도 등을 고려할 때 국유지만으로는 이
용가치가 없는 경우로서 그 국유지와 서로 맞닿은 사유토지의 소유자에게 그
국유지를 매각하는 경우. (법 시행령 제40조 제3항 제16호)

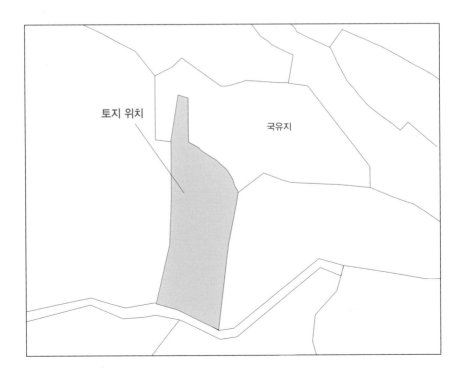

넷째, 사도법 제4조에 따라 개설되는 사도에 편입되는 국유지를 그 사도를 개설하는 자에게 매각하는 경우. (~제18호 자목)

마지막으로 "재산의 위치·형태·용도 등이나 계약의 목적·성질 등으로 보아 경쟁에 부치기 곤란한 경우(~ 제27호) 등이 있다.

사유지와 접한 국유지 매입은 단독 접하고 있을 시 수의계약 가능하다.

## 경쟁입찰이나, 수의계약이냐?

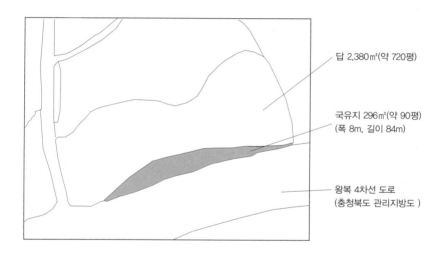

답 2,380㎡(약 720평)

국유지 296㎡(약 90평)
(폭 8m, 길이 84m)

왕복 4차선 도로
(충청북도 관리지방도 )

국유지를 수의계약으로 매입을 위해서는 우선 타당성 조사가 선행되어야 한다. 타당성 조사를 위해서는 첫째 각종 공부조사 분석, 둘째 이용실태 확인 조사 및 사실관계 확인 증빙자료 확보, 셋째 관련부서 사실 및 법령관계 확인 또는 협의, 넷째 이를 토대로 한 서류작성, 마지막으로 국유지 매입 관련 관계 기관 협의 및 신청 절차 등을 거치게 된다.

이때 행정재산이 그 용도를 다하여 용도폐지가 되어야 함에도 방치되는 경우 사안에 따라서 문제해결에 상당한 경험과 실력을 요구한다.

국유지 매입에 있어 위 사항에 해당된다면 수의계약으로 그 국유지를 매입할 수 있다.

행정재산 용도폐지를 선행한 후 일반재산으로 변경하는 과정도 거치면 된다. 난이도가 있지만 법령이 규정하는 범위 내 있다면 해결할 수 있다. 또 통로 확보를 위하여 사도를 개설하고자 할 때 국유지를 매입할 수 있다. 그러므로 위 규정에 해당한다면 해당 국유지 매입으로 토지 활용도를 높일 수 있다.

## 국공유지 매각을 위한 평가 원칙

### 1. 국공유지 처분(매각) 평가 시 획지조건 적용의 문제

#### 가. 점검목적

획지조건이 불량하여 효용이 낮은 국공유지 매각 시 일단으로 이용되는 인접토지의 가치가 증가한 경우, 가치증가분 배분에 대한 명확한 규정이 없어 감정평가사마다 다르게 적용할 가능성이 있는 바 이와 관련된 문제점을 중점적으로 검토함.

#### 나. 관련 이론 및 규정

1) 관련 이론

가) 한정가격의 개념

한정가격이란 일본 부동산평가기준에서 사용되는 용어로 어떤 부동산과 취득하는 다른 부동산과의 영향 등으로 인하여 부동산의 가치가 시장가치와

괴리됨으로써 시장이 상대적으로 한정되는 경우, 당해 한정된 시장에 기초한 경제 가치를 표시하는 적정한 가격으로 정의됨.

부동산 취득으로 인해 가치 증가가 발생하는 경우에 한정가격이 성립되며, 가치 증분은 양자가 기여하여 발생하는 것이기 때문에 양자에게 적정하게 배분하여야 함.

나) 획지조건이 불량한 국공유지의 처분(매각) 평가의 경우

획지조건이 불량한 국공유지는 단독 효용가치는 낮으나 인접토지 이용에 필요한 토지로서 매수자는 주로 국공유지 취득에 의한 기존 소유 토지의 가치 상승을 기대하고 매수를 신청하는 인접토지 소유자로 한정되어 있음.

국공유지 매각 시 통상 일단으로 이용되는 매수자 소유 토지의 가치 상승이 수반되며, 이때의 평가액은 특정 당사자(매수자와 국가 또는 지방자치단체) 간에만 성립되는 가격으로 한정가격과 관련이 있는 것으로 판단됨.

2) 관련 규정

가) 감정평가에 관한 규칙

감정평가에 관한 규칙 제7조 제1항은 개별평가원칙을 규정하고 있으며, 이는 특별한 경우가 아니면 대상 부동산의 개별적인 특성을 고려하여 평가하라는 의미로 해석되나, 매수자의 토지와 일단지로 이용 중이거나 장래 일단지로 이용될 것이 예상되어 매수자 토지의 가치 증분이 예상되는 경우 매각 대상 토지의 기여도를 어떻게 고려해야 되는지에 대해서는 명확한 규정이 없음.

나) 질의회신

국공유지 처분평가 시 ① 매각대상 토지가 매수자의 토지와 일단지로 이용 중이거나 ② 장래 일단지로 이용될 것이 예상되는 경우의 평가방법에 대한 질의에 대해서, 한국감정평가협회는 매수자의 토지와 일단지로 이용되는 상태

를 고려하여 평가하되, 부동산 가격공시 및 감정평가에 관한 법률 제21조 제2항의 규정에 따라 매각대상 토지의 위치, 지형, 환경 등 토지의 객관적 가치에 영향을 미치는 개별 획지조건과 매수자의 토지와 일단지로 이용될 경우의 기여도 등을 함께 고려하여 평가하는 것이 타당할 것으로 판단된다고 회신하고 있음.

### 다. 국공유지 처분(매각) 평가 시 "기여도" 반영 문제

1) 국공유지 처분(매각)평가 시 "기여도"를 반영하였는지 여부

획지조건이 불량하여 효용이 낮은 국공유지의 처분(매각) 목적 감정평가서를 분석한 결과 대부분 대상토지의 획지조건이 불량함에도 불구하고 인근의 획지조건이 양호한 토지 가격과 비교적 유사한 수준으로 평가한 것으로 조사되어 감정평가 시 "기여도"를 고려하는 것으로 판단됨.

2) "기여도"를 반영하는 항목

검토결과 기여도를 별도의 항목으로 분석한 감정평가서는 없으며, 대상 토지의 획지조건이 불량함에도 불구하고 획지조건이 양호한 비교 표준지와 획지조건에서 큰 격차를 두지 않는 것으로 분석되어 다수의 평가사는 획지조건에서 "기여도"를 고려한 것으로 판단됨.

3) 획지조건

토지보상평가지침 별표 1-7에서 용도지대별 개별요인 세부항목을 제시하고 있으며, 실무에서도 토지보상평가지침의 세부 항목표를 기준으로 개별요인을 적용하고 있음.

**용도지대별 획지조건 세부항목**

| 용도지대 | 세부항목 |
|---|---|
| 상업지대 | 면적, 접면, 너비, 깊이, 형상 등 / 방위, 고저 등 / 접면도로 |
| 주택지대 | 면적, 접면, 너비, 깊이 형상 등 / 방위, 고저 등 / 접면도로 상태 |
| 공업지대 | 면적, 형상 등 |
| 농경지대(대) | 면적, 경사 등 / 경작의 편부 |
| 농경지대(답) | 면적, 경사 등 / 경작의 편부 |
| 임야지대 | |
| 택지후보지지대 | 면적, 형상 등 / 방위, 고저 등 |

용도지대별로 획지조건의 세부항목은 다소 차이가 있으나 면적, 형상, 고저 (지세)가 중요한 항목이며, 접면도로 상태는 상업, 주택지대에만 적용됨.

4) 국공유지 처분(매각) 평가 시 획지조건 구성요소

국공유지 처분(매각) 평가 시 실무에서는 면적, 형상, 지세, 접면도로 상태 등 과 함께 기여도를 고려하여 획지조건 수치를 산정하는 것으로 판단됨.

**국공유지 매각(처분) 평가 시 용도지대별 획지조건 세부항목**

| 세부항목 | |
|---|---|
| 형상, 면적, 지세, 접면도로 상태(주거, 상업) 등 | + 기여도 |

**크게 늘어난 무상사용 양여된 국유재산(단위 : 건, ㎢)**

| | 2004년 | 2008년 |
|---|---|---|
| 건수 | 6,347 | 17,589 |
| 면적 | 238 | 276 |

• 토지 · 건물 등 포함, 서울시 면적 = 약 650㎢
 양여 : 국가가 대가 없이 국유재산 소유권을 국가 이외의 자에게 이전한 것
• 자료 : 기획재정부

# 국공유지 투자를 위한 현황 분석과 캠코의 온비드 활용

## 캠코와 국유재산 점유 현황 분석

부동산투자라고 하면 으레 큰돈을 들여야 한다고 생각하고 지레 포기하기 일쑤다. 그러나 눈을 부릅뜨고 부동산 틈새투자처를 찾다 보면 남들이 잘 알지 못하는 값싸고 돈이 되는 부동산들이 있기 마련이다. 그 중 대표적인 저가 매입 수단 중 하나가 바로 국가나 지자체 소유인 국공유지 부동산 투자다.

내 땅이 아니라서 토지와 건물 모두 양 등기가 되지 못하는 물건, 그것이 국유지, 시유지, 구유지이다. 땅은 나라(혹은 시, 지자체)의 것이며, 건물은 내가 소유하고 있는 경우인데, 임대료(국유지 사용료)를 내면서 자기의 권리를 주장하고 있는 부동산을 말한다.

그럼, 나라 땅은 영원히 국가 소유일 것이므로 거주자는 계속 국가가 요구하는 사용료를 내야 하는가? 아니면 쫓겨나게 되는 건가? 그럼 집은 내 소유인데 집만 도려내 줄 것인가? 내 것인가? 아닌가? 도대체 결론이 뭔가?

그래서 합리적인 절충안인 '불하(토지매수청구권)'라는 제도가 있다.

현재 국유지 위에 터를 잡고 살고 있는 사람 중에, 그 사람 명의로 건물이 등기가 되었거나, 등기는 되어 있지 않지만 해당 지자체 주택과에 무허가건물대장이 발급되는 건물의 소유주는 깔고 앉아 있는 나라 땅을 살 수 있는 권리를 갖게 되는데, 국유지 등의 소유권 이전을 할 수 있는 방식이 바로 불하를 받는

다고 표현한다. 공시지가 대비 약 150% 선에서 밀린 이용료를 모두 지불하고
불하를 신청할 수 있다.

그럼, 왜 국유지, 시유지, 구유지는 인기가 좋은 것일까?

## 돈 되는 국공유지를 찾기 위한 토지 소유 주체별 분포 현황 분석

그렇다면 돈이 되는 국공유지는 어디에 있는 것일까? 일단 캠코를 따라 가
도록 한다.

지적도를 봐도 어디가 어디인지 도통 알 수 없는 국유지를 찾아 다니느라
고생을 해본 경험이 있는 자산관리공사(캠코) 국유지관리 담당 김 과장은 요즘
격세지감을 느낀다. 김 과장은 PDA를 들고 현장을 다닐 때만 해도 더 이상 편
할 수는 없다고 생각했다. 국유지가 어디에 위치해 있는지 PDA가 척척 보여
줬기 때문이다.

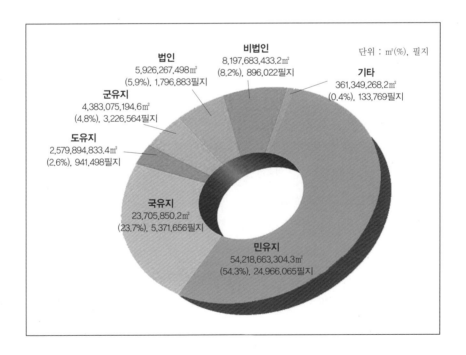

법인
5,926,267,498㎡
(5.9%), 1,796,883필지

군유지
4,383,075,194.6㎡
(4.8%), 3,226,564필지

도유지
2,579,894,833.4㎡
(2.6%), 941,498필지

국유지
23,705,850.2㎡
(23.7%), 5,371,656필지

비법인
8,197,683,433.2㎡
(8.2%), 896,022필지

단위 : ㎡(%), 필지

기타
361,349,268.2㎡
(0.4%), 133,769필지

민유지
54,218,663,304.3㎡
(54.3%), 24,966,065필지

## 경기도 지자체별 국유지 분포 현황

　GIS를 이용하여 소유자(국유지, 도유지, 시·군유지)를 구분하여 분석한 결과 30만㎡ 이상의 단일필지가 많은 시군은 양평군 156필지(23.8%), 가평군 110필지(16.8%), 포천시 74필지(11.3%) 순으로 나타났다.

경기도 지역 시·군별 국유지 분포 현황

| 구분 | 필지수 | 비율(%) | 면적(㎡) | 비율(%) |
|---|---|---|---|---|
| 가평군 | 24,806 | 3.54% | 140,762,405 | 7.07% |
| 고양시 | 23,730 | 3.39% | 69,819,225 | 3.50% |
| 과천시 | 2,206 | 0.31% | 9,352,368 | 0.47% |
| 광명시 | 3,414 | 0.49% | 5,355,459 | 0.27% |
| 광주시 | 27,027 | 3.86% | 81,366,633 | 4.08% |
| 구리시 | 3,980 | 0.57% | 10,831,991 | 0.54% |
| 군포시 | 3,655 | 0.52% | 3,437,555 | 0.17% |
| 김포시 | 16,985 | 2.43% | 67,922,829 | 3.41% |
| 남양주시 | 37,109 | 5.30% | 71,627,554 | 3.60% |
| 동두천시 | 6,157 | 0.88% | 25,088,295 | 1.26% |
| 부천시 | 3,745 | 0.53% | 3,766,616 | 0.19% |
| 성남시 | 10,499 | 1.50% | 22,544,201 | 1.13% |
| 수원시 | 12,061 | 1.72% | 22,341,333 | 1.12% |
| 시흥시 | 7,783 | 1.11% | 18,178,901 | 0.91% |
| 안산시 | 9,896 | 1.41% | 20,192,170 | 1.01% |
| 안성시 | 38,917 | 5.56% | 58,018,493 | 2.91% |
| 안양시 | 4,937 | 0.70% | 17,274,371 | 0.87% |
| 양주시 | 22,707 | 3.24% | 59,744,463 | 3.00% |
| 양평군 | 43,241 | 6.17% | 321,499,058 | 16.14% |
| 여주군 | 38,227 | 5.46% | 90,140,008 | 4.52% |
| 연천군 | 39,337 | 5.62% | 195,579,088 | 9.82% |
| 오산시 | 5,992 | 0.86% | 4,891,479 | 0.25% |
| 용인시 | 38,403 | 5.48% | 56,185,950 | 2.82% |
| 의왕시 | 4,449 | 1.64% | 8,536,743 | 0.43% |
| 의정부시 | 7,243 | 1.03% | 13,683,403 | 0.69% |

| | | | | |
|---|---|---|---|---|
| 이천시 | 39,613 | 5.66% | 63,960,201 | 3.21% |
| 파주시 | 63,563 | 9.08% | 158,232,356 | 7.94% |
| 평택시 | 39,518 | 8.50% | 101,697,350 | 5.10% |
| 포천시 | 40,627 | 5.80% | 160,526,916 | 8.06% |
| 하남시 | 8,998 | 1.28% | 21,018,058 | 1.05% |
| 화성시 | 51,496 | 7.35% | 88,761,939 | 4.46% |
| **합계** | **700,321** | **100%** | **1,992,340,411** | **100%** |

자료 : 경기도 내부자료(2010년) 가공

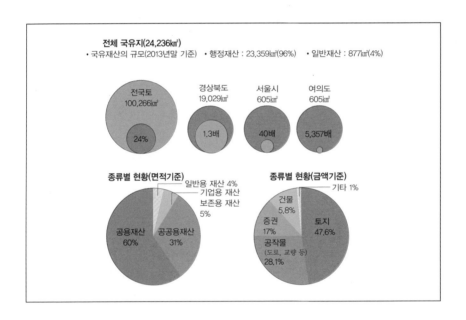

그런데 이제는 현장을 방문하지 않아도 위성사진으로 무단점유 상태나 국유지를 알 수 있는 GIS(지리정보시스템)가 활용되면서 더욱 편해졌다. 전국에 흩어져 있는 국유재산은 23,705㎢로 우리 국토의 23.7%에 달한다.

캠코는 이중에서 행정재산을 제외하고 대부나 매각이 가능한 국유지와 유가증권 등 일반 재산의 35%를 관리하고 있다. 재산 가치만 따져도 50조 원에 달하고 관리 인원만 300여 명이다. 국유지는 면적이 워낙 넓고, 위치를 찾는 것조차 쉽지 않아 시간이 오래 걸리고 인력도 많이 투입해야 한다.

캠코는 시간과 비용을 절약하기 위해 다양한 시스템을 도입하고 있다. GIS(지리정보시스템)는 구글 어스Google Earth에 착안해 만든 프로그램이다. PDA는 현장을 직접 방문해야 활용할 수 있지만 GIS는 정밀 위성사진으로 현장 방문 없이 사무실에 앉아서 수시로 국유지를 조사하는 것은 물론, 모니터링도 가능하다.

**국유재산 무단점유 현황(국유 일반재산)**

**무단점유 현황('18년 7월 기준)**  (단위 : 필지수, %, 천㎡, 억 원)

| 구분 | 보유재산 | 무단점유 필지 | | | |
|---|---|---|---|---|---|
| | | 필지수 | 비율 | 면적 | 대장금액 |
| '18년 7월 | 629,848 | 54,756 | 8.7 | 26,021 | 25,536 |

**시·도별 무단점유 현황('18년 7월 기준)**  (단위 : 필지수, %, 천㎡, 억 원)

| 구분 | | 필지 | | 면적 | | 대장금액 | |
|---|---|---|---|---|---|---|---|
| 권역 | 지역 | | 비중 | | 비중 | | 비중 |
| 수도권 | 서울 | 3,229 | 6 | 604 | 2 | 9,398 | 37 |
| | 경기 | 6,251 | 11 | 3,924 | 15 | 4,998 | 20 |
| | 인천 | 1,171 | 2 | 838 | 3 | 2,234 | 9 |
| | 소계 | 10,651 | 19 | 5,366 | 21 | 16,630 | 65 |
| 강원권 | 강원 | 5,103 | 9 | 2,563 | 10 | 641 | 3 |
| 충청권 | 충북 | 2,010 | 4 | 881 | 3 | 286 | 1 |
| | 대전·충남·세종 | 3,991 | 7 | 2,053 | 8 | 986 | 4 |
| | 소계 | 6,001 | 11 | 2,934 | 11 | 1,273 | 5 |
| 호남권 | 전북 | 6,196 | 11 | 2,597 | 10 | 673 | 3 |
| | 광주·전남·제주 | 8,281 | 15 | 4,785 | 18 | 884 | 3 |
| | 소계 | 3,310 | 6 | 7,381 | 28 | 1,557 | 6 |
| | 대구·경북 | 7,106 | 13 | 3,198 | 12 | 1,409 | 6 |

| | | | | | | |
|---|---|---|---|---|---|---|
| 부산·울산 | 5,786 | 11 | 1,383 | 5 | 2,844 | 11 |
| 경남 | 5,632 | 10 | 3,195 | 12 | 1,183 | 5 |
| 소계 | 14,553 | 27 | 7,776 | 30 | 5,437 | 21 |
| **합계** | **54,756** | **100** | **26,021** | **100** | **25,536** | **100** |

인력과 비용을 크게 절감할 수 있는 건 당연한 결과다. 출장이 잦은 국유지 관리업무 특성상 태블릿 PC가 있으면 언제 어느 곳에서도 필요한 업무를 바로 처리할 수 있게 되기 때문이다.

태블릿 PC의 도입은 최근 정부가 발표한 '스마트 워크Smart Work' 기조와도 맥이 닿아 있다.

국가나 지자체가 소유한 국·공유지 부동산을 싸게 매입해 내 집 마련과 수익성 부동산으로 활용이 가능하고, 또 임대해 농사나 사업 용도로 활용이 가능하다.

원래 국공유 부동산은 일반인이 매입·임대하기 어려우나 해당기관이 보유와 활용가치가 떨어진다고 판단할 경우 또는 놀리고 있는 땅을 효율적으로 활용하기 위해 용도폐지 절차를 거쳐 일반인에게 매각 또는 임대하게 된다. 주로 온비드를 통해 매각·임대하는 것이 원칙이나 수의계약 방식으로 처분하기도 한다.

지자체에서 공개경쟁 입찰방식으로 매각하는 이들 부동산은 나대지와 주거지, 공장 터에서 사무실 건물, 모델하우스까지 다양하다. 지자체 재정상 관리하기 어렵거나 매각 필요성이 있는 부동산을 모아 처분 또는 임대하고 공시지가나 기준시가 수준에서 매각해 알짜 부동산을 고를 수 있는 기회가 많다.

산림청, 정부투자기관 등도 우량 매물을 수시로 싼값에 처분하고 있으므로 사전에 매물 확보를 위한 발 빠른 정보 습득이 중요하다.

국공유지의 매입은 통상 6개월 정도의 시간을 요한다.

## 국유지 : 잡종재산

국가가 소유자이고 소관청이 재정경제부인 부동산이다.

관할 시·군·구청 재산관리과(통상 회계과 또는 재무과)에 매수신청 → 타당성 검토 → 국유재산관리계획 요청 → 상급기관 또는 국무위원(공유지는 시·군의회) 재결 → 국유재산관리계획 작성 → 감정평가 (2개 감정평가기관) → 매각 통보 (2개 감정평가기관의 평가액 산술 평균치) → 매매계약 등의 순서를 거친다.

국유재산 관리기관 : 한국자산관리공사

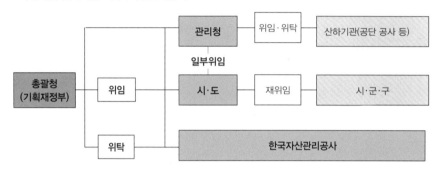

## 국유지 : 행정재산

소유자가 국가이고, 소관청이 국토교통부 등인 부동산이다

매수신청 전에는 반드시 해당부서에 용도폐지 절차를 먼저 거쳐야 한다.

공유지도 위 국유지와 거의 같은 순서를 거친다.

아파트 부지를 위한 매입 이라면 먼저 주택법에 의한 아파트 부지의 지정을 받아야 하며, 실시계획승인이 나면 그 사본을 첨부하여 매수신청을 하여야 한다. 이 경우 잡종재산이 아닌 행정재산으로 그 지목이 도로·구거 등인 경우, 대체되는 시설을 설치하여야 하는 경우 그 비용의 한도 내에서 국·공유지는 무상으로 취득이 가능하다. (용도폐지 절차를 거치기 전 사전협의를 요한다.)

또한 아파트 부지로 매입하기 위해서는 부지 총면적에 따른 국공유지의 면적 제한과 아파트 건립 시 국민주택 이하 규모의 비율 등이 있을 수 있으므로 참고해야 한다.

행정재산의 아파트부지 편입 시 무상취득 여부를 잘 협의해야 하며 (용도폐지가 되어 그 재산이 재정경제부로 이관되어 잡종재산이 되면 거의 불가능하다.) 참고해야 하는 법률은 국유재산법, 주택법, 지방재정, 국유재산관리계획 아래 8호는 2004년도 국유재산관리계획의 일부다.


주택법 제16조, 제17조 및 제25조의 규정에 의하여 매각 대상이 되는 재산을 당해 사업주체에 매각하는 경우.

다만, 매각 대상 국유지 면적이 주택건립 부지 전체 면적의 20% 미만(주택법 시행령 제2조에 해당하는 공동주택으로 점유된 국유지에 재건축하는 경우에는 국유지 편입비율의 제한을 받지 않는다.)에 한한다.

아파트 등을 건설할 때 국유지를 매입하는 건 거의 대부분 그 부지 내에 편입된 도로나 하천, 구거 등의 행정재산이 많고(이 경우 소유자가 국: 건설교통부로 표기됨) 잡종재산 (국: 기획재정부로 표기)일 경우도 있는데, 행정재산의 경우에는 기존 국유재산의 대체시설을 설치하는 경우, 원칙상 기존의 토지는 사업시행자에게 무상 귀속되고 새로이 설치되는 재산(보통 도로가 많음)은 국가로 귀속되게 된다.

이런 경우 굳이 국공유지를 매입하지 말고 무상귀속 여부를 문의해본 후 처리한다. 단, 이 경우에도 잡종재산의 경우에는 무상귀속이 안 되고 매입해야 하며, 새로이 설치된 재산은 다시 내놓아야 한다. 그러므로 무상귀속 여부를 반드시 참고해야 한다.

그리고 매입 시 가격은 2개 이상의 감정기관에서 산정된 금액의 평균가액 (공시지가보다 고액임)으로 매입하게 되며 이 경우 예정가액이 공개된다.

그러므로 용도폐지 후 잡종재산으로 전환한 후에야 매입할 수 있으며, 이
경우에는 측량등이 필요할 경우 시간이 더 걸릴 수도 있다. 그리고 공유지의
처분 시 소규모의 경우 자체 심의(국유지의 경우 도 심의, 서울시 등 광역시의 경우 시
심의)를 받지만 그렇지 않은 경우에는 국유지의 경우 국무회의 심의, 공유지의
경우 자체 의회심의를 받아야 한다.

때에 따라서는 국공유지는 유상매수한 후 새로 조성한 도로 등을 무상으
로 기부채납해야 할 수도 있다. 기부채납은 건축허가 시 조건으로 첨부하게
된다.


## 내 집 마련에도 활용되는 재개발 국공유지 투자법

재개발지역 내 국공유지를 값싸게 매입(불하)해 아파트 조합원 자격을 얻어
내는 방법도 있다. 통상 국공유지 점유권 투자라고도 하는데, 국가나 지자체
소유의 땅에 무허가로 지어놓은 주택 중 해당 자치구의 무허가건물관리대장
에 올라 있는 주택 소유권을 매입하는 것이다.

무허가여서 불법이지만 자치구 내 무허가건물관리대장에 등재돼 있으면
점유를 인정해 합법적으로 재개발 조합원 자격을 얻을 수 있다.

국공유지가 투자대상이 되는 이유는 재개발지역 내 사유지를 매입해 재개

발 조합원 자격을 사는 것보다 초기 투자자금이 적기 때문이다. 통상 사유지보다 20~30% 저렴해 투자수익이 크고 재개발사업 초기에 소자본으로 내 집 마련이 가능하다. 불하대금은 장기저리의 분할납부 방식으로 이뤄진다. 10%의 계약금을 납부하고 나머지는 연 5%에 15년 분할 납부하면 된다.

다만 국공유지 점유 토지는 불하계약에 의하여 투자해야 한다. 불법 중개업자의 말만 믿고 잘못 구입할 경우 토지불하 대금과 추가부담금, 구입금액을 합하여 일반분양 금액보다 훨씬 많은 돈을 물게 돼 투자 실패로 이어질 수 있다.

불하 대금은 사업시행 인가시점을 기준으로 토지를 평가하여 정해지며, 이주비 지급시점 전에 불하계약을 끝마치므로 토지불하 대금을 알 수 있어 해당 권리가액을 가늠한 후 투자해야 한다.

재개발 국공유지투자 시에는 기존 점유권자가 자치구에 점용료를 해마다 납부하고 있는지 확인해야 한다. 통상 기존 점유권자는 점용료를 납부하지 않고 있다가 이주비 등으로 공제 당하는 경우가 많으므로 해당 자치구 재무과에서 계약자가 정당한 권리의 유무, 점유면적, 점용료 납부내역 등을 반드시 체크해야 한다. 기존에 재개발구역에서 살고 있던 원주민에게서 매입하면 등기비용을 절감할 수 있다. 일부 자치구의 경우 원주민으로부터 최초로 매수한 자는 등기비용 없이 명의변경을 해 준다.


국유재산 매각과 대부입찰에 참여하려면 인터넷을 이용해 한국자산관리공사의 온비드 (www.onbid.co.kr)에 접속해 필요한 부동산의 매물을 검색해보면 된다. 회원가입 후 안내절차에 따라 입찰에 참가하면 되고 공개입찰에 참여하기 위한 별도의 자격제한은 없다. 개인과 법인, 외국인 등 누구든지 입찰할 수 있다.

2회 경쟁입찰 후에도 낙찰자가 결정되지 않으면, 다음 회부터는 최초 예정가에서 10%씩 하락하고 최고 50%까지 떨어질 수 있다.

절차는 기본적으로 법원경매와 비슷하지만 입찰 실시 하루 전에 미리 입찰한다는 것을 등록해야 하는 점이 다르다. 낙찰이 결정되면 낙찰일로부터 10

일 이내에 부동산을 관할하는 국가기관 또는 지자체와 계약을 체결해야 한다.

시청과 구청에서 파는 공유 부동산의 매각절차는 지자체마다 조금씩 다르다. 기본적으로 공개입찰을 원칙으로 하지만 법률에서 정한 일정한 요건 하에서는 수의계약으로 매입할 수 있다. 보통 입찰은 2명 이상 참가하는 공개경쟁입찰로 미리 정해진 매각 예정가격 이상을 제시한 사람 중 최고 가격을 써낸 사람에게 낙찰되며 2회 이상 유찰될 경우 수의계약으로 매각이 진행되기도 한다.

국공유 부동산의 매각 정보를 얻으려면 온비드 외에도 각 국가기관 홈페이지의 매각 부동산 난이나 신문의 매각공고 또는 시청 재산관리과, 구청 재무과에 문의하면 상세한 정보를 얻을 수 있다. 부동산시장에서 거래되는 만큼 매물이 풍부하지 않지만 통상 낮은 값에 낙찰되기 때문에 적은 돈으로 국가나 지자체 재산에 투자 또는 임대하려는 실수요자들이 노려볼만 하다.

국가가 소유한 부동산을 크게 국공유지라고 말하고 있으나, 아래에서 보는 바와 같이 국공유지는 국유재산과 공유재산을 합하여 부르는 말이다. 관련 법규의 내용은 대동소이할지라도 각각 규제하는 법률은 다르므로 상황에 따라 해당 법률을 자세히 검토한 후 매입에 문제가 없다고 판단될 때 토지 매입 작업에 착수하여야 할 것이다.


국유재산은 국유재산과 공유재산으로 구분되며, '국유재산'은 국가의 부담이나 기부채납 또는 법령이나 조약의 규정에 의하여 국유로 된 것을, '공유재산'은 지방자치단체의 부담이나 기부의 채납 또는 법령이나 조례의 규정에 의하여 지방자치단체의 소유로 된 재산을 말한다.

국공유재산은 행정재산, 보존재산, 잡종재산으로 분류되며, 원칙적으로 잡종재산만이 매각대상이 될 수 있다. 행정재산이나 보존재산을 매각하기 위해서는 법적 절차를 거쳐 잡종재산으로 용도를 전환한 후 매각토록 규정하고 있다.

다음은 관련 법률에 규정된 내용이 무엇인지를 살펴보도록 하자. 국공유재산과 관련된 법률은 양이 방대하므로 여기에서는 실제 부동산개발사업에 관련된 내용에 한정하여 살펴보기로 한다.

## 국유재산법 및 동법 시행령과 시행규칙 해설

국유재산은 기회재정부장관이 그 사무를 총괄하며, 예산회계법 제14조의 규정에 의한 중앙관서의 장은 그 소관에 속하는 국유재산을 관리한다. 소유자가 없는 부동산은 국유재산으로 하며, 이런 부동산은 국유재산화 한 날로부터 10년간 매각할 수 없다. 단 다음과 같은 예외가 있다.

첫째는 당해 국유재산이 '공익사업을 위한 토지 등의 취득 및 보상에 관한 법률'에 의한 공익사업에 필요하게 된 경우, 둘째는 당해 국유재산을 매각하여야 하는 불가피한 사유가 있는 경우로서 국유재산법 제12조의 규정에 의한 관리계획에서 정한 경우이다.

잡종재산의 매각은 원칙적으로 기획재정부장관의 소관업무이며, 지자체장 등에게 그 소관업무를 위임할 수 있도록 되어 있다. 국유재산의 계약방법은 경쟁입찰이 원칙이며, 예외적으로 지명경쟁 또는 제한경쟁에 부치거나 수의계약에 의해 매각할 수 있다. 지명경쟁 또는 제한경쟁에 부칠 수 있는 경우에 관해서는 국유재산법 시행령 제35조에 명기하고 있으며, 수의계약에 의해 매각할 수 있는 경우에 관해서는 국유재산법 시행령 제36조에 자세히 명기하고 있다.

제35조 제1호의 규정을 보면 "당해 재산에 인접한 토지의 소유자를 지명하거나 이들을 입찰에 참가할 수 있는 자로 제한하여 경쟁에 부칠 필요가 있는 경우"라고 하고 있으며, 제36조 제1항 제1호의 규정을 보면 "재산의 위치, 형태, 용도 등이나 계약의 목적, 성질 등으로 보아 경쟁에 부치기 곤란"할 경우

라고 하고 있다. 일반 민간법인이 부동산개발사업을 위해 국유재산을 매입해야 할 경우에는 위 2개 규정에 의거하여 가능하면 수의계약으로, 수의계약이 어렵다면 지명경쟁으로라도 국유재산을 매입해야 할 것이다.

주의할 점은 국유재산을 매각할 때 매수자에게 당해 재산의 용도와 그 용도에 사용하여야 할 기간을 정하여 매각할 수도 있다는 점이다. 이 경우에는 보통 특약등기를 하게 되는데 매수자가 지정된 기일을 경과하여 그 용도에 사용하지 아니하거나 지정된 용도에 제공한 후 지정된 기간 내에 그 용도를 폐지한 때에는 매매계약이 해제된다는 점이다.

국유재산의 매각 시의 가격 결정과 관련하여 국유재산법 시행령 제37조를 보면, 시가를 참작하여 당해 재산의 예정가격을 결정하여야 하되, 예정가격이 300만 원(특별시와 광역시 및 기획재정부장관이 지정하는 지역에서는 1천만 원) 이상으로 추정되는 재산에 대해서는 2개 이상의 감정평가법인에게 평가를 의뢰하고, 그 평가액을 산술평균한 금액을 예정가격으로 하도록 되어 있으며, 예정가격은 공개하여야 하고, 감정평가법인의 평가액은 평가일로부터 1년이 경과한 때에는 이를 적용할 수 없다고 규정하고 있다. 국유재산의 매매 계약을 체결할 때에는 법정 서식의 계약서를 사용토록 되어 있다.

**국·공유재산에 관한 법률**

| 국유재산 | 기본법 | 재정법 | 국유재산법, 예산회계법, 물품관리법 |
|---|---|---|---|
| | 특별법 | 특별회계법 | 철도사업특별회계, 통신사업특별회계, 전매사업특별회계, 조달사업특별회계, 양곡관리특별회계 |
| | | 기타특별법 | 귀속재산처리법, 도로법, 하천법, 산림법, 농지개혁법, 토지개량사업법, 개간촉진법, 토지수용법, 공유수면매립법, 공유수면관리법, 문화재보호법, 유료도로법 등 |
| 공유재산 | 법령 | | 지방재정법 및 동법 시행령, 지방자치법 및 동법 시행령, 기타 특별법 |
| | 자치법규 | 조례 | 중요 재산에 관한 조례, 기본재산설치 및 관리 조례, 공유재산심의회 조례, 관사운영관리 조례 등 |
| | | 규칙 | 재무회계규칙 |

| 공유재산 | 자치법규 | 훈령 | 공유재산관리규정, 지방청사 신개축에 따른 질서확립, 공유재산 관리대장 카드화 및 고유번호 부여 요령 |
| | | 지침 | 공설시장 민영화 방안 및 절차, 공유재산관리계획 및 심사분석지침, 공유재산의 범위, 공유재산관리쇄신, 공공시설 관리개선지침 |

※ 공유재산은 2006년 1월부터 고유재산 및 물품에 관한 법률 시행.

## 지방재정법 및 시행령과 서울시 공유재산관리 조례 및 조례 시행규칙

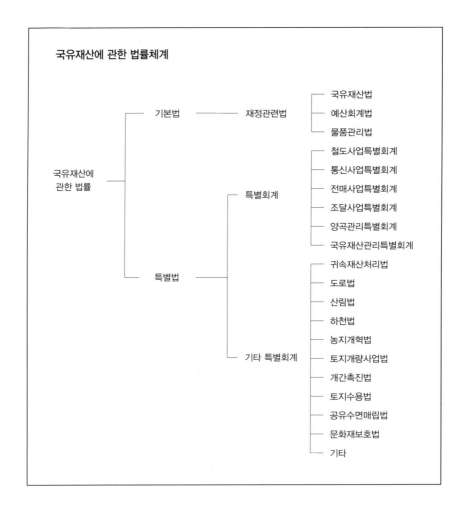

국유재산에 관한 법률체계

국유재산에 관한 법률

- 기본법 ── 재정관련법
  - 국유재산법
  - 예산회계법
  - 물품관리법

- 특별법
  - 특별회계
    - 철도사업특별회계
    - 통신사업특별회계
    - 전매사업특별회계
    - 조달사업특별회계
    - 양곡관리특별회계
    - 국유재산관리특별회계
  - 기타 특별회계
    - 귀속재산처리법
    - 도로법
    - 산림법
    - 하천법
    - 농지개혁법
    - 토지개량사업법
    - 개간촉진법
    - 토지수용법
    - 공유수면매립법
    - 문화재보호법
    - 기타

지방재정법 제77조에 의하면, 지방자치단체의 장은 예산을 편성하기 전에 매년 공유재산의 취득과 처분에 관한 계획을 수립하여 당해 지방의회의 의결을 얻도록 하고 있으며, 동법 제84조에 의하면 공유재산의 관리계획에 포함되어야 할 사항은 가격을 기준으로 하여 1건(1건의 의미에 관해서는 지방재정법 시행령 제84조 제4항 참조)당 예정가격이 처분의 경우에는 2억 5천만 원 이상(서울시의 경우에는 5억 원 이상, 광역시와 경기도의 경우에는 3억 원 이상, 시·군·자치구의 경우에는 2억 원 이상)인 재산이고, 면적을 기준으로 하여 처분의 경우에는 1건당 5천 ㎡ 이상(시·군·자치구의 경우에는 2천 ㎡ 이상)인 재산이다.

이 경우 예정가격의 기준은 토지에 있어서의 '지가공시 및 토지 등의 평가에 관현 법률'의 규정에 의한 개별공시지가이며, 건물 및 기타 재산에 있어서는 지방세법의 규정에 의한 시가표준액이다.

한편 서울시의 공유재산심의회 심의를 생략할 수 있는 경우를 보면, 건축법 제49조 제1항의 규정에 의한 최소 분할면적(주거지역 60㎡, 상업지역 150㎡, 공업 지역 150㎡, 녹지지역 200㎡, 기타 지역 60㎡)에 미달하는 토지를 처분하거나 대장가액 1천만 원 이하(특별시·광역시 지역은 3천만 원 이하)의 재산을 처분하는 경우로 명시되어 있다.

## 행정자치부 발행 공유재산 관리지침

이 관리지침에 규정된 공유재산 매각기준을 보면, 다음과 같은 3개의 카테고리로 나누어져 있다. 즉 법규에 의한 매각, 공공목적에 의한 매각, 보존부적합 재산의 매각이 그것이다. 이들 중 민간기업이 부동산개발사업을 함에 있어서 적용될 만한 내용들만 간추려 살펴보면 다음과 같다.

① 공공목적에 의한 매각
국토의 계획 및 이용에 관한 법률 제30조의 규정에 의하여 도시계획이 결

정된 아파트지구 내에 위치한 재산은 사업시행자에게 매각할 수 있다. 한편 주택법 제25조의 규정에 의한 우선매각 대상이 되는 재산은 당해 사업주체에게 매각할 수 있도록 되어 있으나, 매각대상 공유지 면적이 주택건립부지 전체 면적의 20% 미만(국유지가 있는 경우에는 국공유지를 포함하나 면적이며, 주택법 시행령 제2조에 해당하는 공동주택으로 점유된 공유지 상에 재건축하는 경우에는 공유지 편입비율의 제한을 받지 않음)이어야 하고, 주택법 시행령 제21조 제4항의 규정에 의한 국토교통부장관이 정하는 비율 이상을 (국토교통부 장관은 사업주체가 건설하는 주택의 75% 이하의 범위 안에서 일정 비율 이상을 국민주택 규모로 건설하게 할 수 있다고 규정하고 있음) 국민주택규모(전용면적 85 ㎡ 이하)로 건설하는 경우에 한하도록 되어 있다.

② 보존부적합 재산의 매각
여기서는 매각 대상 토지로 분류해 놓은 보존부적합 재산이 어떤 것들인지 필요한 부분만 발췌하여 언급하기로 한다.

가. 일단의 토지 면적이 서울특별시 및 광역시 동 지역에 있어서는 200㎡ 이하, 시의 동 지역에 있어서는 300㎡ 이하, 광역시·시·군의 읍면 지역에 있어서는 700㎡ 이하인 영세 규모의 토지.

나. 좁고 긴 모양으로 되어 있으며, 최대 폭이 5m 이하(폭 5m를 초과하는 부분이 전체 길이의 20% 미만인 때를 포함)로서 공유지 이외의 토지와의 합필이 불가피한 토지.

다. 일단의 토지의 면적이 시 지역에서는 1,000㎡, 시 이외의 지역에서는 2,000㎡ 이하로서 1981년 4월 40일 이전부터 지방자치단체 소유 이외의 건물이 있는 토지의 경우에는 동 건물 바닥면적의 2배 이내의 토지를 동 건물 소유자에게 분할매각 가능.

라. 건축법 시행령 제80조의 규정에 의한 최소 분할면적에 미달하는 일단의 토지로서 그 인접토지 소유자에게 매각하는 경우. 단 이때의 토지는 그 경계선의 2분의 1 이상이 동일인 소유의 사유토지와 접하여야 함.

③ 관리지침에 언급된 공유재산 매각 시의 유의사항

공무원들의 내부지침이긴 하지만 이 지침에 따라 공유재산이 매각되므로 공무원들에게 전달된 유의사항이 곧 부동산개발사업자들이 알아야 할 유의사항이 될 수도 있을 것이므로 관심이 필요하다.

▶ 공유재산을 매각하는 경우, 매매계약을 체결하기 전에 지방재정법 시행령 제89조의 단서에 해당하는 경우를 제외하고는 건축허가에 필요한 토지사용승낙을 하거나 동의를 해 주어서는 안 되며, 특히 재개발사업 시행 시에 토지사용승낙 또는 동의를 먼저 해 주고 공유재산을 매각하지 않은 상태에서 아파트를 착공하는 일이 없도록 재산관리에 철저를 기할 것.

▶ 택지개발 및 아파트사업 승인 시 공유지가 포함된 경우에는 사전에 재산관리부서와 반드시 협의를 하고 사업승인 조건에도 공유지 매입과 함께 매매계약 체결 전에는 착공이 불가하다는 내용을 조건부로 승인할 것. 다만, '국토의 계획 및 이용에 관한 법률' 제65조 및 '도시 및 주거환경정비법' 제65조와 같이 개별법에서 공공시설의 무상귀속에 대하여 기존의 공공시설을 사업시행자에게 무상으로 귀속하고 새로 설치한 공공시설을 개발행위허가를 받은 자에게 무상으로 양도하는 경우에는 새로 설치한 공공시설의 설치비용에 상당하는 범위 안에서 상계 방식으로 교환하여야 하기 때문에 준공 시점에서 평가가 불가피하고 이러한 사유로 매입 전 착공이 불가피함.

따라서 이러한 경우에는 공공시설의 종류와 세목을 정하여 무상귀속 전에 착공 동의를 해 주어야 할 것임. (이 경우 공공시설을 용도폐지하여 사업시행자에게 매각하는 경우는 선 착공이 불가함)

**국유재산 관리체계**
국유재산 관리는 총괄청(기획재정부), 중앙관서의 장, 위임·위탁기관에서 담당

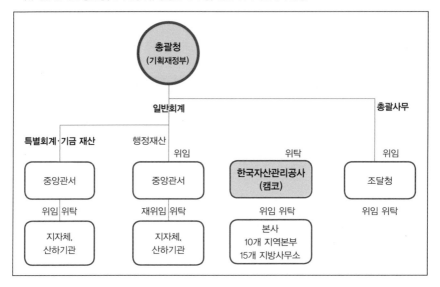

## 국유재산 관리계획 해설

전체적인 내용이 공유재산 관리지침과 크게 다르지 않으나 사업부지에서 국공유지가 차지하는 비율과 관련하여 약간 다른 점이 있어 지적해 두고자 한다.

국유재산관리계획 제9조 제2항 제7호를 보면, 주택법 제16조, 제17조 및 제25조의 규정에 의하여 매각 대상이 되는 재산을 당해 사업주체에게 매각하는 경우를 공공목적의 매각기준 중 하나로 들고 있으며, 동조 동항 동호 단서 규정을 보면, 다만 매각 대상 국유지 면적이 주택건립부지 전체 면적의 50% 미만에 한한다고 규정하고 있다. 공유지의 경우 전체 사업부지의 20% 이상일 때에는 매각을 할 수 없도록 하고 있는데, 국유지의 경우에는 그 상한선이 50%라는 점을 유의하여야 할 것이다.

국공유지는 엄격하게 관련 법률과 지침에 따라 매각된다. 따라서 사업부지

내에 국공유지가 있을 때에는 반드시 국유지 및 공유지와 관련된 법률과 관련 지침을 꼼꼼히 확인해 보아야 한다.

국공유재산 관리계획에 포함되어야 하는 땅인지, 수의계약이 가능한 땅인지, 매입절차는 어떻게 되는지 등에 관해 우선 관련 법률을 검토하고, 관련 법률의 검토가 끝난 후에는 해당 지자체를 방문하여 국공유지 매각담당 공무원과 충분한 상의를 거쳐 사업에 차질이 생기지 않도록 해야 할 것이다.

대부분의 시행사들이 관련 법규나 소유기관의 의견을 검토해보지도 않고 국공유지는 당연히 매입 가능한 땅으로 분류하는 경향이 있는데, 국공유지라고 언제든 매입 가능한 것만은 아니라는 점을 참조해야 할 것이다.

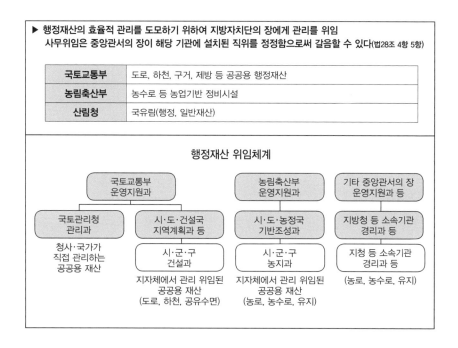

## 1. 일반적인 경우의 국공유지 임대방법과 절차

① 국유지의 구분 : 행정재산 (공용 재산, 공공용 재산, 기업용 재산) , 보존재산, 잡

종재산

　　▶공용 재산 : 청사, 관사, 학교 등

　　▶공공용 재산 : 도로, 재방, 하천, 구거, 유지, 항만 등

　　▶기업용 재산 : 정부기업(철도, 통신, 양곡, 조달)에서 사용하는 재산

　　▶보존재산 : 문화재, 사적지 등

　　▶잡종재산 : 행정재산과 보존재산 이외의 모든 국유재산


　　② 국유재 등의 임대나 매각에 따른 담당부서(토지대장 소유주로 확인)

　　▶국 (기재부) : 시·군·구청 재산관리부서 (재무과 등)

　　▶국 (농림부) : 시·군·구청 농정부서 또는 한국농촌공사

　　▶국 (국토교통부) 시·군·구청 도로나 건설, 하천 담당부서

　　▶국 (산림청) : 소재지 지방산림관리청

　　▶기타 관리청은 해당 시·군·구청이나 한국자산관리공사에 문의


　　③ 매각할 수 있는 국유지 : 잡종재산

　　④ 매각 기준

　　▶특별시, 광역시: 300㎡ 이하 또는 3억 원 이하

　　▶일반 시 : 500㎡ 이하 또는 2억 원 이하

　　▶군 지역 : 1,000㎡ 이하 또는 1억 원 이하

　　▶산림청 소유재산 : 잠정적으로 매각 중단


　　⑤ 매각 원칙 : 농업용이나 산림용으로 임차하고 있다고 하더라도 특별한 경우 외에는 현 임차인에 매각하지 않고 공개경쟁입찰 원칙.


　　⑥ 매각 금액 : 감정평가 금액 (공시지가가 아님)


　　⑦ 임대 : 토지대장을 확인하여 해당 시, 군, 구청 담당부서에 임대 신청.

⑧ 전대금지 원칙 : 임대 후 다른 사람에게 돈을 받고 전대할 수 없음.

⑨ 임대하여 건축물 등 신축 금지, 군 재산관리과에서 관리.

---

**Tip**

본인 소유 농지 가운데 국공유지가 있다면 수의계약 또는 제한 경쟁할 수 있는 예외 규정
도 있으며 매도 시 감정평가금액으로 하고 감정평가금액은 현 시가와 비슷하다고 보면 된
다. 가격이 시가와 비슷하거나(비싼 경우도 있음) 같은 경우도 많으므로 시의 적절하게 매
입하여야 한다.

---

## 국유지 불하 절차와 매각금액

공사의 국유부동산에 대한 일반적인 매각은 아래의 절차에 따라 진행된다.
국유재산관리계획에 부합되지 않을 경우 매각되지 않는다.

매수 신청 → 현장조사 → 국유재산관리계획 수립 (매각심의위원회 개최) → 관
리계획승인 → 감정평가 (2개 기관) → 수의/입찰 (매매계약 체결) → 대금납부 및
소유권 이전

참고로 행정재산 (도로, 하천 등) 의 경우는 해당기관에서 용도폐지 절차를 거
쳐 공사로 재산이 인계된 이후에만 매수신청이 가능하며, 국가가 활용할 가
치가 없는 보존부적합재산으로 국유재산관리계획규정에 부합되는 경우에
한하여 일반경쟁·제한경쟁·지명경쟁 또는 수의계약에 의하여 매각이 진행
된다.

국유재산의 매각은 국유재산법 제34조 및 시행령 제37조에 의거 "시가를

참작하여 예정가격을 결정하며, 예정가격이 500만 원(특별시 광역시와 총괄청이 지정하는 지역에 있어서는 1,500만 원) 이상으로 추정되는 재산에 대하여는 2개 이상의 감정평가법인에게 평가를 의뢰하고, 그 평가액을 산술평균한 금액을 예정가격"으로 한다.

## 장기간 사용료를 내며 점유하고 있는 국유지의 매수

국유재산은 재산의 위치와 규모 및 형태 등을 고려할 때 국가가 활용할 가치가 없는 경우에는 국유재산관리처분기준에 의거 매각할 수 있다. 따라서 오랜 기간 동안 사용료를 내고 국유지를 점유하고 있다는 사실만으로는 국유재산을 매각할 수 없다.

다만 국유재산이 다음 각 호에 토지에 해당하는 경우에는 2007년 국유재산 관리·처분기준에 의거 수의계약으로 매각이 가능하다.

정부에서 시행하고 있는 특정 공공사업지역 내에 위치한 국유재산의 처분에 대하여 국유재산법의 규정에 불구하고 "사업시행자에게 수의 계약으로 매각할 수 있다"고 규정되어 있는 경우, 이는 국유재산법 제33조(현행법 제43조)에 의한 경쟁입찰이 아닌 사업시행자(사업의 공공성 및 필요성이 따라)에게 수의계약에 의하여 매각할 수 있음을 의미함. 따라서 관계 법령에서 수의계약으로 매각할 수 있도록 허용하는 것과 국유재산법에서 관리계획에 계상하도록 규정하는 것은 별개 문제이므로 수의계약으로 매각하더라도 반드시 사전에 관리계획에 반영되어야 함.
(국 재22400-805, 1998. 4. 4.)

▶대법원 판례(대법원 1999. 9. 7, 선고 99다14877)
• 국유재산관리계획에 반영 없이 매각한 경우 무효가 아니라고 보고 있음.
• 국유재산관리계획은 내부규정에 불과하기 때문임.
• 계획상 매각대상 재산이 아님에도 처분한 경우 이를 무효로 할 수 없고 이전 등기를 완료한 제3자에게 대항할 수 없는 것으로 보고 있음.

▶ 국가 지분 면적이 특별시 : 300㎡, 기타 시 : 500㎡, 기타 : 1,000㎡ 이하의 토지를 공유지분권자에게 매각할 때.

▶ 2회에 걸쳐 유효한 입찰이 성립되지 아니한 경우.

▶ 좁고 긴 모양으로 되어 있으며 폭이 5m 이하로서 국유지 이외의 토지와 합필이 불가피한 토지.

▶ 좁고 긴 모양으로 되어 있는 페도, 폐구거, 폐하천으로서 인접 사유토지와 합필이 불가피한 토지.

▶ 농업진흥지역 안의 농지로서 시 이외 지역에 위치한 재산을 2006. 2. 28일 현재 대부계약을 체결하여 직접 경작하고 있는 자에게, 대부 받아 계속하여 실제로 경작한 기간이 5년 이상인 때에 10,000㎡ 이하의 범위 안에서 매각하는 경우.

▶ 일단의 토지면적이 시 지역에서는 1,000㎡, 시 이외의 지역은 2,000㎡ 이하로서 1989. 01. 24 이전부터 국유 이외의 건물이 있는 토지인 경우에는 그 건물 바닥면적의 두 배 이내의 토지.

▶ 건축법 제49조 제1항의 규정에 의한 최소 분할면적에 미달하는 일단의 토지로서 그 경계선의 2분의 1 이상이 사유 토지와 접하여 있는 경우.


## 대부계약, 사용수익허가 없이 점유한 국유지 매수우선권

국유재산의 무단점유자에게는 대부료의 120%에 해당하는 변상금이 부과되며, 매수우선권은 존재하지 않는다.

다만, 도시 및 주거환경정비법 등 관계 법령에 의거 사업시행자 혹은 점유자에게 매각할 수 있는 경우도 있다.

# 2020 국유재산에 관한 정책 방향과 활용

## 국유재산의 현황과 관리기관

국유재산은 국가 행정 목적에 직접 필요한 재산인 행정재산, 법령에 의하거나 기타 필요에 의하여 국가가 보존하는 보존재산 그리고 행정재산 및 보존재산 이외의 모든 재산으로 일반 사물에 있어서와 마찬가지로 사법적인 적용을 받으나 일부 공법의 성질을 포함하는 잡종재산이 있다. 또한 지방자치단체가 보유하고 있는 재산(시유지)인 공유재산으로 구분한다.

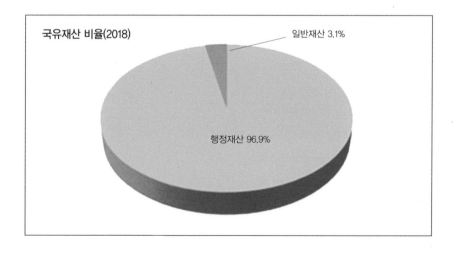

국유재산 비율(2018)

일반재산 3.1%

행정재산 96.9%

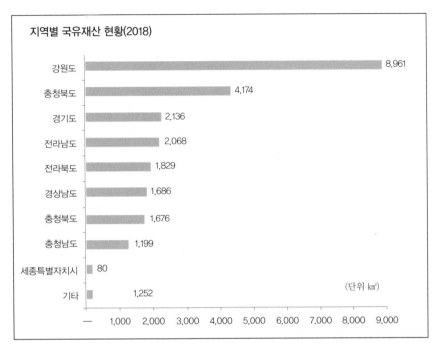

**지역별 국유재산 현황(2018)**

| 지역 | 값 |
|---|---|
| 강원도 | 8,961 |
| 충청북도 | 4,174 |
| 경기도 | 2,136 |
| 전라남도 | 2,068 |
| 전라북도 | 1,829 |
| 경상남도 | 1,686 |
| 충청북도 | 1,676 |
| 충청남도 | 1,199 |
| 세종특별자치시 | 80 |
| 기타 | 1,252 |

(단위 ㎢)

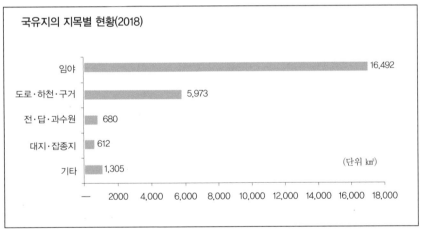

**국유지의 지목별 현황(2018)**

| 지목 | 값 |
|---|---|
| 임야 | 16,492 |
| 도로·하천·구거 | 5,973 |
| 전·답·과수원 | 680 |
| 대지·잡종지 | 612 |
| 기타 | 1,305 |

(단위 ㎢)

　국유잡종재산의 대부분을 광역자치단체인 16개 시·도에 위임하고 시·도는 기초자치단체인 232개 시·군·구로 재위임하여 관리 기타 한국자산관리공사가 일부를 위탁 받아 관리하고 있다. 한국자산관리공사가 위탁 받아 관리하고 있는 재산은 대부분 건물이 있는 활용도가 높은 재산이 많다.

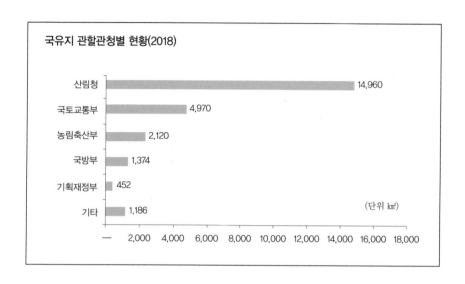

국유지 관할관청별 현황(2018)

| 관청 | 면적 |
|---|---|
| 산림청 | 14,960 |
| 국토교통부 | 4,970 |
| 농림축산부 | 2,120 |
| 국방부 | 1,374 |
| 기획재정부 | 452 |
| 기타 | 1,186 |

(단위 ㎢)

## 국유재산의 매각 활용

국유재산은 원칙적으로 매각을 금지하나 극히 예외적인 경우에 한해 매각을 할 수 있으며 매각을 하기 위해서는 기획재정부의 승인을 얻어야 한다.

---

**국공유지를 매입하는 방법**

▶용어정리

1) 불하 : 국공유지 매수 청구, 국가부지를 수의계약 형식으로 매입하는 것

　대부 : 국공유지를 임대하는 것

　교환 : 국공유지와 일반 토지와 교환

2) 국공유지는 행정, 보존, 잡종, 보전 재산으로 구분되는데 불하나 대부는 (원칙적으로 1년) 잡종재산에 한 한다. 그러나 특정 사업등은 행정재산을 용도폐지 후 일반재산으로 변환이 가능하다. 즉 일반재산으로 변환 후에 매입하게 된다.

---

① 보존부적합한 재산의 매각기준

▶일단의 면적이 서울특별시 및 광역시 지역에 있어서는 200㎡, 기타의 시 지역에서는 300㎡, 기타 지역은 700㎡의 영세 규모의 토지.

▶국가와 국가 이외의 자가 공유한 일단의 토지로서 국가 지분 면적이 위 기준에 해당하는 경우에는 수의계약으로 매각할 수 있음.

▶좁고 긴 모양으로 되어 있으며 폭이 5㎡ 이하(폭 5㎡를 초과한 부분이 전체 길이의 20% 미만 포함)로 여타 토지와 합필이 불가피한 토지.

▶건축법 제49조 제1항의 규정에 의하여 최소분할면적에 미달하는 일단의 토지로서 그 경계선의 50%가 동일인 소유의 사유토지와 접하여 있는 토지.

▶일단의 면적이 시 지역에서는 1,000㎡, 시 이외의 지역에서는 2,000㎡ 이하로서 1981. 4. 30 이전부터 사인의 건물이 있는 토지의 경우 바닥면적의 2배 이내의 토지를 동 건물의 소유자에게 매각할 수 있음.

▶국가가 활용계획이 없는 국유 건물이 있는 토지로서 건물의 관리가 극히 어려울 뿐만 아니라 계속 보유할 경우 건물의 노후화로 재산의 가치가 감소하여 이의 매각이 불가피할 경우 서울 및 광역시의 경우 1억 원 이하, 기타 시 지

역은 8천만 원 이하, 시 이외의 지역은 5천만 원 이하의 토지로서 위치, 규모,
형태 및 용도 등으로 보아 당해 국유지만으로는 이용가치가 없으나 인접 사유
토지와 합필하는 경우 토지의 효용성이 제고되는 토지.

▶ 기타 재개발사업 등 관계 법령에서 특정한 사업목적을 위한 경우.

② 매각방법 원칙적으로 공개경쟁입찰에 의하나 경우에 따라서는 지명경
쟁입찰 및 수의계약으로 할 수 있음.

③ 매각금액의 산정방법
▶시가를 참작하여 예정가격을 결정하나 예정가격이 300만 원 이상 (인구
20만 이상의 시 지역은 1천만 원 이상)으로 추정되는 경우에는 2개 이상의 감정평가
법인의 감정평가금액을 산술평균한 금액을 예정가격으로 함.
▶예정가격은 반드시 공개하여야 함.

④ 매각대금의 납부
▶입찰보증금 10%는 계약보증금으로 대체하고 나머지 대금은 계약체결일
로부터 60일 이내에 일시 전액을 납부함이 원칙임.
▶특정한 경우에는 분할납부가 가능하며 이 경우에는 잔액에 대하여 8%
의 이자가 가산됨.

## 국유 잡종재산의 대부 활용

① 대부의 특성
▶권리금 보증금이 없고 단지 연간 사용료인 대부료만 납부.
▶계약기간이 만료하거나 종료시 일체의 권리금 및 시설비 또는 유익비를
청구할 수 없음.

② 좋은 물건을 고르기 위한 방법

물건이 있는 현장조사를 반드시 해야 한다.

임대를 받아 원하는 업종의 사업을 하기 위해서는 담당부서(국유재산관리부)의 허가 및 관련행정기관의 규제사항 등을 면밀히 파악해야 한다.

③ 시간적 여유를 가지고 판단 및 선택을 해야 한다.

④ 대부계약자 결정 방법

▶공개경쟁입찰이 원칙임.

▶2인의 유효한 입찰자 중 낙찰자를 결정하며 단독입찰은 무효임.

▶주거용 및 경작용인 경우, 2회 이상 2인 이상의 유효한 입찰이 성립하지 아니한 입찰의 경우 수의계약이 가능함.

⑤ 계약기간

▶조림을 목적으로 하는 토지와 그 정착물 : 10년

▶조림 목적 이외의 토지와 그 정착물 : 5년

▶위 계약기간 내에서 물건에 따라 계약기간을 달리 적용할 수 있음.

▶계약기간이 종료하면 주택 및 농지를 제외하고 반드시 명도를 하여야 함.

⑥ 연간 대부료의 산정

▶토지는 개별공시지가, 건물은 감정가액을 기준으로 재산가액을 산출함.

▶재산가액에 해당 대부요율을 곱하여 산정.

▶경작용 : 재산가액의 1% 이상.

▶주거용 : 재산가액의 2.5% 이상.

▶기타 : 재산가액의 5% 이상.

▶2차년도 이후 대부료는 첫해 결정된 사용료를 기준으로 당해 연도의 재산가액을 감안하여 산정.

⑦ 가격 체감제도

경쟁입찰을 2회 실시하여도 유찰될 경우 다음 차수부터 매 회 최초 연간 대부료 예정가격의 10%씩 해당하는 금액을 체감한다. 단, 최초 예정가격의 50%까지 체감한다.

⑧ 분할납부

연간 대부료는 선납이 원칙이다. 다만, 연간 대부료가 50만 원을 초과하는 경우 연 4회 이내에서 분할납부가 가능. 분할납부 시 연 8%의 이자가 가산된다.

⑨ 연체료

기간 내 대부료를 연체하는 경우 15%의 연체료가 부과된다.

⑩ 기타 유의사항

▶대부재산을 사용함에 따라 필요한 인허가 사항을 피대부자의 책임 하에 득하여야 하며 인허가 명의자와 피대부자 명의가 일치하여야 한다.

▶대부물건은 공부를 기준으로 대부하는 바, 현황이 다르더라도 현 상태대로 대부하는 것으로 응찰자가 사전에 충분히 사전답사 및 확인을 할 것.

▶대부재산은 낙찰자가 직접 사용하여야 하며 타인에게 유상 또는 무상으로 전대한 사실이 발견되면 대부계약을 해약함.

▶대부물건은 공고한 내용대로 사용하여야 하며 지상에 구축물을 설치하거나 원형에 변경을 하는 행위를 금지함.

▶나대지인 경우 동 재산을 이용함에 있어서 불가피한 가설건축물이 필요하다고 인정되는 경우, 건축법에서 허용하는 가설건축물에 한하여 공사의 승인을 얻어 설치할 수 있음.

▶기타 재산을 사용함에 따라 발생하는 경미한 수리는 피대부자가 부담함.

## 국유재산의 활용법

국유지는 물론 다양한 국유재산을 낙찰 받을 수 있는 온비드 (Onbid, 캠코에서 운영하는 공매사이트) 는 경매보다 경쟁률이 낮기 때문에 재테크에서 블루오션으로 떠오르고 있다.

국유지 사용과 관련해 유익한 정보 몇 가지만 알아둔다면 국유지로 인한 '손해'보다 '득'이 되는 일이 많아질 것이다. 국유지 대부는 '일반경쟁 입찰 (온비드 전자입찰)' 방식이 원칙이므로 우선권은 없으나, 다음과 같은 경우에는 수의계약이 가능하다.

① 주거용으로 대부하는 경우.

② 경작용으로 실경작자에게 대부하는 경우.

③ 두 번에 걸쳐 유효한 입찰이 성립되지 않은 경우.

④ 그 밖에 경쟁 입찰에 부치기 곤란하다고 인정되는 경우.

그렇다면, 국유지인지 모르고 사용한 땅에 변상금이 부과되었다면 취소가 가능할까?

국유지를 무단 사용한 경우, 그것이 선의든 악의든 그 여부를 떠나 변상금 부과대상이 된다. 개인적인 용도로 사용할 수 없지만 사전허가를 받고 국유지를 사용한다면 정상적인 대부료의 20%에 해당하는 변상금을 물지 않아도 된다. 먼저, 등기부등본을 확인해 소유자를 반드시 확인할 필요가 있다.

국유지를 보다 저렴하게 사용할 수 있는 방법, 즉 국유지를 '저렴하게' 대부받으려면 개별공시지가가 인근에 비하여 상대적으로 낮은 국유지를 찾아보는 게 좋다. 연간 대부료가 100만 원을 초과할 경우, 연 4회 이내에서 1년 만기 정기예금의 평균금리 수준의 이자만 납부하면 대부료를 분납할 수도 있다.

전자 자산처분시스템인 온비드를 통해 인터넷으로 국유대부물건을 저렴한 가격에 낙찰 받을 수 있는데, 대부입찰공고 물건이 2회 이상 유찰되면 최초 대부 예정가격의 10%씩 대부료가 줄어들어 최초 입찰가격의 20%까지 싼 가격에 이용할 수 있다.

그렇다면, 사전에 허가만 받는다면 누구든지 국유지를 사용할 수 있을까?

국유지는 크게 도로, 하천, 문화재, 청사 등을 포함한 행정재산과 그 이외의 일반재산으로 나뉜다. 이중 행정재산은 원칙적으로 매수나 임대가 불가능하다. 반면, 일반재산은 대부입찰을 통해 가능하다.

행정재산은 공적 용도가 소멸됐다는 의미의 용도폐지, 즉 일반재산으로 전환이 된 이후 임대나 매수가 가능하다. 해당 토지가 대부 등이 가능한 토지인지 알아보려면 토지등기부등본을 확인해보면 된다. 해당 토지의 등기부에 관리청이 "기획재정부(구 재정경제부)"로 표시되어 있다면, 일단 대부 검토 대상이 될 수 있으므로 한국자산관리공사에 문의하면 된다.

---

▶행정 목적으로 사용되지 아니하게 된 경우
  • 도로, 하천, 구거, 유지, 제방, 철도용지의 행정재산이 전, 답, 과수원, 목장용지, 잡종지로 변경된 경우
  • 노선 변경으로 폐도가 된 경우, 공원 지정에서 해제된 경우 등
▶행정재산으로 이용하기로 결정한 날부터 5년이 지난 날까지 행정재산으로 사용되지 아니한 경우
▶법 제57조에 따라 개발하기 위하여 필요한 경우
  • 건축, 대수선, 리모델링 등의 행위, 위탁 개발하는 경우 등
▶총괄청의 용도폐지 요구(법 제22조)
  • 직권 용도폐지(행정재산 사용승인 철회)

---

## 2020년도 국유재산종합계획

국유재산법 제9조에 따라 예·결산(안)과 함께 다음 연도 종합계획을 매년 국회에 제출하는 2020년도 국유재산 종합계획(안)은 ① 경제 활력 제고, ② 국민편익 증진, ③ 재산가치 증대, ④ 국유재산 운용효율화를 위한 정책과제를

담았다.

주요 내용은 다음과 같다.

▶경제 활력 제고를 위해 국유재산 토지개발 등 공익적 개발을 본격화하고, 일자리창출 및 투자지원을 확대한다.

▶국민 편익 증진을 위해 생활 SOC 확충을 지원하고, 노후 학교시설 증·개축, 청년·신혼부부 주거 등 국민생활 편의지원을 확대한다.

▶국유재산 재산가치 증대를 위해 활용성이 높은 국유재산의 취득·리모델링을 확대하고, 국유재산권 보호를 위한 제도개선을 추진한다.

▶국유재산 운용 효율화를 위해 국유재산 통합관리시스템을 구축하고, 국유재산 특례제도 존치평가를 실시한다.

## 2020년도 국유재산 정책방향 및 정책과제

| 목표 | 국유재산 활용을 통한 경제 활력 제고 및 국민편익 증진 | | |
|---|---|---|---|
| 정책과제 | 1. 경제활력 제고 | 2. 국민편익 증진 | 3. 재산가치 증대 |
| | 1. 경제활력 제고를 위한 국유재산 토지개발 본격화<br>2. 도심 노후 청·관사의 공익적 개발 확대<br>3. 유휴 국유지를 활용한 지역개발 지원 강화<br>4. 일자리 창출 및 투자 지원을 위한 국유지 특례 활용<br>5. 유휴 국유재산의 관리 강화 및 국민참여 개발 | 1. 생활 SOC시설 확충 지원<br>2. 청년·신혼부부 주거 복지 지원 확대<br>3. 국유지 활용 및 정비를 통한 생활환경 개선<br>4. 국유지 활용 및 정비를 통한 생활환경 개선 | 1. 국유재산 재산권 보호를 위한 제도개선<br>2. 활용 잠재력 높은 국유 재산 취득 및 리모델링<br>3. 도시계획시설 실효 예정 재산 조사 및 활용 방안 마련<br>4. 해외 소재 국유재산 관리 효율화 |
| | 국유재산 운용 효율화 | | |
| | 1. 차세대 국유재산 통합관리시스템 구축<br>2. 미활용 국유재산 특례규정 존치평가 추진<br>3. 국유재산 취득·관리의 전문성 강화 | | |

## 경제활력 제고를 위한 계획

① 공공 및 민간의 적극적인 투자를 유도할 수 있도록 대규모 유휴 국유지에 대한 토지개발 사업을 본격 추진할 계획이다.

▶지방자치단체의 협조도, 주변지역의 개발여건 등을 감안하여 2020년 중 5곳 + $\alpha$ 의 토지개발 사업지를 추가 발굴.

▶2019년 발표한 선도사업 예정지는 국유지 토지개발의 모범사례가 되도록 차질 없이 추진. (부산 원예시험장 부지, 의정부 교정시설 배후부지, 원주 군 부지 등)

▶사업기간 단축을 위해 사업후보지 뱅크 구축, 표준사업모델 마련, 개발 실무매뉴얼 (인허가 절차 추진과정에서 수반되는 대對 지방자치단체 공공기여 등에 대해 합리적인 기준 마련) 등 단계별 작업내용을 시스템화.

② 도심 내 노후 청·관사의 공익적 개발·활용을 확대해 나갈 계획이다.

▶도심 노후 청사를 복합 개발하여 행복주택·신혼희망타운을 1,500호 이상 공급.

※ 노후청사 복합개발 선도사업 중 6곳 (약 1,000호) + 후속 사업지 5곳 추가 발굴 (약 500호)

▶나라키움 역삼 A빌딩에 역삼 청년혁신지원센터(2019. 9월 개관 및 입주, 2020. 1월부터 공간·자금·컨설팅 등 지원프로그램 제공)를 운영하고 나라 키움 구로 복합관사에 창업·벤처 지원공간 (2019. 9월 착공, 창업·벤처기업 오피스, 창업 교육공간 등으로 활용시 주변 시세의 최저 70%로 임대) 마련.

③ 유휴 국유지를 활용한 지자체의 지역특화사업을 지원할 계획이다.

▶지방자치단체의 지역특화 개발사업계획이 구체화된 경우에는 지역경제 파급효과 등을 고려하여 국유지의 매각·대부·환을 적극 검토.

▶동대문 경찰기동본부 부지의 패션혁신허브 조성, 대구 군공항이전 사업 등을 국유지 기부대양여 방식으로 추진.

④ 일자리 창출 및 투자지원을 위한 국유재산 특례를 확대할 계획이다.

▶대학 캠퍼스 내 창업기업·창업 후 성장기업 국유지 장기임대 및 임대료 감경 (5→1%) 을 통해 캠퍼스 혁신파크 조성을 지원.

▶해외진출 후 국내 유턴 기업에 대해 국유지 수의계약 허용, 장기임대 (50 년) , 임대료 산정 특례 및 감면 (최대 100%) 등 입지지원을 강화.

▶상생형 지역일자리모델의 확산을 촉진하기 위해 상생형 일자리 기업에 국유지 임대료 감경 (5→1%) 및 장기 임대(50년)를 지원.

▶소재·부품 등 산업지원을 위한 국유재산 활용 방안 도입을 검토.


⑤ 2018년 행정재산 총 조사 결과 파악된 전부 또는 일부 유휴재산 22만 필지의 관리를 강화하고 국민참여개발을 추진할 예정이다.

▶유휴 재산은 총괄청이 인계받아 맞춤형(개발형·비축형·대부형·매각형 등 재산특성에 따른 유형 도출 및 체계적 관리·활용)으로 관리·활용.

▶국민의 수요에 부응하는 국유재산 개발을 위해 대국민 개발·활용 아이디어를 공모하여 우수 공모작에 대해서는 개발사업을 추진.

| 〈 참고 〉 국민 아이디어 공모를 통한 국유재산 개발 사례 | | |
|---|---|---|
| 〈 2014 국민 아이디어 공모 개요 및 결과 〉 | 〈 국민 아이디어 실현 사례(대학생 기숙사) 〉 | |
| ▶(개요) 전국 61개 국유지 대상으로 일반인·전문가의 국유지 개발 아이디어 공모<br>· (일정) '13.12월~14.1월 공모.<br><br>▶(전문가 부문 大賞) '꾸러미마을' : 청년쉐어하우스와 해상컨테이너를 접목하여 청년주거복지 지원<br>▶(일반인 부문 大賞) '꿈나무 센터' : 청소년 진로교육 및 직업체험을 지원하는 복합공간 | ▶국내 최초 중고 해상컨테이너 재활용,저렴한 임대료·친환경 대학생 기숙사 구현<br><br>※ 2014 전문가 부문 大賞 '꾸러미마을' 실현 | |
| | 마포 대학생기숙사 | 강동 대학생기숙사 |
| | 사진 | |
| | 위치 서울 마포구 성산동 | 서울 강동구 성내동 |
| | 구성 지하1/지상 4층 51실 (1인실 12.48㎡) | 3개층 22실 (1인실 12.48㎡) |

## 국민 편익증진을 위한 계획

① 지방자치단체의 생활 SOC 확충을 적극 지원할 계획이다.

▶그간 금지되었던 국유지에 지자체나 지방공기업이 생활 SOC (영구시설물) 시설을 건축하는 것을 허용.

▶국유지 사용요율 감경, 장기사용 허용 등 시설 운영부담을 덜어줌.

▶국유지 매입대금 장기분납 허용 등을 통해 생활 SOC 시설 확충을 위한 국유지 매입부담을 덜어줄 예정.


② 청년·신혼부부 주거복지 지원을 확대할 계획이다.

▶국유지 공급을 통해 고양 장항·수원 당수지구 등 '21년까지 행복주택·혼 희망타운 1만 3천 호 건립 조성을 지원.

▶대학생 주거비 절감을 위해 연합기숙사 (대전 원신흥동 부지 등 총 58개 국유지 를 대상으로 사업 가능성을 검토·추진) 부지로 사용할 국유지를 적극 제공하며, 연합 기숙사의 국유지 사용기간도 장기화 (최장 20 → 30년) 해 줄 계획.


③ 안전하고 쾌적한 생활환경 조성에 기여할 수 있도록 국유재산을 활용· 정비할 계획이다.

▶2020년 7월 실효 예정인 장기미집행 공원 국유지는 사전 선별 절차를 거쳐 시가화 등에 따라 공원조성이 곤란한 경우를 제외하고는 10년 간 실효를 유예.

▶교육자치 시행 (1991년) 이전 건축된 초·중·고 노후학교시설(2,880개)에 대 해서는 증개축 허용.

▶도심 국유지 위의 빈집·폐건물에 대해서는 철거·활용 등 정비사업을 시 행할 계획.

※ 인구 30만 명 이상 도시 내 국유 일반재산 상의 빈집·폐건물 275필지 (4.3만 ㎡)를 건물 활용 가능성에 따라 철거 또는 존치 활용하고 지방 소도 시로 사업 확대 추진.

④ 국유지 매수·사용 과정에서 국민 불편을 해소해 나갈 계획이다.

▶국유지 매각 전 측량을 통해 면적 오류에 따른 국민 불편을 예방.

▶신용카드로 국유재산 사용료를 납부할 수 있도록 허용하며 제로페이, 카카오페이 등 모바일 간편 결제 도입도 검토할 계획.


## 국유재산 가치 증대를 위한 계획

① 활용 잠재력이 높은 국유재산의 취득·리모델링을 확대할 계획이다.

▶30년 이상 노후된 국유 임대건물 1,300여 개에 대해 필요한 경우 국유재산관리기금을 활용하여 리모델링이 가능하게 함.

▶진입도로, 토지 정형화 등을 통해 국유지 가치를 높일 수 있도록 국유지 인접지를 비축 토지 매입대상에 포함할 계획.


## 도시계획시설 지정 재산의 유형별 관리·활용 방안(예시)

도시계획시설 지정 재산의 유형별 관리·활용 방안(예시)

| 구분 | 개발·활용형 | 실효유예형 | 재산정비형 |
|---|---|---|---|
| 재산현황 | · 미활용 중인 공공청사, 폐교 등<br>· 청사 건립시 제외된 잔여지<br>· 비축 토지 사용취소 용지 | · 미집행 공원용지 | · 현황 공공용재산(도로 등),<br>· 기타 일반재산 |
| 관리·활용<br>방안 | · 신규 공용시설로 개발·활용<br>· 생활SOC 활용 지원<br>· 지역특화 개발사업 추진 | · 원칙적 실효유예, 예외적 실효 | · 주무 중앙관서로 이관<br>· 단기간 대부 등 활용 |

③ 국유재산의 재산권 보호를 강화하기 위한 제도개선을 추진할 계획이다.

▶귀속재산·은닉재산 등의 조사를 위해 관련 정보(소유관계, 토지현황, 과세정보 등) 요구 근거를 마련.

▶수복지역 내 무주지의 국유화 법적 근거 마련

 ※ 국유화 추진.

▶개발행위에 따른 공공시설 무상귀속 제도가 악용되지 않도록 국유재산의 무상귀속 요건을 구체화해 나갈 계획.


④ 해외 소재 국유재산 관리를 효율화해 나갈 계획이다.

▶해외 국유재산 관리상황을 시범 점검하고 재산관리가 미흡한 부분에 대해서는 개선권고 등 관리 효율화를 추진.

▶필요시 재외공관 복합개발 사업을 검토할 예정.


## 국유재산 운용 효율화를 위한 계획

① 지리정보시스템(GIS)·국유재산 통합 DB 기반으로 국유재산 개발·활용 의사결정 지원이 가능한 차세대 국유재산 통합관리시스템 구축을 추진한다.
 ※ 차세대 디브레인 사업(2019~2022년)에 포함하여 시스템 구축 추진

② 현행 특례규정(207개) 중 미운용 특례에 대한 존치평가를 실시 ('19.하반기)하고 평가결과에 따라 내년('20년) 특례 폐지 등 제도개선을 추진한다.

③ 공용재산(청·관사) 취득 및 소규모 특별회계·기금 재산관리 업무를 한국자산관리공사에 위탁할 수 있도록 제도를 개선할 예정이다.

| 참고 | 국유재산 현황 |
| --- | --- |

▶ '18년말 결산기준 국유재산: 1,081.8조 원
 · 국유지 467.7조 원(43.2%), 공작물(도로, 교량 등) 288.8조 원(26.7%), 유가증권 241.8조 원(22.4%), 건물 69.9조 원(6.5%) 등

## 국유지 용도별 현황

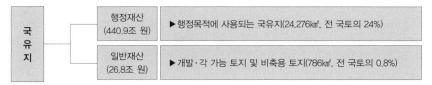

| 국유지 | | |
|---|---|---|
| | 행정재산 (440.9조 원) | ▶ 행정목적에 사용되는 국유지(24,276㎢, 전 국토의 24%) |
| | 일반재산 (26.8조 원) | ▶ 개발·각 가능 토지 및 비축용 토지(786㎢, 전 국토의 0.8%) |

## 국유재산 관리체계

| 총괄청 (기재부) | ▶ 국유재산 총괄 및 종합계획 수립<br>▶ 일반회계 국유재산 관리·처분<br>※ 일반재산: 캠코에 위탁 관리('13.6월 관리기관 일원화) 행정재산: 중앙관서에 사용승인 및 관리 위임 |
|---|---|
| 중앙관서 | ▶ 일반회계 행정재산 관리<br>▶ 특별회계·기금 소관 국유재산 관리·처분<br>※ 소관사무를 지자체, 공사·공단 등에 위임·재위임·위탁하여 관리 |

## 국유재산 관리기금 운용

▶ 2019년 국유재산관리기금 조달·운용 예산규모: 1조 5,111억 원

# 국유재산관리기금 운용구조

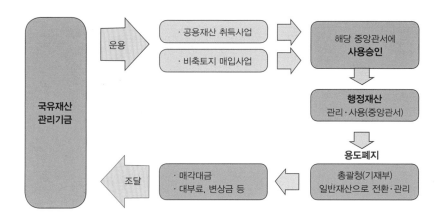

# PART 2

# 국공유지 투자를 위한
# 허가와 절차 관련 실무

# 국공유지 투자 관련 허가 실무

## 도로점용 허가

사실상 도로(사유토지에 농로 포장되어 형성된 도로)에서 농업인 주택 건축부지까지의 사이에 있는 국유지(공부상 지목은 도로이나 현재 농경지로 사용되고 있음)를 농업인 주택의 진입로로 허가를 받아 사용하고자 하는 경우, 국유재산법에 의한 사용수익허가 대상인지 아니면 도로법에 의한 도로점용허가 대상인지 여부는 다음과 같다.

주택진입로로 사용하기 위한 국유지가 도로법상의 도로에 해당하지 아니한 경우이라면 도로법상의 도로 점용허가가 아닌 국유재산법에 의한 국유재산 사용수익허가를 받아야 한다. (관련 법령 : 도로법 제38조)

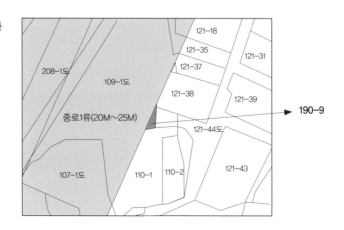

국유지 불하를 위한 숨은 땅 찾기

도로의 구역 안에서 공작물·물건 기타의 시설을 신설·개축·변경 또는 제거하거나 기타의 목적으로 도로를 점용하고자 하는 자는 관리청의 허가를 받아야 한다.(허가대상시설, 도로법 시행령 제24조 제5항)

> ▶토지의 지목이 도로이고 국유재산대장에 등재되어 있다는 사정만으로 바로 그 토지가 도로로서 행정재산에 해당되는지 여부에 대한 판례.
>
> [대법원 판례 2009다 415333, 2009. 10. 15.]
> • 행정재산에 해당한다 할 수 없다.
> • 도로와 같은 인공적 공공용 재산은 법령에 의하여 지정되거나 행정처분으로써 공공용으로 사용하기로 결정한 경우 또는 행정재산으로 실제 사용하는 경우의 어느 하나에 해당하여야 비로소 행정재산이 되는데,
> • 특히 도로는 도로로서의 형태를 갖추고 도로법에 따른 노선의 지정 또는 인정의 공고 및 도로구역 결정 고시를 한 때 또는 도시계획법 또는 도시재개발법 소정의 절차를 거쳐 도로를 설치 하였을 때 공공용물로서 공용개행위가 있다고 할 것이므로,
> • 토지의 지목이 도로이고 국유재산대장에 등재되어 있었다는 사정만으로 바로 그 토지가 도로로서 행정재산에 해당한다 할 수 없다.

▶전주·전선·변압탑·공중전화 기타 이와 유사한 것 (점용기간: 10년)

▶가스관·어스앙카·작업구(맨홀) 기타 이와 유사한 것 (10년)

▶주유소·주차장·휴게소 기타 이와 유사한 것 (10년)

▶철도·궤도 기타 이와 유사한 것 (10년)

▶지하상가·지하실·통로·육교 기타 이와 유사한 것 (10년)

▶ 간판·표지·깃대·주차미터기·현수막 및 아치(3년) 공사용 판자벽 등의 공사용 시설 및 자재 (3년)

▶고가도로 밑 사무소·점포·체육시설 기타 이와 유사한 것 (10년)

▶위 이 외의 것으로 당해 관리청의 조례로 정한 것 (3년)

## 도로점용 허가절차

허가신청 → 신청서 검토 및 경찰서 협의 → 점용허가 및 점용료 납부 → 점용공사 착수 → 완료 확인


## 도로 점용료 산정기준 (도로법 시행령 제26조 제2항)

▶주유소 등 진입로 : 토지 가격에 0.025를 곱한 금액(1㎡/1년)

▶사설 안내표지 갑지 : 101,650원, 을지 : 67,750원, 병지 : 17,250원(1개/ 1년)

▶공사용 시설 및 재료 일시 점용한 것. 갑지 : 400원, 을지 : 300원, 병지 : 150원 (1㎡/1년)

▶기타 시설 : 도로법 시행령 제26조의 2, 점용료 산정기준표 참조

※ 토지가격 : 인접한 토지의 개별 공시지가 산술 평균가격

▶갑지 : 특별시, 을지 : 광역시 (읍·면 제외), 병지 : 그 외의 지역


## 도로 점용료의 부과·징수

점용기간이 1년 미만인 경우 : 허가시 전액 부과·징수

▶ 점용기간 1년 이상인 경우 : 당해년도 분은 허가시, 그 이후 연도분은 매년도 개시 후 3월 이내에 부과 징수함.

※ 점용료의 금액이 5,000원 미만인 경우에는 부과하지 아니한다.

## 도로점용 허가(권리·의무)의 승계

허가로 인하여 발생한 권리나 의무를 가진 자가 사망한 경우에는 상속인이, 양도한 경우에는 양수한 자가, 법인의 합병이 있는 경우에 합병 후 존속하는 법인이 그 지위를 승계하며, 권리나 의무를 승계한 자는 상속일 등으로부터 30일 이내에 권리·의무의 승계신고서에 허가관련 내역서, 양도에 관한 계약서 등을 첨부하여 관리청에 신고하여야 한다.

## 도로점용 기간 만료 등에 따른 원상회복

점용기간이 만료되었거나 점용을 폐지하였을 경우에는 도로를 원상회복하여야 하며, 이에 대하여 관리청의 확인(도로법 시행규칙 별지 제28호 서식)을 받아야 한다.

## 도로연결의 허가

일반국도에 다른 도로·통로 기타의 시설을 연결시키고자 하는 자는 허가를 받아야 하며, 허가의 기준·절차 등에 대하여는 국토교통부령(도로와 다른 도로 등과의 연결에 관한 규칙)으로 정한다.

※ 일반국도 이외의 시장이 관리청인 국도, 지방도, 4차선 이상으로 도로 구역이 결정된 도로에 대한 기준·절차 등은 당해 지방자치단체의 조례로 정하는 바에 따른다.

## 도로연결 허가절차

사전검토신청 → 허가신청 → 신청서 검토 및 경찰서 협의 → 연결허가 및 점용료 납부 → 연결공사 착수 → 완료 확인의 절차를 따른다.

① 사전검토신청 : 사전검토신청은 연결허가 금지구간 해당 여부를 허가신청 전에 약식으로 검토를 받아 불필요한 노력과 설계비의 절약 등 민원인의 편의 제공을 위한 것임.

※ 사전검토신청 없이 사업부지를 매입할 경우 연결허가 금지구간에 해당할 수도 있음에 유의해야 한다.

② 허가신청 : 허가신청서(도로와 다른 도로 등과의 연결에 관한 규칙 별지 서식)에 연결계획서, 변속차로·회전차로 및 부대시설 등의 설계도면, 도로점용허가신청서 등을 첨부하여 허가관청에 신청
  – 허가관청 : 지방국토관리청, 국도관리사무소

## 변속차로(가·감속차로)

변속차로의 폭은 3.25미터 이상으로 하되, 원활한 자동차의 진출입을 위한 유도 노면 표시를 해야 한다.
변속차로의 접속부는 곡선반경 15미터 이상으로 처리하되, 성·절토부 등 비탈면의 기울기는 도로와 동일하게 하거나, 그 도로보다 원만하게 해야 하며, 변속차로의 최소 길이는 [별표 1] 기준 이상으로 해야 한다.

연결로 등의 포장 및 갓길, 배수시설, 분리대, 부대시설 등은 도로와 다른 도로 등과의 연결에 관한 규칙 제7조 내지 제12조에서 정한 바에 따른다.

도시계획구역 안에서의 도로연결 허가기준은 당해 도로가 도시계획에 따라 정비되어 있거나, 연결허가 신청일부터 3년 이내에 도시계획에 의하여 도로 정비에 관한 구체적인 사업 이행이 예정되어 있는 경우에는 당해 도시계획에 적합하여야 한다.

　다음은 도로점용허가 관련 서식이다.

[별지 제211호 서식] 〈개정 2010. 9. 13〉

| 도로점용허가신청서 | | | 처리기간 | |
|---|---|---|---|---|
| ※ 뒷면의 신청안내와 작성방법을 읽고 적습니다. | | | 뒷면참조 | |

| 신청인 | ①성명<br>(법인명) | | ②주민등록번호·외국인<br>등록번호(법인등록번호) | |
|---|---|---|---|---|
| | ③주소 | | 전자우편 | |
| | ④연락처 | | 휴대전화 | |

| ⑤점용목적 | |
|---|---|
| ⑥점용장소·면적 | |

| ⑦점용기간 | | ⑧굴착기간 | |
|---|---|---|---|

| ⑨공작물(시설)구조 | |
|---|---|
| ⑩공사실시방법 | |
| ⑪공사시기 | |
| ⑫도로복구방법 | |
| ⑬도로종류 및 노선명 | |

도로법 제38조 및 같은 법 시행령 제28조 제1항에 따라 위와 같이 도로점용허가를 신청합니다.

년       월       일

신청인 (서명 또는 인)

도로관리청장 귀하

※ 구비서류

| | ⑭수수료 |
|---|---|
| 1. 설계도면 1부(점용 장소의 면적은 1/1,200 이상의 평면도에 도로중심선에서의 좌우거리 및 위치를 표시함. 다만, 영 제28조 제5항 제6호 7호및 제9호의 경우에는 1/1,200 이상의 평면도 1부)<br>2. 주요 지하매설물 관리자의 의견서 1부(도로의 굴착을 수반하는 경우만 첨부함)<br>3. 주요 지하매설물의 사후관리계획 1부(신청인이 주요 지하매설물의 관리자인 경우만 첨부함)<br>4. 영 제34조에 따른 도로관리심의회의 심의·조정 결과를 반영한 안전대책 등에 관한 서류 | 1,000원 |

## ※ 신청안내

| 신청하는 곳 | • 고속도로 : 한국도로공사지사<br>• 일반국도 : 국도관리사무소<br>• 특별시도·지방도·시도·군도 : 도·시·군·구(읍·면·동) | 담당<br>부서 | • 고속국도 : 도로과<br>• 일반국도 : 보수과<br>• 특별시도·지방도·시도·군도 : 건설과·건설관리과 |
|---|---|---|---|
| 근거법률 | 도로구역에서의 도로점용은 도로관리청의 허가를 받아야 함(법 제38조 제1항) | | |
| 유의사항 | • 허가를 받지 아니하고 도로를 점용하는 경우에는 2 년 이하의 징역 또는 700만 원 이하의 벌금을 물게 되며, 변상금이 부과됩니다(법 제 97 조제 3 호 및 제 94 조).<br>• 허가를 받은 자는 관계규정에 따라 점용료를 납부하여야 하며, 허가면적을 초과하여 점용한 경우에는 300만 원 이하의 과태료가 부과됩니다(법 제 41 조 및 제 101 조).<br>• 도로굴착을 수반하는 점용의 경우에는 점용허가신청 전에 점용에 관한 사업계획서 등을 도로관리청에 제출하여 도로관리심의회의 조정을 받아야 합니다(법 제38조 제3항 및 영 제 30조 제4항).<br>• 점용기간을 연장하려는 경우에는 허가기간 끝나기 1개월 전까지 연장허가를 받아야 합니다. | | |

## ※ 작성방법

①란은 법인인 경우에는 그 명칭 및 대표자의 성명을 기재합니다.
⑤란은 휴게소, 주유소, 공장, 아파트, 진입로 등 점용목적을 기재합니다.
⑨란은 점용목적물의 구조를 적습니다.
⑩란은 점용목적물이 지하에 매설되어 있는 경우 공사방법(노면굴착시공 또는 압입시공)을 적습니다.
⑫란은 도로굴착을 수반하는 점용의 경우 신청인 또는 도로관리청(허가자)복구로 적습니다.
⑬란은 고속국도·일반국도·특별시도·지방도·시도·군도로 구분하고, 노선번호를 적습니다(예: 국도○○호선 등).
⑭란은 관리청이 국토교통부장관인 경우에는 수입인지를 부착하고, 관리청이 도지사, 시장, 군수, 구청장인 경우에는 해당 관리청이 속하는 지방자치단체의 조례로 정하는 방법에 따릅니다.

## ※ 처리기간

| 점용의 구분 | 특별시 | | | 광역시 및 도 | | | 국토교통부 | | |
|---|---|---|---|---|---|---|---|---|---|
| | 접수 | 처리 | 기간 | 접수 | 처리 | 기간 | 접수 | 처리 | 기간 |
| 도로의 일반점용 | 동 | 구 | 5일(3일) | 구·읍·면 | 시·군 | 5일(3일) | | | 7일(5일) |
| 도로의 일시적용 | 동 | 시 | 2일 | 구·시·읍·면 | 구·시·읍·면 | 2일 | 지방국토<br>관리청 | 지방국토<br>관리청 | 7일(5일) |
| 선전탑의 설치 및 아치·육교사용 | 시 | 시 | 4일(3일) | 시·군 | 시·군 | 4일(3일) | | | 7일(5일) |
| 공작물의 설치 | 구 | 구 | 10일(5일) | 구·시·군 | 시·도 | 8일(5일) | 국도관리<br>사무소 | 국도관리<br>사무소 | 7일(5일) |
| 도로의 굴착 | 구 | 구 | 10일(5일) | 구·시·군 | 구·시·군 | 10일(3일) | | | 7일(5일) |
| 주 : ( )의 일수는 전체 처리기간 중 경찰청(경찰서)과의 협의처리기간입니다. | | | | | | | | | |

## 농업기반시설 목적 외 사용허가

농업기반시설 목적외 사용이란, 농어촌정비법 제20조에 의거 농업기반시설 관리자인 공사가 관리하는 저수지, 유지, 구거, 농로 등 농업기반시설의 수면 및 부지를 시설의 설치목적의 수행에 방해가 되지 아니하는 범위 안에서 다른 용도로 사용하는 것을 말한다.

농업기반시설 목적 외 사용을 위한 필요 절차는 아래와 같다.

## 저수지 수면 임대 사용

공사가 관리하는 저수지의 목적외 사용 수면 임대는 농어촌정비법 제20조의 규정에 의해 시설관리자인 우리 공사가 시·도지사의 목적 외 사용승인을 득하여 사용 신청자와 계약을 체결하고, 사용신청자는 계약체결 후 사용하고자 하는 목적에 따라 개별법에서 정한 별도의 허가를 해당 시장·군수에게 얻어야 한다. 그리고 저수지의 수면 임대기간은 농어촌정비법 시행령 제23조 제2항의 규정에 의해 5년 이내로 하고 있다.

## 농업기반시설 및 부대시설 사용

농업기반시설이란 농어촌정비법 제2조 제4호의 규정에 따라 '농업생산정비사업으로 설치되거나 기타 농지의 보전이나 농업생산에 이용되는 저수지, 양수장, 관정 등 지하수 이용시설, 배수장, 취입보, 배수로, 유지, 도로, 방조제, 제방 등의 시설물 및 그 부대시설'을 말한다.

농업기반시설을 관리하고 있는 시설관리자(공사)는 농업기반시설을 농업 등 본래 이외의 목적으로 사용하고자 하거나 다른 자에게 사용하게 할 때에는 동법 제20조에 의거 농업기반시설의 유지·관리에 지장이 없는 범위 안에서 시·도지사의 승인을 얻어 목적 외로 사용하게 할 수 있다.

## 농업기반시설 목적 외 사용 처리절차

농업생산기반시설을 타 용도로 사용하고자 할 때에는 농어촌정비법 제23조에 의거하여 농업생산기반시설 본래의 기능에 지장을 주지 않은 범위 내에서 농업생산기반시설 관리자(시장·군수, 자치구의 구청장, 한국농어촌공사)의 목적 외 사용 승인을 받아야 한다. (목적 외 사용 시설, 사용 사유, 사용 방법, 사용 기간, 사용자 주소 및 성명 등을 기재한 승인신청서 작성 제출)

① 승인권한
▶시설관리자 : 한국농어촌공사 해당 지사장 (사업단장)
 • 영농 및 300㎡ 이하 시설 부지 목적 외 사용 - 기존 승인내용의 변경 없이 사용 기간만 갱신하는 경우
▶지역본부장
 • 300㎡ 초과 시설 토지 사용(단, 영농 제외)
 • 수면 (부속시설의 부지포함) , 용수 목적 외 사용 승인 처리기한
▶한국농어촌공사 시설관리자 : 14일
▶한국농어촌공사 지역본부장 : 10일 사용신청서 검토 중점사항
▶농업기반시설 유지관리 용이성 및 지장 여부 (준설, 개보수, 수질개선, 청소 등)
▶농업용수공급 지장 여부 (잉여수량 분석, 단면 크기, 용·배수 흐름 등)
▶오·폐수 발생이나 유입 등 수질오염 및 환경문제를 일으킬 가능성 여부
▶개거·암거·교량·취수시설, 관로매설 및 콘크리트 또는 아스팔트 포장 등의 대체시설 설치에 대한 설계 적합 및 안전성 여부
▶위험시설 (화약류, LPG 저장소 등)·혐오시설·환경오염시설 설치, 수질 및 토

양 오염, 공장 및 차량통행에 따른 소음발생 등에 의한 민원 발생이 예상되는 경우에는 민원 해소대책 및 실현 가능 여부를 면밀히 검토하고, 시설관리자가 지정하는 이해관계인의 동의서를 첨부

▶농림수산식품부, 지방자치단체, 본사 등으로부터 지시나 금지사항 저촉 여부

▶이전 사용자와의 분쟁 소지 여부

▶현지조사

▶사용료 산출

▶수리 및 구조 계산

▶신청구비서류 적정성 및 누락 여부

▶기타 목적 외 사용과 관련되는 제반사항 검토 및 사용에 관한 시설관리자 검토서 작성

▶인허가 조건 및 부대조건에 관한 사항


② 관계 법령

▶농어촌정비법 시행령 제31조(농업생산기반시설이나 용수의 목적 외 사용) 농어촌정비법 제22조 (저수지 상류지역에서의 공장설립 제한)

▶농어촌정비법 시행령 제32조(농업생산기반시설이나 용수의 목적 외사용에 따른 경비의 징수) 농어촌정비법 시행규칙 제13조 (농어촌 용수 전문검사기관)

▶농어촌정비법 시행규칙 제14조 (농업생산기반시설이나 용수의 목적 외 사용 승인신청서)


③ 구비서류

농업생산기반시설이나 용수의 목적 외 사용 승인 신청서 [별지 제17호 서식]


④ 신청방법

토지 소재지의 구청

⑤ 접수/처리

접수 → 구청 민원실 - 처리부서 : 각 구청 산업과 농업기반담당 - 처리
기간 : 20일

⑥ 수수료 : 없음.

⑦ 업무처리 흐름

신청접수 → 신청토지 현황, 신청목적 대로 사용가능 여부, 인근 토지와의
이해관계 등 종합적 검토 → 사용승인허가·결정 → 허가서 발급

⑧ 기타 사항

농어촌정비법 제23조 제1항 단서에 따라 한국농어촌공사가 관리하는 농업
생산기반시설이나 용수를 농업 등 본래 목적 외의 목적으로 사용하거나 사용
하게 하는 데 필요한 절차는 한국농어촌공사 정관에 따라 처리된다.

# 농업기반시설 목적 외 사용승인 신청

| 신청인 | 성명 | | 주민등록번호 | |
|---|---|---|---|---|

| | 주소 | | 전화번호<br>(반드시<br>기재) | 집 |
|---|---|---|---|---|
| | | | | H.P |

신청내역

| 재산 소재지<br>또는 용수의 표지 | 지번 | 지목 | 지적<br>(㎡) | 사용면적<br>(㎡) | 목적 | 비고 |
|---|---|---|---|---|---|---|
| | | | | | | |
| | | | | | | |
| | | | | | | |
| | | | | | | |

위 재산을 농어촌정비법 제20조 제1항 및 동법 시행령 제23조 제1항의 규정에 의거
농업기반시설 목적외 사용 승인을 신청합니다.


구비서류
1. 농업기반시설의 목적 외 사용 사유
2. 목적외 대상이 될 농지개량시설 또는 용수의 표시
3. 목적외 사용의 사용, 방법 및 그 기간
4. 목적외 사용에 의한 관리자의 수지예산


2000 년    월    일

신청인 (인)

**시장 귀하**

# 사업계획서

## 1. 사업계획의 개요

  – 위치 :

  – 지목 :

  – 지적 :

  – 사용면적 :

  – 사용목적 :

## 2. 신청토지 내역

| 토지 소재지 | | 지목 | 지적면적(㎡) | 사용면적(㎡) | 비고 |
|---|---|---|---|---|---|
| 소재지 | 번지 | | | | |
| | | | | | |
| | | | | | |
| | | | | | |

## 3. 사용목적 :


## 4. 신청인

주소 :

성명 :

주민등록번호 :

## 공유수면 점용 사용허가

공유수면은 간단하게 말해 국가 또는 공공단체의 소유에 속하고 공공의 목적에 사용 되는 수면을 말한다. 예를 들면 바다, 바닷가, 하천, 호소, 구거, 그밖에 공공용으로 사용되는 수면 또는 수류로서 국유인 것을 말한다.

여기서 점용이란 자기의 생활이나 사업만을 위해 어떤 물건을 독점적으로 사용하는 것을 말한다. 즉 일정한 지역 또는 수역 등을 차지해 사용하겠다는 의미다. 이를 보통 공유수면 점용허가라고 말한다.

여기서 개념과 목적에 대해 이야기하자면, 불특정 다수인이 사용하는 자연적 공물, 그러니까 국가 기관이나 공공 단체에 속한 물건을 특정인에게 독점적, 배타적(남이 사용 못하게 함)으로 사용할 수 있도록 권리를 설정해 주는 것으로, 공유수면을 지속적으로 이용할 수 있게 보전, 관리하고 공유수면의 적절한 보호와 효율적인 이용을 도모함으로써 공공복리의 증진에 이바지함을 목적으로 한다.

허가권자는 지방해양항만청장과 시장·군수·구청장이 있다.

지방해양항만청장은 배타적 경제수역법 제2조에 따른 배타적 경제수역과 항만법 제3조 제2항 제1호에 따른 국가관리항의 항만구역 안의 공유수면의 점용·사용허가를 맡고 시장·군수·구청장은 기타의 공유수면을 허가한다.


## 처리절차

허가 (협의·승인) 신청 → 접수 및 첨부서류 확인 → 관계기관 협의 → 협의결과 및 타당성 검토 → 허가 또는 불허 → 고시 및 관계기관 통보

# 공유수면 점·사용 허가

| | | 면수 | 3 |
|---|---|---|---|

| 관리번호 | 해양수산과-25 | 부서(담당)명 | 연안관리담당 |
|---|---|---|---|
| 연락처 | | 작성(수정)일 | |

## 1. 민원인이 해야 할 사항

- 신청서 및 구비서류
  - 공유수면 점·사용허가 신청서
  - 사업계획서
  - 신청구역을 포함한 축척 2만 5천분의 일의 지형도 또는 연안정보도
  - 신청구역을 표시한 지적측량성과도(인접토지 지적도등본으로 갈음 가능)
  - 권리자의 동의서(해당자 있을시)
  - 환경영향평가서(환경영향평가법 대상사업에 한함)
  - 해역이용협의서(해양환경관리법 대상사업에 한함)
  - 포락지증명서 및 감정평가서(포락지를 토지로 조성하는 경우)
- 처리기간 : 실시계획 승인대상-14일, 실시계획 신고대상-7일
  (유관기관 협의기간 제외)
- 수수료 및 기타 납부
  - 수수료 : 없음
  - 면허세 및 점·사용료 : 허가유형 및 면적 등에 의하여 차별 부과

## 2. 행정기관의 심사기준
- 점·사용의 유형 및 신청지역의 특성 검토
- 권리자 유무 판단 및 지역연안계획의 적합성 검토
- 실시계획 승인 및 인가대상, 원상회복의 용이성 검토
- 국토교통부, 지방해양항만청, 문화재청 등 유관기관 협의

## 3. 관련 법령
- 공유수면 관리 및 매립에 관한 법률 제8조 제1항, 같은 법 제10조 제1항
- 공유수면 관리 및 매립에 관한 법률 시행령 제4조, 같은 법 제10조 제1항
- 공유수면 관리 및 매립에 관한 법률 시행규칙 제4조 제1항, 같은 법 제9조
- 환경영향평가법 제4조, 같은 법 제18조
- 해양환경관리법 제84조, 같은 법 제91조 제1항

# 공유수면 점용 · 사용 [ ]허가 [ ]협의 [ ]승인 신청서

※ 유의사항을 읽고 작성하여 주시기 바라며 해당되는 곳에 ✓ 표시를 합니다. (앞쪽)

| 접수번호 | | 접수일 | 처리일 | 처리기간 뒤쪽 유의사항 참조 |
|---|---|---|---|---|
| 신청인 | 성명 | | 주민등록번호 | |
| | 주소 | | 전화번호 | |
| 대리인 | 성명 | | 전화번호 | |
| 장소 | | | | |
| 면적(또는 채취량·투기량) | | | | |
| 목적 | | | | |
| 설치하는 인공구조물 | | | | |
| 허가기간 | | | | |
| 허가조건 | | | | |

공유수면 관리 및 매립에 관한 법률 제8조 제1항·제10조 제1항, 같은 법 시행령 제4조·제10조 제1항 및 같은 법 시행규칙 제4조 제1항·제2항 및 제9조에 따라 공유수면 점용·사용([  ] 허가[  ] 협의[  ]승인)을 신청합니다.

년    월    일

신청인          (서명 또는 인)

(공유수면관리청의 장) 귀하

| 신청인(대표자)<br>제출서류 | 1. 사업계획서<br>2. 구적도 및 설계도서(건축물을 신축·개축·증축하는 경우에는 공유수면 관리 및 매립에 관한 법률 별표 1의 작성례에 따라 작성된 것을 말하며, 포락지를 토지로 조성하는 경우에는 건설기술관리법 제2조 제8호에 따른 건설기술자가 작성한 것을 말합니다.)<br>3. 신청구역을 표시한 축척 2만 5천 분의 1의 지형도 또는 연안정보도(배타적 경제수역의 경우에는 신청구역을 표시한 해도를 말합니다.)<br>4. 신청구역을 표시한 지적측량성과도(배타적 경제수역인 경우는 제외하며, 공유수면 관리 및 매립에 관한 법률 제17조 제2항에 따른 실시계획 신고대상 행위인 경우 신청구역을 표시한 인접한 토지의 지적도등본으로 갈음할 수 있습니다.)<br>5. 공유수면 점용·사용 관련 권리자의 동의서(영 제12조 제1항 각 호의 어느 하나에 해당하는 권리자가 있는 경우만 해당합니다.)<br>6. 환경영향평가법제18조에 따라 환경부장관이 통보하는 환경영향평가서 협의 내용(환경영향평가법 제4조에 따른 환경영향평가대상사업만 해당합니다.)<br>7. 해양환경관리법 제91조 제1항에 따라 국토교통부장관이 통보하는 해역이용협의 등에 대한 의견(해양환경관리법 제84조에 따른 해역이용협의 또는 같은 법 제85조에 따른 해역이용영향평가 대상사업의 경우만 해당합니다.)<br>8. 대표자임을 증명하는 서류(2인 이상이 공동으로 신청하는 경우만 해당합니다.)<br>9. 포락지의 토지 조성과 관련한 다음 각 목의 서류(포락지를 토지로 조성하는 경우만 해당합니다.)<br>가. 국토교통부장관이 지정하는 대학 또는 전문연구기관이 조사하여 포락지임을 증명하는 서류<br>나. 토지로 조성된 경우를 예정하여 평가한 해당 토지에 대한 감정평가서(부동산가격공시 및 감정평가에 관한 법률에 따른 감정평가업자가 평가한 것을 말합니다.)<br>다. 인접한 토지의 활용도 등을 고려할 때 해당 포락지를 토지로 조성하는 것이 필요함을 증명하는 서류(포락지를 토지로 조성하는 데 드는 비용이 토지로 조성된 경우를 예정하여 평가한 해당 토지에 대한 감정평가액보다 많은 경우만 해당합니다.)<br><br>※ 신청인이 2인 이상인 경우에는 별지에 성명·주소·생년월일(성별)을 적은 연서로 날인하여야 합니다.<br>※ 이 별지에서 "공유수면관리청"이란 국토교통부장관, 시·도지사, 특별자치도지사, 시장·군수·구청장 또는 지방해양항만청장을 말합니다. |
| --- | --- |

## 유의사항

| 공유수면관리청<br>확인사항 | 1. 법인등기사항증명서(법인인 경우만 해당합니다.)<br>2. 토지(임야)대장<br>3. 토지등기부등본 |
| --- | --- |

## 처리절차

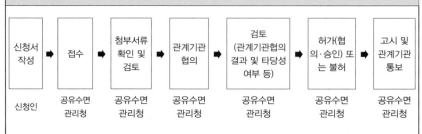

신청서 작성 ▶ 접수 ▶ 첨부서류 확인 및 검토 ▶ 관계기관 협의 ▶ 검토 (관계기관협의 결과 및 타당성 여부 등) ▶ 허가(협의·승인) 또는 불허 ▶ 고시 및 관계기관 통보

신청인 / 공유수면 관리청 / 공유수면 관리청 / 공유수면 관리청 / 공유수면 관리청 / 공유수면 관리청 / 공유수면 관리청

# 국유재산의 용도폐지

## 국유재산의 용도폐지란?

행정재산이 향후 활용계획이 없어 잡종재산으로 전환될 때 사용하는 국유재산법 상의 용어이다.

농촌에 널려 있는 농로와 수로, 구거, 제방 등을 농업기반시설이라고 한다. 이 시설은 시·군·구 또는 한국농촌공사에서 농업시설로서 관리하고 있다.

만일 이 농로를 진입도로로 이용하여 농가주택을 지으려 하거나 혹은 수로에 다리를 놓아 통로로 쓰려 하는 경우에는 관할청의 농업기반시설 목적 외 사용허가를 받아야 한다.

국유지나 공용도로에는 용도폐지제도가 있다.

임야나 잡종지 등 기획재정부가 소유자로 되어 있는 국유재산의 경우에는 국유재산법 상 행정재산의 용도폐지절차가 규정되어 있다.

현재 주민이 사용 하지 않는 도로로서 더 이상 도로로서의 기능이 없어진 경우, 도로관리청은 도로법의 절차에 의해 도로를 폐지할 수 있도록 되어 있다.

## 용도폐지 대상 재산

▶ 도로, 하천, 구거 등 공공용 재산이 사실상 공공용으로 사용되지 아니하게 된 때

▶ 공용재산 또는 기업용 재산이 당해 행정목적을 위해 사용할 필요가 없게 된 때


## 용도폐지 시 구비서류

▶ 행정목적이 상실되었음을 입증하는 문서, 민원서류, 현황사진, 현지조사보고서 등 자료

▶ 지적도 및 토지대장

▶ 도로, 구거의 경우 지적도에 인근 지형지물을 개략 표시한 현황도

▶ 등기부등본

▶ 총괄청에 인계한 후에는 관리청이 변경된 등기부등본 확인, 보관


## 용도폐지의 절차 및 방법

국유재산 용도폐지신청(민원인) → 신청서 접수 및 관련기관 의견조회(기관) → 의견검토 후 행정재산으로서의 활용이 없을 경우 용도폐지(기관) → 잡종재산으로 용도폐지(기관) 후 자산관리공사 인계 → 토지평가금액 산정(자산관리공사) → 신청인과의 매매계약

지자체의 도로 용도폐지 관련 사무처리 내용(예시)

▶ 용도폐지 대상토지에 대하여 관련부서 협의를 거친 후 이의가 없을 시 용도폐지가 가능

▶ 국유재산은 시·군·구 공유재산심의회 심의를 거쳐 시·군·구의 장이 용도폐지를 결정하고, 시·군·구의 장에게 보고하여 관리청 변경승인을 받아 지적공부 정리 후 재무과 재산관리팀(잡종재산 관리부서)으로 인계하여야 매각 신청이 가능

▶ 시·도 공유재산은 시·도지사에게 용도폐지 요청하여 시·도 공유재산심의회 심의를 거쳐 시·도지사가 용도폐지를 결정하고, 지적공부를 정리 후 재무과 재산관리팀(잡종재산 관리부서)으로 인계되면 매각 신청이 가능

▶ 시·군·구 공유재산은 시·군·구 공유재산심의회 심의를 거쳐 시·군·구의 장이 용도폐지를 결정하고, 지적공부 정리 후 재무과 재산관리팀(잡종재산 관리부서)으로 인계하여야 매각 신청이 가능

▶ 공유재산심의회에서 부결되었을 경우와 각종 법규(건축법, 도시계획법 등)에 저촉되는 도로 및 현저하게 민원이 야기될 경우에 용도폐지를 제한

▶ 용도폐지는 관련부서 협의 등 검토사항과 보고 및 지적정리 등 제반 조치에 상당기일이 소요됨

구거용도폐지 및 매수절차와 방법

▶ 용도폐지는 행정재산인 도로, 구거 등이 사실상 공공용으로 사용되지 아니하게 된 때에 국유재산법 제30조 규정에 따라 잡종재산으로 분류하는 행정절차로서, 용도폐지권자가 직권으로 행하는 것이다.

▶ 우리 부 도로, 구거, 하천 등에 대한 용도폐지는 행정권한 위임 및 위탁관리에 관한 규정 제38조 제3항의 규정에 의하여 시·도(시·군·구에게 재위임)에 위임되어 있으며, 절차는 아래와 같다.

① 이해관계인 신청 또는 직권(시·군·구)으로 용도폐지 가능 여부 결정(보통 1개월 정도 소요)

② 필요시 지적경계측량 및 분할측량

③ 무단점유자가 있는 경우에 변상금 징수

④ 용도폐지를 결정하여 기획재정부에 이관(캠코에서 심사 통상 접수 후 1~2개월 소요)

▶ 아래는 용도폐지가 어려운 경우다.

• 도로, 구거가 공공용으로 사용중인 경우

• 대체 도로, 대체 구거가 필요한 경우(대체물이 개인의 소유인 경우에는 곤란)

- 도로의 폐지로 인하여 통행에 불편을 초래하여 민원이 발생할 우려가 현저하거나, 구거의 폐지로 수해 등의 우려가 있는 경우(이해관계인의 동의를 요할 수 있다.)
- 구거매매시
  - 우선 구거 점용허가를 받았는지 확인
  - 공유수면 권리의무 승계(서류는 매도, 매수자 인감 지참 및 동의서 작성)
  - 용도폐지 절차 신청(시·군·구의 재난방재과) → 측량 → 주무부처에서 협의 후 결정 통보
  - 승인이 떨어지면 자산공사에서 공개 또는 수의 계약으로 매각 결정
  - 자세한 문의 : 용도폐지 절차는 시·군·구청의 재난방재과에 공개매각은 자산관리공사 유휴자산관리팀에 문의하면 도움을 받을 수 있다.
- 용도폐지비용 : 토목 설계사무서에서 진행하며 비용은 경계측량 포함 150만 원 정도이다.
- 구거 점유 비용 : 면적 × 공시지가 × 요율 × 상용일수

# 국공유지의 매수와 관련 법규

지금은 토지불하라는 단어 대신 '토지 매수신청'이란 말을 사용하는데, 이것은 국공유지 (국유지·시유지·도유지·구, 군유지) 를 매수할 때, 즉 공유지를 매수하고자 할 때 신청하는 것을 말한다.

예를 들면 땅은 서울시 소유의 토지이고 건물은 본인 명의로 되어 있다면 그 토지를 매수하고자 할 때 구청에 공유재산 (토지) 매수신청을 하게 된다.

매수신청을 하게 되면 구청에서는 그 토지에 대한 조사와 가격산정, 토지의 이용가치 등을 고려하여 매각을 할 수도 있고 하지 않을 수도 있다. 매각을 하게 되면 감정평가를 하는 회사에 의뢰해 그 토지에 대한 가격을 산정하여 그 가격으로 매각을 하게 되며, 매각이 불가하게 될 때에는 그 사유를 명기하여 통보하게 된다.

예를 들어 대지의 소유자가 경기도인 도유지로서 매년 임대계약을 맺어 20여 년을 살고 있는데, 이 땅을 매입하여 건물을 신축하려고 한다면, 그 절차는 어떻게 될까?

국유재산법 시행규칙[별지 제1호서식]〈개정 2015. 6. 27〉

국유재산 [　] 사용허가
[　] 대부　　　신청서
[　] 매수

[　]에는 해당되는 곳에 V표를 합니다.

| 접수번호 | | 접수일자 | | | 처리기간 | 20일 |
|---|---|---|---|---|---|---|
| 신청인 | 성명 | | | 주민등록<br>번호 | | |
| | 주소 | | | 전화번호 | | |

| 신청내용 | 재산의 표시 | | | 신청면적<br>(㎡) | 용도 | 사용<br>수익기간 |
|---|---|---|---|---|---|---|
| | 소재지 | 지목 | 공부면적(㎡) | | | |
| | | | | | | |
| | | | | | | |
| | | | | | | |

국유재산법 시행규칙 제14조 제1항, 제35조 제1항 또는 제36조 제1항 본문에 따라 위 재산의
([　] 사용허가, [　] 대부, [　] 매수)를 신청합니다.

년　　　월　　　일

신청인　　　　　　　　　　(서명 또는 인)

중앙관서의 장 등　　　　　　　귀하

| 첨부서류 | 없음 | 수수료 없음 |
|---|---|---|

처리절차

국유재산은 재정경제부, 산림청, 국방부 등 중앙정부 재산을 말하며 국유재산법에 따른다. 또한 공유재산이라 함은 지방자치단체 소유인 재산으로서 지방재정법이 적용된다.

점유 형태에 의한 분류로 보자면 조합원의 건축물로 점유한 국공유지는 해당 조합원에게 우선 매각되며 조합원 점유 이외의 국공유지는 임대주택의 부지로 사용된다.

## 국공유재산의 매수 신청

### 매각 사례의 조건

① 국공유지를 점유한 연고권자에게 우선 매각하고 남은 국공유지는 임대주택의 부지비용으로 충당한다.

② 사업시행인가 고시일로부터 2년 이내 매각 시 : 사업시행 인가고시가 있은 날을 기준으로 가격평가. (종전 토지 및 건축물의 가격평가와 동일)

③ 사업시행인가 고시일로부터 2년 이후 매각 시 : 국유재산법 및 지방재정법의 관계 규정에 따라 매각시점에서 따로 평가함.

### 매각대금의 분할납부

① 국유재산 : 15년 이내 → 연 5% 이자
② 시유재산 : 20년에 연 5% 이자

③ 공공시설 보존지구 내 토지 대신 재개발구역 내의 다른 국공유지를 매각하는 경우 또한 제 ①, ②의 내용과 동일하게 처리한다.

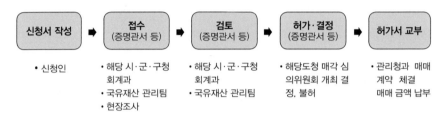

**국유재산 매입절차도**
[기획재정부 토지 매입할 경우]

| 신청서 작성 | ➡ | 접수<br>(증명관서 등) | ➡ | 검토<br>(증명관서 등) | ➡ | 허가·결정<br>(증명관서 등) | ➡ | 허가서 교부 |
|---|---|---|---|---|---|---|---|---|
| • 신청인 | | • 해당 시·군·구청<br>  회계과<br>• 국유재산 관리팀<br>• 현장조사 | | • 해당 시·군·구청<br>  회계과<br>• 국유재산 관리팀 | | • 해당도청 매각 심<br>  의위원회 개최 결<br>  정, 불허 | | • 관리청과 매매<br>  계약 체결<br>  매매 금액 납부 |

• 매수 신청을 하면 담당공무원은 현장확인 및 담당자 상담 후 국유재산관리계획에 의거하여 매각심의위원회를 개최하고 감정평가 기관에서 감정평가된 평균금액으로 매매계약이 체결된다.


## 국공유재산 매수 위임과 승인

가. 매수위임장 징구

국공유재산의 매각대금은 분할납부가 가능하기 때문에 해당 매수자가 직접 매수신청을 하여야 하나, 사업추진상 이는 거의 불가능하다. 이에 따라 사업시행자인조합이 대신하여 신청 및 계약을 할 수 있다. 이를 위해서 매수자 전원의 인감증명서를 첨부한 국공유지 매수 위임장을 매수자로부터 받아 조합이 일괄 매수신청을 할 수 있다.

나. 관리계획승인

① 국유지 : 기획재정부의 2000년도 국유재산관리계획 제2조 제3항 9호에

의거하여 국공유지를 시행자 또는 점유자 및 사용자에게 매각하는 일에 대해서는 관리계획에 상정하지 않아도 된다.

② 공유지 : 지방재정법 시행령 제84조 제3항 제9호에 의거, 다른 법률에 의하여 취득·처분이 의무화된 재산의 취득·처분은 관리계획에 포함되지 않으므로 주택재개발사업구역 내 공유지는 관리계획에 포함되지 않는다.

③ 용도폐지 : 주택재개발사업에 의해 우선 매각하게 되는 국공유지는 국유재산법, 지방재정법, 기타 국공유지의 관리와 처분에 관한 법령의 규정에도 불구하고, 사업시행고시가 있은 날부터 종전의 용도가 폐지된 것으로 본다.

④ 절차 : 매수신청 → 검토 및 조사 → 매각방침 → 가격결정 → 매매계약 체결
* 참고로 국공유지는 매각이 가능한 것과 매각이 불가능한 것이 있다.


## 국공유지 불하에 따른 질의응답

현재 30년 이상 하천부지에 거주하고 있는 경우, 약 400평 정도를 점유하고 있는데, 이를 불하 받고자 한다. 주택 30평, 축사 20평 정도이고 나머지는 밭으로 사용하고 있다. (대지 171㎡, 전 399㎡)
현재 약 2년 전 제방공사를 완료하여 집 3미터 앞으로 2미터 가량 옹벽이 높게 쌓아져 있고 하천을 따라 10여 가구의 마을이 형성 중인 경우, 불하 방법에 대해 알고 싶다. 또한 수의계약을 하면 일반 감정가액보다 싸게 계약할 수 있다고 하는데 어떻게 하는 것인지, 일반 공매와는 어떤 차이가 있는지에 대해서도 궁금하며, 불하기간은 최장 얼마나 되며, 그에 따른 이자율은 얼마인가?

또한, 현재 하천부지를 우리 집과 옆집이 쓰고 있는데, 불하 입찰 시에는 우리 집 부지만 불하 받는지 아니면 옆집 것까지 전체 하천부지를 불하 후 분할해야 하는지? 주택을 리모델링 하게 되면 30평으로밖에 지을 수 없는지, 축사를 허물고 더 넓혀 지을 수 있는지?

대지 171㎡로 설정되어 있는 약 50평 가량의 대지를 전체 다 집을 지을 수 있는지 알고 싶다.

① 불하방법 : 현재 점유하고 있는 부분의 토지 지번으로 토지 등기부 등본을 발급받아 시·군·구청의 국유재산을 관리하는 담당공무원에게 불하가 가능한지 여부를 물어보면 불하 여부는 바로 답변이 될 것이다. (토지 등기부 등본에 관리자가 재정경제부로 나와 있으면 아마도 불하가 가능할 것임)

하천부지 불하 관계는 행정관청에서 현장을 확인한 후 하천부지가 잡종지 형태로 되어 있어 하천으로서의 기능을 상실하여 우기나 평상시에 물이 흐르지 않고 하천으로서의 제 역할을 못하고 있으며 그 지형이 현저히 하천으로서의 구실을 하지 못할 때는 용도폐지가 가능하다.

용도폐지가 가능할 경우, 용도폐지 하여 불하 받을 수 있으며 지목변경은 용도폐지 시 변경한다.

② 수의계약을 하면 일반 감정가액보다 싸게 계약할 수 있다고 하는데 어떻게 하는 것인지 일반 공매와는 어떤 차이가 있는지에 대해 알아보면, 매각가격은 지가공시 및 토지 등의 평가에 관한 법률에 의한 감정평가법인 2 이상에게 의뢰하여 평가한 감정평가액을 산술 평균한 금액으로 정하는 것으로 판단되는 바 (지방재정법 시행령 제96조 참조) 자세한 것은 관할 시·군·구청 재무과에 문의해보는 게 좋다.

국유지를 점유하고 있는 자에 대하여는 수의계약(점유자에게 우선 매매함)에 의한 방법으로 불하를 하게 된다. 불하가격은 감정평가액으로 산정하게 되며,

일반적으로 공시지가보다 약간 높게 산정된다.

③ 불하기간은 최장 얼마나 되며, 그에 따른 이자율은 얼마나 되는지에 대해서는, 매각에 의한 매입을 하는 경우(국공유지를 임대하고자 할 때는 해당관청에 문의) 불하 기간이 5년~20년 사이에서 결정되는데, 각 지자체에 따라 다르다.

④ 현재 하천부지를 옆집과 함께 쓰고 있는데, 불하 입찰 시에는 내 부지만 불하 받는지, 아니면 옆집을 포함한 전체 하천부지를 불하 받은 후 분할해야 하는지에 대해서는 현재 본인이 점유하고 있는 부분만을 수의계약할 수 있다.

이 경우 국공유지는 공개경쟁 입찰을 통하여 불하하는 것이 원칙이나 예외적으로 점유자에게 수의계약 형태로 불하할 수 있다. (지방재정법 제61조, 제83조, 시행령 제95조 참조)

⑤ 주택을 리모델링 하게 되는 경우에 대해서는 우선 불하가 가능하다면 먼저 불하를 받고 건축 여부는 건축과에 문의하는 게 좋다. 지목은 용도폐지 시 잡종지로 전환되므로 불하 받은 후 용도 맞게 지목변경을 하여 건축하면 된다.

※ 용도폐지 및 지목변경, 하천부지 불하 등 행정처리 이전의 하천부지 내에는 창고, 공장, 주택 등 영구적인 건축물은 건축할 수 없다.

## 국공유지 점유권 투자의 매력

20년 동안 집값은 분할해 납부하는 장기 주택담보대출 '모기지론', 재개발 시장에도 바로 모기지론과 닮은 투자처가 있다. 바로 국가나 공공기관이 소유한 재개발구역 내 땅을 불하 받아 연리 4~5%에 20년 또는 15년 동안 땅값을 분할해 납부하는 국공유지 점유권 매입 투자이다. 장기간 보유하면서 초기 투자자금을 줄이고, 주변 시세보다 낮게 재개발 투자에 나서는 투자자라면 '국공유지 투자'에 관심을 가질 필요가 있다.


## 국공유지 점유권 투자란 무엇인가?

국공유지 점유권 투자란 재개발 구역 내 국가 소유나 공공기관 소유 땅에 무허가로 지어 놓은 건물 중 해당 구청의 무허가건축물관리대장에 올라 있는 건물의 소유권을 매입하는 것을 말한다.

원래 무허가여서 불법이지만 구청 무허가 건축물 관리대장에 올라 있으면 점유권을 인정, 재개발사업 과정에서 아파트를 얻을 수 있는 조합원 자격을 얻을 수 있다.

이 소유권이 투자대상이 되는 가장 큰 이유는 일반 재개발구역 내 사유지를 매입해 재개발조합원 자격을 사는 것보다 초기 투자자금이 부담이 덜하기 때문이다. 물론 이제 막 사업이 시작된 단계의 국공유지는 사유지에 비해 싸므로, 투자 수익이 큰 곳도 있다.

재개발이 이뤄지면 국공유지를 매입한 사람은 감정평가를 통해 책정된 점유권 불하대금을 국가나 공공기관, 서울시 등에 따로 납부해야 한다. 그동안 점유했던 사실을 공식적으로 인정해서 아파트 입주권을 얻도록 허락하는 대신 사용대금을 내라는 것이다.

국공유지 투자의 포인트가 바로 여기에 있다. 이때 불하대금은 장기분할납부 방식으로 이뤄진다. 계약금 10%를 내고, 나머지는 국유지의 경우엔 연 5%에 15년 분할 납부, 시유지는 연 4%에 20년 동안 나눠서 내면 된다.

예컨대, 시유지 납부금액이 1억 원이라면 계약금으로 1,000만 원을 내고 9,000만 원은 20년 동안 매년 원금 450만 원에 이자 18만 원을 내는 식이다.

금액은 감정평가금액으로 정해진다. 2개의 감정평가기관에서 평가한 금액을 산술평균한 값이 금액이 된다. (보통은 공시지가 수준에서 불하대금 결정)

## 국공유지 점유 관련 질의응답

Q : 국유지를 대부하고 싶다. 우선권을 얻을 수 있는 방법은 없을까?

A : 국유지 대부는 '일반경쟁 입찰(온비드 전자입찰)' 방식이 원칙이므로 우선권은 없다. 다만, 주거용으로 대부하는 경우, 경작용으로 실경작자에게 대부하는 경우, 두 번에 걸쳐 유효한 입찰이 성립되지 않은 경우, 그 밖에 경쟁 입찰에 부치기 곤란하다고 인정되는 경우에는 수의계약이 가능하다.

Q : 국유지인지 모르고 사용한 경우에 변상금 부과는 취소되는지?

A : 국유지를 무단 사용한 경우, 그것이 선의든 악의든 그 여부를 떠나 변상금 부과대상이 된다. 개중에는 "그거 좀 썼다고 국가가 이렇게 야박하게 구나? 국가 땅이면 국민의 재산이고, 나도 국민의 일원인데 변상금이라니?"라고 가볍게 생각하는 사람들도 있지만 국유지는 국가의 재산이자 국민의 재산이다. 개인적인 용도로 사용할 수 없지만 사전허가를 받고 국유지를 사용한다면 정상적인 대부료의 20% 할증되는 변상금을 물지 않아도 된다. 또한, 등기부 등본 확인을 통해 소유자를 반드시 확인할 필요가 있다.

Q : 국유지를 보다 저렴하게 사용할 수 있는 방법은?

A : 국유지를 '저렴하게' 대부 받으려면 개별 공시지가가 인근에 비하여 상대적으로 낮은 국유지를 찾아보는 게 좋다. 또 연간 대부료가 100만 원을 초과할 경우, 연 4회 이내에서 1년 만기 정기예금의 평균금리 수준의 이자만 납부하면 분납도 가능하다. 또한, 전자자산처분시스템인 온비드를 통해 인터넷으로 국유 대부물건을 저렴한 가격에 낙찰 받을 수 있다. 특히 대부입찰공고 물건이 2회 이상 유찰되면 최초 대부 예정가격의 10%씩 대부료가 줄어들어 최초 입찰가격의 20%까지 싼 가격에 이용할 수 있다.

Q : 사전에 허가만 받는다면 누구든지 국유지를 사용할 수 있나?

**A** : 국유지는 크게 도로, 하천, 문화재, 청사 등을 포함한 행정재산과 그 이외의 일반재산으로 나뉜다. 이중 행정재산은 원칙적으로 매수나 임대가 불가능하다. 반면 일반재산은 대부입찰을 통해 가능하다. 또한, 행정재산은 공적용도가 소멸됐다는 의미의 "용도폐지" 즉 일반재산으로 전환이 된 이후 임대나 매수가 가능하다. 해당 토지가 대부 등이 가능한 토지인지 알아보려면 토지등기부등본을 확인해보면 된다. 해당 토지의 등기부에 관리청이 기획재정부(구 재정경제부)로 표시되어 있다면, 일단 대부 검토 대상이 될 수 있으므로 한국자산관리공사에 문의하면 된다.

내 땅처럼 사용하던 국공유지, 어떻게 불하 받을 수 있나?
만약 내 집이 무단으로 국유지를 깔고 앉아 있다면 어떻게 할까? 집을 넓히려고 하는 데 접한 땅이 시유지일 때는 어떻게 하면 되는가? 생활하면서 빈번하게 부딪히는 게 국공유지 문제지만 처리 방법을 아는 사람은 많지 않다.
국공유지 처분기준과 매수할 때 밟아야 하는 절차 그리고 필요한 공부는 어떤 것인지 알아본다.

관리계획의 매각처분 기준에 적합한 국유지를 경쟁입찰·지명경쟁·수의 계약을 통해 불하한다. 무단으로 점유하고 있는 국공유지에 대한 변상금으로 대부료의 1.2배를 내야 매수 가능하다.
국공유지 불하대금은 완납이 원칙이나 5년, 10년 분납이 인정되는 경우도 있다.

얼마 전 정릉에 사는 ○씨는 새 집을 지을 요량으로 이웃에 있는 허름한 단독주택 한 채(83㎡)를 구입했다. 시세보다 저렴한 가격일 뿐만 아니라 늘 눈독을 들이던 터라 쉽게 계약서에 도장을 찍었다. 김 씨가 건축 계획을 세우려고 여기 저기 알아보던 어느 날 구청으로부터 '귀하는 국유지 12㎡를 무단으로 점유하고 있으므로 이에 대한 5년 동안의 변상금 15만 2,000원을 납부하라'

는 변상금납부고지서를 받았다.

　자신이 산 땅에 국유지가 포함돼 있었다는 사실은 물론 변상금이라는 게 뭔지도 모르던 김 씨는 고지서를 받고 한참동안 혼란에서 벗어날 수 없었다.

　이 경우 ○씨가 할 수 있는 것은 국유재산의 대부 또는 사용·수익 허가를 받지 않고 사용한 기간에 대한 변상금을 물고, 정식으로 국유지 관할청과 대부계약을 맺든가, 매수신청을 통해 사들이는 방법밖에는 없다.

　관리계획의 매각처분기준에 적합한 국유지는 경쟁입찰·지명경쟁·수의계약을 통해 불하한다.

　국유재산법에는 '잡종재산을 매각할 때는 대통령이 정하는 바에 의해 당해 재산의 용도와 그 용도에 사용해야 할 기간을 정해 매각할 수 있다.' (법 제39조)고 규정돼 있고, 그 구체적인 매각 기준은 관리계획에 계상하도록 돼 있다. (잡종재산은 행정재산과 보존재산을 제외한 모든 국유재산을 말하고, 국가의 재정적 수익 수단이 되는 재산이다.)

　관리계획은 국유재산법 제12조의 규정에 의해 '국유재산의 관리처분기준과 이에 따른 취득·관리환·무상대부 및 처분의 대상이 되는 재산의 명세'를 정한 것으로 매년마다 새로 작성된다.

　올해 관리계획상 보존부적합 재산으로 매각 대상이 된 토지를 살펴보면 다음과 같다,

　① 좁고 긴 모양으로 돼 있으며 최대 폭이 5m 이하로 국유지 이외의 토지와 합필이 불가피한 토지.

　② 좁고 긴 모양으로 돼 있는 폐도·폐하천·폐구거로 동일인 소유의 사유토지 사이에 위치하거나 그 토지의 경계선 1/2 이상이 동일인 소유의 사유토지와 접한 경우.

　③ 건축법 시행령 제80조 규정에 의한 대지면적의 최소한도에 미달하는 일단의 토지로서 그 경계선 1/2 이상이 동일인 소유의 사유토지와 접해 있

는 토지 등이다.

이렇게 매각 대상 토지로 계상된 땅에 대해서는 점유자나 매수 의뢰자와 매매계약을 맺게 된다. 매매계약의 체결은 원칙적으로 경쟁입찰로 진행되나 대통령령이 정하는 경우에는 지명경쟁이나 수의계약을 할 수 있다. 지명경쟁은 다음과 같다.

① 당해 재산에 인접한 토지의 소유자를 지명해 경쟁에 붙일 필요가 있을 때
② 농경지를 시장·군수가 인정하는 실경쟁자를 지명하여 경쟁에 부칠 필요가 있을 때

또한 수의계약을 할 수 있는 경우는 다음과 같다.

① 재산의 위치·형태·용도 등이나 계약의 목적·성질 등으로 보아 경쟁에 붙이기 곤란하거나 현저하게 국가에 유리한 가격으로 계약할 수 있을 때
② 천재지변 기타 부득이한 사유가 발생해 재해복구 또는 구호의 목적으로 재산을 처분하는 경우
③ 인구분산을 위한 정착사업에 필요하여 재산을 매각하는 경우 등이 여기에 해당한다.

한편 국유잡종재산을 무단으로 점유하여 사용·수익하고 있는 경우에는 그동안의 무단 점유에 따른 변상금을 지불해야만 매수할 수 있으며, 매수하지 않으려면 정식으로 대부계약을 맺어야 한다.

변상금은 정당한 대부료에 20%를 가산한 금액인데 그동안 국유재산을 대부 또는 사용·수익허가를 받지 않고 사용한 데 대한 일종의 징벌적 성격을 가진 것이다.

변상금 부과는 점유 실태를 조사해 국유재산대장 현황과 일치 여부를 확인

한 후 고지서를 발급하는데 국가채권 소멸기간이 5년까지이므로 5년에 대한 변상금만 물린다. 변상금의 납부기한은 통지일로부터 60일 이내며 변상금이 50만 원을 초과하는 경우는 분납이 가능하다. (3년, 연리 8% 균등분납)

대부료는 공시지가에 점유면적(㎡)을 곱한 금액에 요율 25/1,000와 점유일수(날수/365)를 곱한 값으로 한다. 점유면적이 100㎡이고 공시지가가 150만 원이라면 1년 치 대부료는 375만 원이다. 그러나 증가율과 조정계수를 적용한 산출 대부료는 대부료의 20~30% 수준이므로 80만 원 안팎에서 결정된다.

국공유지 불하대금은 완납이 원칙이나 5년, 10년 분납이 인정되는 경우도 있다.

국유잡종지를 불하받으려면 매각신청 신청서, 토지등기부등본, 토지대장, 토지이용계획확인서, 건축물관리대장, 점유현황측량도 등을 떼서 구청 재무과에 제출하면 된다. 그러나 국유잡종지 이외의 것은 구청에 신청하는 것이 아니라 해당 관할청에 매수신청을 내야 한다.

매각이 결정되면 매매계약서를 작성하는 데 매매계약서는 매각대금 전액을 일시에 납부하는 경우와 분할 납부하는 경우에 따라 다르다. 매각대금은 2개의 감정평가법인에서 감정 평가한 금액을 산술 평균한 것을 예정 가격으로 결정한다. 국공유지의 매각 대금은 계약체결일로부터 60일 내에 전액을 내야 한다. 그러나 전액을 일시에 내는 것이 곤란한 경우에는 분할납부가 가능하다. 분납은 5년 분납과 10년 분납의 경우가 있다.

1981년 4월 30일 이전부터 사유건물에 의하여 점유·사용되고 있는 토지와 '특정 건축물 정리에 관한 특별조치법'의 규정에 의해 준공인가를 받은 건물에 의해 점유·사용되고 있는 토지를 당해 점유·사용자에게 매각하는 경우는 5년 분납이 가능하다.

반면, 농업진흥지역 안의 농지 중 시 외의 지역에 위치한 1만 ㎡ 이하의 농지를 실경작자에게 매각하는 경우와 주택개량 재개발사업구역 안에 있는 토지 중 사유건물에 의해 점유·사용되고 있는 토지를 재개발사업 시행인가 당시의 점유·사용자에게 매각하는 경우는 10년 분납(연리 5%)으로 한다.

다만, 재개발구역에서 사업시행인가 후에 점유권을 매입한 경우는 5년 분납(연리 8%)을 규정하고 있다. 한편 잡종재산을 매각한 경우에도 매수자가 매각대금을 체납하거나 매수자가 허위로 진술, 부실한 증빙서류를 제시하는 등 부정한 방법에 의해 매수한 때에는 매각계약을 해제할 수 있다.

## 국공유지 불하 방식과 매각 절차

국유재산은 재산의 위치, 규모, 형상, 용도 등으로 보아 매각하는 것이 유리하다고 판단되는 경우에 '관리계획 심의'를 거쳐 매각한다.

국유재산의 매각은 사법상의 계약이지만, 공법상의 제약이 따를 수 있다.

※ 정보공개 대상재산에 대하여 매수신청서를 접수하였다 하더라도 국유재산 관리계획에 부합되지 아니한 경우 매각절차를 진행할 수 없음.

국유재산 매각은 공개 경쟁입찰 방식이 원칙이지만 다음과 같은 경우 예외적으로 수의계약 방식에 따라 매각이 가능하다.

▶ 국가지분 면적이 특별시 : 300㎡, 기타 시 : 500㎡, 기타 : 1,000㎡ 이하의 토지를 공유 지분권자에게 매각할 때

▶ 좁고 긴 모양으로 되어 있으며 폭이 5m 이하로서 국유지 이외의 토지와 합필이 불가피한 토지

▶ 좁고 긴 모양으로 되어 있는 폐도, 폐구거, 폐하천으로서 인접 사유토지와 합필이 불가피한 토지

▶ 농업진흥지역 안의 농지로서 10,000㎡ 이하의 범위 안에서 동일인이 5년 이상 계속 경작한 실경작자에게 매각 하는 경우

▶ 일단의 토지면적이 시 지역에서는 1,000㎡ 시 이외의 지역은 2,000㎡ 이하로서 1989.01.24 이전부터 국유 이외의 건물이 있는 토지

▶ 건축법 제49조 제1항의 규정에 의한 최소 분할면적에 미달하는 일단의 토지로서 그 경계선의 2분의 1 이상이 사유 토지와 접하여 있는 경우 등


## 매각 절차

재산 정보공개 → 매수신청 → 현장확인 및 담당자 상담 → 국유재산관리계획 수립 (매각심의위원회 개최) → 관리계획 승인 → 감정평가 (2개 기관) → 수의·입찰 (매매계약 체결) → 대금수납 및 소유권 이전

※ 공개된 재산의 공부 및 현황상 내용은 시간의 경과 등에 따라 오류가 있을 수 있으므로 입찰참가 또는 계약 전에 공부 및 현장을 확인해야 한다.

▶ 국가기관 및 지방자치단체가 행정목적 수행상 필요한 경우

▶ 당해 재산의 매각으로 인하여 인근 잔여재산의 효용가치가 감소하는 경우

▶ 상수원보호구역 내의 국유지

▶ 무주부동산 공고를 거쳐 취득한 후 10년이 경과되지 아니한 재산

▶ 도시계획에 저촉되는 재산

▶ 기타 특별법에 의하여 매각이 제한되는 경우 등

## 매각재산의 가격 결정

▶ 결정방법 : 2개 감정평가법인에게 의뢰한 평가액을 산술평균한 금액
▶ 적용기간 : 감정평가일로부터 1년
매각대금은 매매계약 체결일로부터 60일 이내에 납부해야 하며, 계약체결
시 매각 대금의 10% 이상을 계약금으로 납부해야 한다.


## 매각재산의 소유권 이전

**국유재산 매각 기준 및 절차**

**관리처분**
▶ 근거 : **국유재산법** 제32조, 시행령 제33조, 제34조
▶원칙 : 총괄청(기획재정부)
 ·위임 : 시도지사 위임
▶구세입 귀속금
 ·매각대금의 100분의 13.3%(기금 20%, 시 6.7%, 군 60%)
 ·대부료의 100분의 50
 ·변상금의 100분의 40

**매각기준 : 국유지의 보존 확대를 위하여 매각을 최대한 억제**
▶근거 : 국유재산 관리·처분기준 제7조, 제10조
▶보존부적합재산 매각기준
 ·일단의 토지의 면적이 300㎡ 이하
 ·89. 1. 24 이전 사유건물이 있는 경우 위 범위 내 또는 건물바닥면적의 2배 이내
▶법규에 의한 매각기준
 ·국토의 계획 및 이용에 관한 법률, 도시 및 주거환경정비법 등

**처분재산의 가격결정**
▶근거 : 법 제34조. 시행령 제37조, 제37조의 2
▶원칙 : 경쟁입찰

▶결정방법 : 감정평가법인 2 이상에 평가를 의뢰하고 그 평가액을 산술평균

▶적용기간 : 감정평가액은 평가일로부터 1년까지 적용 가능

## 매각대금의 납부

▶원칙 : 계약체결일로부터 60일 이내에 일시에 전액을 납부

▶분납 : 매각대금 잔액에 대하여 연 6% 이자를 붙여 5·10·20년 분납가능

▶근거 : 법 제40조 제2항. 시행령 제44조의 2 제1항 및 제3항

## 국유재산 통합관리시스템 'e 나라재산'

## 국유재산 매각

국유재산은 재산의 위치, 규모, 형상, 용도 등으로 보아 매각하는 것이 유리하다고 판단되는 경우에 '종합계획심의'를 거쳐 매각

▶매각방법 : 원칙은 공개경쟁입찰이나 법령 등에 규정되어 있는 경우, 수의계약 방식으로 진행할 수도 있음.

▶매각절차 : 매수신청 → 현장확인 및 담당자 상담 → 국유재산관리계획 수립 → 관리계획 (처분) 승인 → 감정평가 → 수의입찰(메메계약 체결) → 대금수납 및 소유권 이전

▶가격 결정 및 소유권 이전 가격결정 방법 : 2개 감정평가 법인의 평가액의 산술평균(적용 기간 1년)

• 3천 만 원 미만일 경우 1개 감정평가법인 평가액으로 결정

• 매각대금은 계약 체결 시 계약금으로 10% 이상을 납부 후 60일 이내 잔금 납부 시 7일 이내에 소유권 이전서류를 교부

도시재개발구역 안의 토지매각 시 분할납부의 경우 매각대금 완납 전에 이전 가능. 단, 저당권 설정 등 채권확보가 필수다.

## 민원인이 알아야 할 사항

1. 신청서 및 구비 서류

1) 신청서 1부

2) 토지(임야)대장 등본

3) 도시계획확인원

4) 지적도등본

5) 부근 약도

6) 건축물 관리대장 1부. (건물이 있는 경우)


2. 제출처 및 처리부서 : 재산 소재지 시군 회계, 재무, 지적과 등 담당부서


3. 수수료 : 없음


## 관련 법규


## ○ 국유재산법 제12조, 동법 시행령 제37조

제7조(보존부적합재산의 매각기준)


① 다음 각호의 1에 해당하는 토지로서 재산의 규모·형상 등으로 보아 국가가 활용할 가치가 없는 경우에는 일반경쟁·제한경쟁·지명경쟁 또는 수의계약에 의하여 매각할 수 있다.

일단의 토지의 면적이 서울특별시 및 광역시 지역에 있어서는 300㎡ 이하, 기타의 시 지역에 있어서는 500㎡ 이하, 시 이외의 지역에 있어서는 1,000 ㎡ 이하인 영세 규모의 토지. 이 경우 위치·형태·용도 등으로 보아 불가피한 사유가 있는 경우를 제외하고는 경쟁의 방법으로 매각하여야 한다. (7-1-1)

국가와 국가 이외의 자가 공유한 일단 의 토지로서 국가 지분의 면적이 제1호의 규모에 해당하는 토지를 공유지분권자에게 매각할 때에는 수의계약에 의하여 매각할 수 있다. 다만, 국가 이외의 자의 공유지분율이 50%를 초과하

는 경우로서 국가 지분 면적이 시 지역에서는 1,000㎡, 시 이외의 지역에서는 2,000㎡ 이하인 경우 그 범위 안에서 매각할 수 있다. 그러나 국세물납으로 취득한 공유지분의 토지가 관계법령에 의하여 분할이 불가한 경우 제1호의 면적제한을 받지 아니한다. (7-1-2)

좁고 긴 모양으로 되어 있으며 폭이 5m 이하(폭 5m를 초과한 부분이 전체 길이의 20% 미만인 때 포함)로서 국유지 이외의 토지와 합필이 불가피한 토지.(7-1-3)

좁고 긴 모양으로 되어 있는 폐도·폐하천·폐구거·폐제방으로서 인접 사유 토지와의 합필이 불가피하거나 기존 공업단지 등 산업시설부지 상에 위치한 토지. 이 경우 그 토지의 경계선의 2분의 1 이상이 동일인 소유의 사유토지와 접한 경우에는 수의계약에 의하여 매각할 수 있다. (7-1-4)

건축법 제49조 제1항의 규정에 의한 최소분할면적에 미달하는 일단의 토지로서 그 경계선의 2분의 1 이상이 동일인 소유의 사유토지와 접하여 있는 토지. (7-1-5)

② 일단의 토지의 면적이 시 지역에서는 1,000㎡, 시 이외의 지역에 있어서는 2,000㎡ 이하로서 1989. 1. 24 이전부터 국유 이외의 건물이 있는 토지 (종전의 특정 건축물 정리에 관한 특별조치법의 규정에 의하여 준공인가를 필한 건물이 있는 토지 포함)의 경우에는 동 건물 바닥면적의 2배 이내의 토지.(건물 바닥면적의 2배가 제1항 제1호의 규모의 면적에 미달하는 경우에는 동 규모의 면적범위 내의 토지) 를 동 건물의 소유자에게 매각할 수 있다. (7-2)

③ 다음 각호의1에 해당하는 토지로서 국가가 활용할 가치가 없는 경우 일단의 면적기준 제한 없이 제7조 제2항의 매각 범위 내에서 매각할 수 있다.

국유재산법 시행 (1976. 12. 31.) 이전에 이미 준공 허가된 건물로 점유된 토지(7-3-1)

2. 1989.1.24 이전부터 다수의 국유 이외의 건물이 밀집하여 점유된 토지로서 집단화된 부분 (7-3-2)

④ 법령의 규정에 의하여 매각의 필요성이 인정되는 다음 각 호의 1에 해당하는 재산은 매각할 수 있다.

은닉재산을 국가에 자진 반환한 자에게 매각하거나 국가에 환수된 은닉재산을 그 재산의 최종 선의 취득자에게 매각하는 경우 (7-4-1)

2. 국유재산법 (법률 제3482호, 1981년 12월 31일 공포) 부칙 제3조의 규정에 해당 하는 재산 (7-4-2)

⑤ 기타 국가가 보존 관리하는 것이 부적합하고 장래에 활용할 가치가 없는 다음 각 호의 1에 해당하는 재산은 일반경쟁·제한경쟁·지명경쟁 또는 수의계약에 의하여 매각할 수 있다.

국가 이외의 자의 소유 토지상의 건물, 이 계획에 의거 매각하는 국유토지 상에 위치한 건물 또는 집합건물의 소유 및 관리에 관한 법률의 적용대상인 건물(토지지분 포함)로서 국가의 활용계획이 없는 재산 (7-5-1)

2. 토지·건물 이외의 재산으로서 용도폐지 된 재산. 다만, 사유지 상에 설치한 공작물로서 그 공작물의 위치·형태·용도 등으로 보아 당해 사유지의 소유자에게 매각할 수밖에 없는 경우에는 수의계약으로 매각할 수 있다. (7-5-2)

2배 이하 (단, 건폐율이 50% 이하인 경우는 점유건물 바닥면적을 건폐율로 나눈 면적) 또는 1,000㎡ 미만의 점유 사용면적 범위 내에서 그 점유자에게 매각하는 경우.

다만, 동 재산은 매각일로부터 10년 이상 종교 용도로 활용하여야 하며 이 기간 내에 그 용도를 폐지하는 경우에는 국유재산법 제41조의 규정에 의하여 그 계약을 해제한다는 내용의 특약등기를 하여야 한다. (7-5-3)

4. 1986. 12. 31 이전부터 전염병예방법 제2조에 규정된 한센병 환자가 집단으로 정착한 토지로서 그 정착인에게 매각하는 경우 (7-5-4)

5. 국가의 활용계획이 없는 국유건물이 있는 토지로서 건물의 관리가 극히 어려울 뿐 아니라 계속 보유할 경우 건물의 노후화로 재산의 가치가 감소하여 이의 매각이 불가피한 경우 (7-5-5)

6. 토지의 위치·규모·형태 및 용도 등으로 보아 당해 국유지만으로는 이용가치가 없으나 인접 사유토지와 합필하면 토지의 효용성이 제고될 수 있다고 인정되는 재산의 경우 국유재산법 제34조의 규정에 의한 가격이 서울특별시 및 광역시 지역에 있어서는 3억 원 이하, 기타 시 지역에 있어서는 2억 원 이하, 시 이외의 지역에 있어서는 1억 원 이하인 재산. 다만, 국유지가 동일인 소유의 사유토지에 의해 둘러싸인 경우는 금액 제한 없이 매각할 수 있다. (7-5-6)

## ○ 국유림의 경영 및 관리에 관한 법률 시행령
[(타)일부개정 2009.7.27 대통령령 제21641호]

총칙

제1조(목적)
이 영은 국유림의 경영 및 관리에 관한 법률에서 위임된 사항과 그 시행에 필요한 사항을 규정함을 목적으로 한다. 〈개정 2008.8.27〉

제2조(용도폐지한 국유림의 인계)
산림청장 외의 다른 중앙관서의 장이 국유림의 경영 및 관리에 관한 법률(이하 "법"이라 한다) 제4조 제2항 본문에 따라 용도를 폐지한 국유림을 산림청장에게 인계하는 때에는 그 국유림에 관한 다음 각 호의 서류를 함께 인계하여야 한다. 〈개정 2008.8.27〉

1. 국유재산대장
2. 등기부등본 및 임야대장등본
3. 임야도 등본
4. 위치도(축척 2만 5천 분의 1 지형도에 용도를 폐지한 국유림의 위치를 표시한 것을 말한다.)

제3조(국유림경영관리자문위원회의 구성 등)

① 법 제7조에 따른 국유림경영관리자문위원회(이하 "위원회"라 한다.)는 위원장과 부위원장 각 1명을 포함한 10명 이내의 위원으로 구성한다. 〈개정 2008.8.27〉

② 위원은 산림의 경영관리분야에 학식과 경험이 풍부한 자와 관계 공무원, 관련기관·단체의 임직원, 지역주민 중에서 당해 지방산림청장이 위촉 또는 임명한다.

③ 위원장과 부위원장은 위원 중에서 호선 한다.

④ 공무원이 아닌 위원의 임기는 2년으로 하되, 연임할 수 있다. 다만, 위원이 궐위된 경우 후임 위원의 임기는 전임자의 잔여기간으로 한다.

제4조(위원회의 운영 등)

① 위원장은 위원회의 업무를 총괄하고, 회의를 소집하며 그 의장이 된다.

② 위원장이 부득이한 사유로 그 직무를 수행할 수 없는 때에는 부위원장이 위원장의 직무를 대행한다.

③ 회의는 재적위원 과반수의 출석으로 개의하고, 출석위원 과반수의 찬성으로 의결한다.

④ 위원회에 간사 1인을 두며, 간사는 당해 지방산림청 소속 공무원 중에서 당해 지방산림청장이 임명한다.

⑤ 그 밖에 위원회의 운영 등에 관하여 필요한 사항은 산림청장이 정한다.

### 제5조 (위원회의 수당 등)

위원회에 참석한 위원에 대하여는 예산의 범위 안에서 수당과 여비를 지급할 수 있다. 다만, 공무원인 위원이 그의 소관업무와 직접적으로 관련되어 참석하는 경우에는 그러하지 아니하다.

## 제2장 국유림의 경영

### 제6조(경영계획구의 설정)

법 제8조 제1항에서 "대통령령이 정하는 경영계획구"라 함은 국유림이 위치한 행정구역 및 사업시행의 효율성 등을 고려하여 설정한 구역을 말한다.

### 제7조(신고대상 사업)

법 제9조 제2항에서 "대통령령이 정하는 행위"라 함은 산림자원의 조성 및 관리에 관한 법률 제36조에 따른 입목의 벌채 및 임산물의 굴취·채취를 말한다.

### 제8조(임업기능인의 단체)

법 제11조 제1항 전단에서 "대통령령이 정하는 단체"라 함은 임업 및 산촌진흥촉진에 관한 법률 시행령 제11조 제3항에 따른 영림단을 말한다.

### 제9조(경영대행의 절차 등)

① 법 제13조에 따라 경영대행을 희망하는 자는 농림수산식품부령이 정하는 신청서를 산림청장에게 제출하여야 한다. 〈개정 2008.2.29〉

② 산림청장은 제1항에 따른 신청을 받은 때에는 현지를 확인하고 경영대행 여부를 신청인에게 알려주어야 한다.

③ 경영대행을 할 수 있는 사업은 다음 각 호와 같다. 〈개정 2008.2.29.〉

1. 산림조사 및 경영계획수립

2. 조림예정지정리·조림·숲가꾸기사업

3. 임목생산 사업

4. 임도의 신설·보수·구조개량 사업

5. 산림병해충방제사업

6. 그 밖에 산림경영에 필요한 사업으로서 농림수산식품부령이 정하는 사업

④ 경영대행의 비용은 경영대행수수료와 산림사업비로 구분하며, 그 산정기준은 다음 각 호와 같다.

1. 경영대행 수수료 : 산림면적 규모에 따라 산림청장이 매년 고시한 금액을 기준으로 산정한다.

2. 산림사업비 : 해당사업의 설계를 실시하고, 그 설계에 의하여 산정된 금액으로 한다. 다만, 해당사업에 대한 단위비용이 고시되어 있는 경우에는 그 단위 비용을 적용하여 산정한다.

⑤ 경영대행의 시행에 관하여 필요한 세부사항은 산림청장이 정한다.


제10조(공동산림사업)

① 법 제15조 제1항 각 호 외의 부분에서 "대통령령이 정하는 단체"란 다음 각 호의 어느 하나에 해당하는 단체를 말한다. 〈개정 2008.8.27.〉

1. 산림조합법에 따른 산림조합 또는 산림조합중앙회

2. 산림청장의 설립허가를 받은 법인

3. 고등교육법에 따른 대학

4. 국가 또는 지방자치단체가 자본금이나 기본재산의 4분의 1 이상을 출자 또는 출연한 법인

5. 제4호에 따른 법인이 자본금이나 기본재산의 3분의 1 이상을 재출자 또는 는 재출연한 법인

6. 외국인투자촉진법에 따른 외국인투자기업

7. 산림 관련 국제기구

② 법 제15조 제1항 제2호에서 "대통령령이 정하는 산림공익시설"이란 산책로·탐방로와 산림휴양·교육·문화·레포츠시설을 말한다. 〈개정 2008.8.27〉

제3장 국유림의 관리

제11조(국유림의 구분)

① 법 제16조 제1항 제1호 다목에서 "국유림으로 보전할 필요가 있는 것으로서 대통령령이 정하는 국유림"이라 함은 다음 각 호의 어느 하나에 해당되는 국유림을 말한다. 〈개정 2008.2.29〉

1. 일단의 면적이 농림수산식품부령이 정하는 기준에 해당되는 국유림
2. 도서지역에 있는 국유림. 다만, 읍·면 소재지가 있는 도서지역 내의 국유림으로서 보존할 가치가 없다고 인정되는 10헥타르 미만의 국유림을 제외한다.

② 법 제16조 제4항 제2호에서 "대통령령이 정하는 사업"이라 함은 다음 각 호의 사업을 말한다. 〈개정 2008.5.26〉

1. 국방·군사에 관한 사업
2. 관계 법률에 의하여 허가·인가·승인·지정 등을 받아 공익을 목적으로 시행되는 철도·도로·공항·항만·공영주차장·공영차고지·화물터미널·삭도·궤도·하천·제방·댐·운하·수도·하수도·하수종말처리·폐수처리·사방·방풍·방화·방조防潮·방수·저수지·용배수로·석유비축 및 송유·폐기물 처리·전기·전기통신·방송·가스 및 기상관측에 관한 사업
3. 국가 또는 지방자치단체가 직접 공용 또는 공공용으로 설치하는 청사·연구소·시험소·보건 또는 문화시설·공원·수목원·운동장·화장시설·봉안당·자연장지 시설에 관한 사업
4. 관계 법률에 의하여 국가 또는 지방자치단체가 설립하는 학교·도서관·박물관 및 미술관의 건립에 관한 사업

③ 국유림의 경영관리상 요존국유림으로 보존할 필요가 없는 경우로서 법 제16조 제4항 제7호에 따라 해당 국유림을 재구분할 수 있는 경우는 다음 각 호의 어느 하나에 해당하는 경우로 한다. 〈개정 2008.8.27〉

1. 공익사업을 위한 토지 등의 취득 및 보상에 관한 법률 등 다른 법률에 따라 공공용지 등에 편입 후 남은 소규모 토지로서 경영 및 관리가 어려운 경우

2. 각종 개발사업, 신도시 건설 등으로 국유림이 분할되거나 단절되어 요존 국유림으로 보존할 필요가 없게 된 경우

3. 자연재해로 산림복구가 어렵고 복구에 소요되는 비용이 복구로 기대되는 편익에 미치지 못하여 요존국유림으로 보존할 필요가 없는 경우

4. 건물의 부지 등 산림 외의 용도로 10년 이상 장기간 사용되고 있어 산림으로의 경영 및 관리가 어려운 경우

④ 다른 법률의 규정에 의한 목적사업 수행 상 요존국유림의 일부가 그 사업부지로의 편입이 불가피한 경우로서 법 제16조 제4항 제7호에 따라 해당 국유림을 재구분할 수 있는 경우는 다음 각 호의 요건을 모두 갖춘 경우로 한다. 〈개정 2008.8.27〉

1. 요존국유림의 위치가 다른 사업부지의 안에 있거나 다른 사업부지에 끼어 있거나 연접하고 있을 것

2. 편입되는 요존국유림의 면적이 다음 각 목에 해당할 것

가. 특별시·광역시(군 지역을 제외한다.) : 4헥타르 미만

나. 제주특별자치도(읍·면 지역은 제외한다.)와 시(도농복합형태 시의 읍·면 지역은 제외한다.) : 10헥타르 미만, 그 밖의 지역 : 20헥타르 미만

3. 해당 사업부지 전체에서 요존국유림이 차지하는 비율이 40퍼센트 미만일 것


제12조(국유림의 확대 및 매수)

산림청장은 법 제18조 제2항에 따라 다음 각 호의 산림 또는 토지를 매수

할 수 있다.

1. 산림자원의 조성 및 관리에 관한 법률에 따른 채종림·보안림·산림유전 자원보호림·시험림으로 필요한 산림

2. 산림문화·휴양에 관한 법률에 따른 자연휴양림·산림욕장으로 필요한 산림

3. 백두대간보호에 관한 법률에 따른 백두대간보호에 필요한 토지

4. 기념조림지 또는 교육전시림으로 필요한 토지

5. 다른 법률에 따라 구역·지역 등으로 지정된 산림으로서 국가가 보존할 필요가 있다고 인정되는 산림

6. 그 밖에 국유림의 경영관리 또는 국가시책 상 특히, 필요하다고 인정되는 산림 또는 토지


제13조(공유림 등의 매수가격 결정)

① 법 제18조 제2항에 따라 매수하려는 공유림 등의 매수 가격은 부동산 가격공시 및 감정평가에 관한 법률 제2조 제9호에 따른 감정평가업자 2인 이상이 평가한 금액을 산술평균한 금액으로 한다.

② 제1항에 따라 감정평가를 의뢰할 때에는 토지소유자가 추천하는 감정평가업자 1인을 선정할 수 있다.

③ 제1항에 따라 감정 평가된 금액 중 최고 평가액이 최저 평가액의 130퍼센트를 초과하는 경우에는 이를 재평가할 수 있다.


제13조의 2(공유림등의 매수 위탁)

법 제18조 제4항에서 "대통령령이 정하는 자"란 다음 각 호 의 어느 하나에 해당하는 자를 말한다.

1. 산림조합법 제2조 제4호에 따른 산림조합중앙회

2. 한국토지공사법에 따른 한국토지공사 [본조신설 2007.6.4]

제13조의 3(위탁수수료 등 지급)

산림청장은 법 제18조 제4항에 따라 공유림등의 매수에 관한 업무를 위탁한 때에는 위탁을 받은 자에 대하여 농림수산식품부령으로 정하는 바에 따라 위탁수수료와 공유림 등의 매수에 필요한 비용 등을 지급할 수 있다. 〈개정 2008.2.29.〉 [본조신설 2007.6.4]

제14조(매각 또는 교환가격의 결정 등)

① 법 제20조에 따라 불요존국유림을 매각 또는 교환 하려는 경우에는 시가를 참작하여 예정가격을 결정하여야 한다. 이 경우 예정가격은 토지와 입목·죽의 가격을 합산한 금액으로 한다.

② 제1항에 따른 예정가격의 결정 및 예정가격의 적용기간에 관하여는 국유재산법 시행령 제42조 제1항·제2항 및 제45조 본문을 준용한다. 이 경우 "일반재산"은 "불요존국유림"으로 본다. 〈개정 2009.7.27〉

제15조(매각대금의 납부)

① 법 제20조에 따라 국유림을 매수한 자는 계약체결일부터 60일 이내에 매각대금의 전액을 일시에 납부하여야 한다.

② 제1항에 따라 매각대금을 일시에 전액을 납부하도록 하는 것이 곤란하다고 인정되는 경우로서 다음 각 호의 어느 하나에 해당하는 경우에는 이자를 붙여 5년 이내의 기간에 걸쳐 분할납부하게 할 수 있다. 이 경우 이자는 연 6퍼센트로 한다. 〈개정 2009.7.27〉

1. 지방자치단체가 직접 공용 또는 공공용으로 사용할 국유림을 당해 지방자치단체에 매각하는 경우

2. 국유재산법 시행령 제33조에 따른 공공단체가 직접 비영리공익사업용으로 사용할 국유림을 당해 공공단체에 매각하는 경우

3. 1989년 1월 24일 이전부터 사유건물의 부지로 점유·사용되고 있는 토지를 당해 점유·사용자에게 매각하는 경우

제16조(교환의 조건)

① 법 제20조에 따라 국유림을 교환하려면 부득이한 경우를 제외하고는 다음 각 호의 기준에 따라 교환하여야 한다. 〈개정 2008.8.27〉

1. 법 제20조 제1항 제1호의 경우 : 서로 유사한 재산으로서 교환하는 재산 한 쪽의 가격이 다른 쪽의 가격의 4분의 3 이상일 것

2. 법 제20조 제1항 제2호 및 제3호의 경우 : 서로 유사한 재산으로서 교환하는 재산 한 쪽의 가격이 다른 쪽의 가격의 2분의 1 이상일 것

② 제1항에 따라 교환하는 경우 재산가격의 차액은 금전으로 대납하여야 한다.


제17조(국유림의 대부등의 기준)

① 법 제21조 제1항에 따른 국유림의 대부 또는 사용허가(이하 "대부등"이라 한다.)의 기준은 다음 각 호와 같다.

1. 법 또는 다른 법령에 따라 사용이 금지 또는 제한되었거나 사용계획이 확정된 국유림이 아닐 것

2. 대부등의 용도가 산지관리법 제10조 및 제12조에 따라 산지전용이 가능한 용도에 해당하고 동법 제18조에 따른 산지의 전용기준에 적합한 국유림일 것

3. 그 밖에 다른 법령에 따라 허가·인가·승인·지정·등록·신고 또는 협의 등의 처분이 필요한 경우에는 그 처분이 있을 것

② 제1항에 규정된 사항 외에 국유림의 대부등의 기준에 관하여 필요한 세부사항은 산림청장이 정한다.


제18조(요존국유림의 사용허가의 범위)

① 법 제21조 제1항 제2호에서 "대통령령이 정하는 기반 시설"이란 다음 각 호의 어느 하나에 해당하는 시설을 말한다. 〈개정 2008.8.27〉

1. 제11조 제2항 각 호의 사업에 직접 관련된 시설

2. 삭제 〈2008.8.27〉

3. 자연공원법 및 도시공원 및 녹지 등에 관한 법률에 따른 공원시설

4. 스키장 또는 썰매장

5. 신에너지 및 재생에너지 개발·이용·보급 촉진법에 따른 신·재생에너지설비

② 법 제21조 제1항 제3호에서 "대통령령이 정하는 산림공익시설"이란 산책로·탐방로 및 실외 간이생활체육시설을 말한다. 〈개정 2008.8.27〉


제19조(국유림의 대부등의 기간 및 절차)

① 법 제21조에 따른 국유림의 대부등의 기간은 5년 이내로 한다.

② 제1항에 따른 국유림의 대부등의 기간은 이를 갱신할 수 있다. 이 경우 갱신기간은 갱신할 때마다 제1항에 따른 기간을 초과할 수 없다.

③ 국유림의 대부등의 절차에 관하여 필요한 사항은 농림수산식품부령으로 정한다. 〈개정 2008.2.29〉


제20조(영구시설물의 설치)

① 법 제22조 제1항 단서에서 "대통령령이 정하는 경우"라 함은 다음 각 호의 어느 하나에 해당하는 경우를 말한다.

1. 국유림의 대부를 받은 자가 대부 목적 사업의 수행을 위하여 설치하는 경우

2. 법 제21조 제1항 제1호 내지 제4호·제6호에 해당하는 용도로 국유림의 사용허가를 받은 경우

② 법 제22조 제2항 단서에서 "대통령령이 정하는 경우"라 함은 법 제21조 제1항 제1호 및 제2호에 해당하는 용도로 사용하려는 경우 또는 시설물의 기부를 전제로 시설하는 경우를 말한다.


제21조(대부료등)

① 법 제23조 제1항에 따라 대부료 또는 사용료(이하 "대부료 등"이라 한다.)는

대부 등을 받은 국유림의 가격에 다음 각 호의 구분에 따른 요율을 곱한 금액으로 하며, 월할 또는 일할로 계산할 수 있다.

1. 법 제21조 제1항 제3호 내지 제5호·제7호 내지 제9호 및 농림어업소득사업의 경우 : 1천분의 10 이상

2. 법 제21조 제1항 제1호 및 주거용의 경우 : 1천분의 25 이상

3. 스키장용 및 썰매장용의 경우 : 1천분의 20 이상

4. 제1호 내지 제3호 외의 경우 : 1천분의 50 이상

② 제1항에 따른 대부료 등은 매년 결정하며, 부동산가격공시 및 감정평가에 관한 법률에 따라 최근에 공시한 당해 토지에 대한 개별공시지가를 기준으로 산정한 토지가격(해당토지의 개별공시지가가 없거나 대부료 등의 부과 당시의 이용 상태로 평가되지 아니한 경우에는 동법 제2조에 따른 감정평가업자에게 감정평가를 의뢰하여 산정한 토지가격이나 인근에 있는 이용가치가 유사한 토지의 개별공시지가를 기준으로 하여 산정한 토지 가격)을 적용하여 산출한다.

③ 제1항에 따른 대부료 등의 납부기한은 그 납부를 고지한 날부터 30일 이내로 한다. 이 경우 신규로 대부등을 받아 처음 납부하는 대부료 등은 사용을 시작하기 전에 이를 납부하여야 한다.

제22조(대부료 등의 분할납부 등)

① 법 제23조 제2항 전단에 따라 대부료 등을 분할납부하게 하려는 경우에는 대부료 등이 100만 원을 초과하는 경우에 한하여 연 4회 이내로 분할 납부하게 할 수 있다. 이 경우 잔액에 대하여는 연 6퍼센트의 이자를 붙여야 한다.

② 법 제23조 제2항 후단에서 "대통령령이 정하는 금액 이상인 경우"라 함은 연간 대부료 등이 1천만 원 이상인 경우를 말하고, "대통령령이 정하는 금액의 범위"라 함은 연간 대부료 등의 100분의 50에 해당하는 금액을 말한다.

제23조(대부료 등의 감면)

법 제23조 제3항 제2호에서 "대통령령이 정하는 경우"라 함은 재난 및 안전관리기본법 제3조 제1호에 따른 재난으로 목적사업의 소득이 없거나 평년작의 50퍼센트에 미치지 못하는 경우를 말한다.

제24조(대부료 등의 조정)

법 제23조 제4항에 따른 대부료 등의 증가분에 대한 감액은 별표의 산식에 따라 산출한 금액으로 한다.〈개정 2008.8.27〉

제25조(권리양도·명의변경허가의 기준)

① 다음 각 호의 어느 하나에 해당하는 경우에는 법 제25조 제2항에 따른 권리양도 또는 명의변경의 허가를 할 수 없다.

1. 대부등을 받은 국유림의 일부에 대한 권리만을 양도 또는 명의변경을 하려는 경우. 다만, 법 또는 다른 법령에 따른 사업수행을 위하여 불가피한 경우에는 그러하지 아니 하다.

2. 대부계약서 또는 사용허가서에 정한 사항을 위반하여 권리를 양도하거나 명의를 변경하려는 경우

② 법 제25조 제2항에 따른 권리양도·명의변경의 허가절차에 관하여는 농림수산식품부령으로 정한다. 〈개정 2008.2.29〉

제26조(대부료 등의 반환 및 손실보상)

① 법 제26조 제4항에 따른 대부료 등의 반환은 대부료 등을 선납하였으나 대부등을 받은 국유림을 대부등의 용도로 사용하지 못한 기간에 대한 대부료 등의 반환을 말하며, 대부료 등의 반환절차는 농림수산식품부령으로 정한다. 〈개정 2008.2.29〉

② 법 제26조 제5항에 따른 손실보상에 관하여는 공익사업을 위한 토지 등의 취득 및 보상에 관한 법률 제62조 내지 제65조·제67조·제68조 제1

항 및 제3항·제75조 내지 제77조·제78조 제5항 내지 제7항의 규정을 준용한다.

제27조(국유임산물의 매각)

① 법 제27조 제1항 제2호에 따라 국유임산물을 매각할 수 있는 연고자는 다음 각 호의 어느 하나에 해당하는 자로 한다.

1. 법 제21조에 따라 대부등을 한 국유림에서 생산되는 임산물에 있어서는 그 국유림의 대부등을 받은 자

2. 민간인통제선 북방지역의 국유림에서 작전상 벌채한 임산물에 있어서는 그 벌채를 대행한 자

② 법 제27조 제1항 제4호에 따라 경쟁입찰에 의할 경우 국유림의 효율적 경영을 현저히 저해할 우려가 있다고 인정되는 경우라 함은 다음 각 호의 어느 하나에 해당하는 경우를 말한다.

1. 조림예정지 또는 천연하종예정지(天然下種豫定地) 안의 입목을 매각함에 있어 매각임 산물을 사업실행시기 이전에 반출을 완료할 수 없어 목적사업 수행에 지장이 있는 경우

2. 국가직영 산림사업 수행에 지장이 있는 경우

③ 법 제27조 제1항 제5호에서 "임산물의 반출 등을 위하여 필요한 임산물"이라 함은 다음 각 호의 어느 하나에 해당하는 것을 말한다.

1. 국유임산물의 채취·반출·가공 등을 위하여 설치하는 가설물, 임산물 적치장 또는 임도예정부지 안의 입목

2. 매각된 입목의 벌채에 수반하여 생긴 걸쳐진 나무·손상목 및 오벌목

④ 법 제27조 제1항 제6호에서 "수출산업을 위한 원자재"라 함은 원목과 부산물로서 수출용의 목재·약재·공업원료 및 식용원료로 가공하거나 수출용 버섯의 재배용으로 사용하기 위한 것을 말한다.

⑤ 법 제27조 제1항 제8호에서 "대통령령이 정하는 경우"라 함은 다음 각 호의 어느 하나에 해당하는 경우를 말한다.

1. 문화재 보수·복원용으로 필요한 경우

2. 임산물 소재지 주민의 공동사업이나 연료용으로 이용하는 경우


제4장 보칙


제28조(권한의 위임)

① 산림청장은 법 제32조에 따라 다음 각 호의 권한을 그 소관에 따라 제주 특별자치도지사(제주특별자치도지사에게 재산관리 사무가 위임된 국유림에만 해당한다.)·국립수목원장·지방산림청장 또는 국립산림과학원장에게 위임한다. 다만, 제2호부터 제6호까지 및 제9호부터 제12호까지의 권한은 국립산림과학원장 및 국립수목원장에게 위임하지 아니하고, 제4호 및 제9호부터 제13호까지의 권한은 제주특별자치도지사에게 위임하지 아니한다. 〈개정 2008.8.27, 2009.7.27〉

1. 법 제4조 제1항 본문에 따른 국유림의 경영관리

2. 법 제5조에 따른 국유림의 조사

3. 법 제6조에 따른 국유림종합계획의 수립·시행·분석 및 평가

4. 법 제7조에 따른 위원회의 설치·운영

5. 법 제8조 제1항에 따른 국유림경영계획의 수립·시행

6. 법 제9조에 따른 국유림경영계획의 동의·승인 및 사업신고의 수리에 관한 권한

7. 법 제10조에 따른 국유림의 목재생산

8. 법 제11조에 따른 국유림의 보호협약체결과 임산물의 양여 및 국유림보호협약의 해지에 관한 권한

9. 법 제12조에 따른 시범림의 조성 및 운영

10. 법 제13조에 따른 중앙관서의 장 소관 국유림 등의 경영 대행

11. 법 제14조에 따른 국민의 숲(국립자연휴양림관리소장의 소관에 속하는 것을 제외한다.) 지정·운영과 이용제한 및 지정폐지에 관한 권한

12. 법 제15조에 따른 공동산림사업에 관한 권한

13. 법 제16조에 따른 국유림의 종류별 구분에 관한 다음 각 목의 권한

가. 신규 취득한 국유림을 요존국유림으로 결정하는 권한

나. 불요존국유림을 요존국유림으로 결정하는 권한

다. 요존국유림을 불요존국유림으로 결정하는 권한(요존국유림으로서 공익사업을 위한 토지 등의 취득 및 보상에 관한 법률에 따른 보상 대상이 되는 경우와 3헥타르 미만인 경우에만 해당한다.)

14. 법 제18조부터 제20조까지의 규정에 따른 국유림의 매각·교환·관리전환 및 매수 에 관한 권한

15. 법 제21조에 따른 국유림의 대부 또는 사용허가에 관한 권한

16. 법 제25조에 따른 권리양도 및 명의변경의 허가에 관한 권한

17. 법 제26조에 따른 대부 등의 취소, 대부·사용허가 산림의 반환조치, 부당이득의 반환 및 원상회복조치, 대부료 등의 반환조치에 관한 권한

18. 법 제27조에 따른 국유임산물의 매각에 관한 권한

19. 법 제28조에 따른 매각계약의 해제에 관한 권한

20. 법 제29조에 따른 국유임산물의 무상양여에 관한 권한

21. 법 제31조에 따른 청문

② 산림청장은 법 제32조에 따라 법 제14조에 따른 국민의 숲(국립자연휴양림관리소장의 소관에 속하는 것에 한한다.) 지정·운영과 이용제한 및 지정폐지권을 국립자연휴양림관리소장에게 위임한다.

③ 제주특별자치도지사, 국립수목원장, 지방산림청장, 국립산림과학원장 또는 국립자연휴양림관리소장은 제1항 및 제2항에 따라 위임 받은 권한을 행사한 때에는 그 결과를 산림청장에게 보고하여야 한다.

부칙 〈제19640호, 2006.8.4〉

① (시행일) 이 영은 2006년 8월 5일부터 시행한다.

② (국유림 대부료 등의 요율과 산출방법에 관한 적용례) 제21조는 이 영 시행 후 대부등(기간갱신을 포함한다.)을 하는 것부터 적용한다.

③ (국유림의 매각에 관한 경과조치) 2002년 11월 6일 전에 대부되거나 분수림으로 전환된 국유림의 매각에 대하여는 종전의 산림법 시행령(대통령령 제17772호로 개정되기 전의 것을 말한다.)에 따른다.

④ (다른 법령과의 관계) 이 영 시행 당시 다른 법령에서 종전의 산림법 시행령 또는 그 규정을 인용하고 있는 경우에 이 영 중 그에 해당하는 규정이 있는 때에는 종전의 규정에 갈음하여 이 영 또는 이 영의 해당 규정을 인용한 것으로 본다.

| 산지매수청구서 | 처리기간 | 접수 | 년 월 일 | |
|---|---|---|---|---|
| | 3년 | | 접수번호 | 제 호 |

| 매수청구인<br>(산지소유자) | 성명<br>(법인의 명칭) | 한글<br>한자 | | 생년월일<br>(법인등록번호) | |
|---|---|---|---|---|---|
| | 주소 | | | 전화번호 | |

매수를 청구하는 산지의 표시 및 이용현황

| 번호 | 소재지 | 지번 | 지목 | 면적(㎡) | 이용현황 |
|---|---|---|---|---|---|
| 1 | | | | | |
| 2 | | | | | |
| 3 | | | | | |

매수를 청구하는 산지에 설정된 소유권 외의 권리에 관한 사항

| 번호 | 권리의 종류 | 권리의 내용 | 권리자의 성명 및 주소 |
|---|---|---|---|
| 1 | | | |
| 2 | | | |
| 3 | | | |

매수청구 사유

산지관리법 제13조의 2 및 같은 법 시행규칙 제9조의 제1항에 따라 위와 같이 산지의 매수를 청구합니다.

년 월 일

매수청구인 (서명 또는 인)

지방산림청국유지관리소장 귀하

| 구비서류 | 청구인(대표자) 제출서류 | 담당 공무원 확인사항<br>(부동의 하는 경우 청구인이 직접<br>제출하여야 하는 서류) | 수수료 |
|---|---|---|---|
| | 토지이용계획확인서 1부 | 토지대장 및 토지등기부등몬(각1부) | 없음 |

본인은 이 건 업무처리와 관련하여 전자정부법 제21조 제1항에 따른 행정정보의 공동이용을 통하여 담당 공무원이 위의 담당 공무원 확인사항을 확인하는 것에 동의합니다.

매수청구인 (서명 또는 인)

이 청구는 다음과 같이 처리됩니다. (뒤쪽)

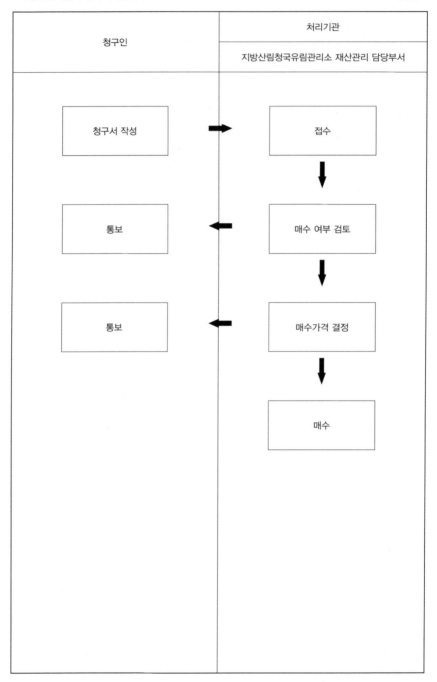

## 산지매수청구

### 구비서류

| 청구인(대표자) 제출서류 | 담당공무원 확인사항<br>(부동의하는 경우 청구인이 직접 제출해야 하는 서류) | 수수료 |
| --- | --- | --- |
| 토지이용계획확인서 1부 | 토지대장 및 등기부 등본(각1부) | 없음 |

### 절차도

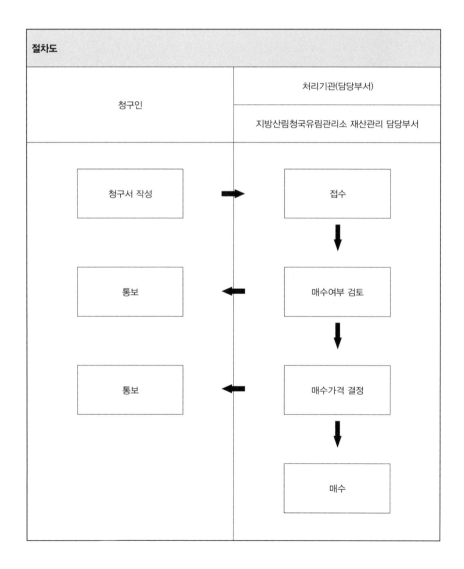

| --- | --- |
| | 지방산림청국유림관리소 재산관리 담당부서 |

청구서 작성 → 접수

통보 ← 매수여부 검토

통보 ← 매수가격 결정

매수

# 국공유 잡종재산의 대부와 매수 투자

국공유재산은 그 용도에 따라 행정재산·보존재산·일반재산으로 구분한다. 행정재산과 보존재산은 행정목적으로 사용되는 재산이나 일반재산은 행정목적으로 사용하지 않은 재산으로 일반 국민에게 대부, 매각할 수 있는 재산이다.

## 매각 방법 및 절차

국가와 국가 외의 자 사이에서 국가는 국유일반재산의 소유권을 상대방에게 이전할 것을 약정하고, 상대방은 이에 대한 대금을 지급할 것을 약정함으로써 그 효력이 발생하는 사법상의 계약이다.

원칙은 경쟁입찰(www.onbid.co.kr)이지만 법령이 정한 수의계약 사유에 해당할 경우 수의계약을 할 수 있다.

### 수의계약이 가능한 경우

▶ 외교상 또는 국방상의 이유
▶ 천재지변 등 부득이한 사유

▶ 양여나 무상 대부 대상자

▶ 지자체 또는 공공기관

▶ 국가와 재산을 공유하는 자

▶ 국유지와 단독으로 2분의 1 이상 접하는 사유 토지 소유자

　※ 국유지와 단독으로 2분의 1 미만 접하는 사유 토지 소유자 : 일반 경
　　쟁입찰 2회 유찰 후 가능

　※ 국유지와 인접한 사유 토지소유자가 여러 명인 경우 : 지명경쟁입찰

▶ 관련 법령에 따라 사업계획 승인받은 경우

▶ 2회에 걸쳐 유효한 입찰이 성립되지 않은 경우

**일반경쟁입찰**

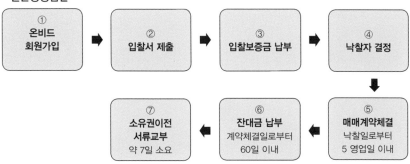

**수의계약**

**준비서류**

- 개인 : 신분증, 주민등록등본
- 법인 : 법인등기부등본, 법인인감증명서, 대표자 신분증(사본 첨부)
　※대리인의 경우 위임장(본인 인감증명서 첨부)을 제출

- 수의계약의 경우 매각기준 부합 여부 및 매각 방법의 적정성 심사를 통한 매각 결정
  ※ 매수신청일로부타 매각결정까지 약 1개월 소요

- 매각대금 납부
  - 낙찰일(수의계약 신청일)로부터 5영업일 이내 매매계약을 체결하지 않을 경우에는 낙찰을 취소하며, 입찰보증금은 국고로 귀속된다.
  - 계약체결시 매각대금의 10% 이상을 계약금으로 납부하고, 잔대금은 **계약체결일로부터 60일 이내**에 납부하면 된다. 다만, 매각대금이 1,000만 원을 초과하는 경우에는 매각대금을 3년 이내의 기간에 걸쳐 나누어 납부할 수 있다. (입찰 조건이 일시납 조건인 경우는 제외)
  ※ 매각대금 잔액에 대하여는 국유재산법 시행령 제55조 제5항에 따라 기획재정부 고시 이자율을 적용하여 산출한 이자를 납부하되, 분할납부 기간 동안 균등분할 납부하는 것을 원칙으로 한다.
  - 신고하고 사본을 공사에 제출하여야 한다.

매수신청 접수 ➡ 현장조사 ➡ 관련부서협의 ➡ 매각승인요청 (매각방침 결정) ➡ 감정평가 (감정법인 2개 이상) ➡ 매각

## 국유재산 공매[임대, 매각]

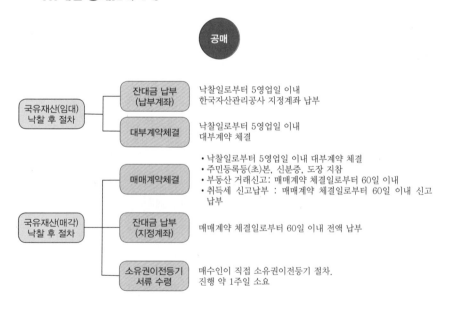

공매

국유재산(임대) 낙찰 후 절차

- 잔대금 납부 (납부계좌) — 낙찰일로부터 5영업일 이내 한국자산관리공사 지정계좌 납부
- 대부계약체결 — 낙찰일로부터 5영업일 이내 대부계약 체결

국유재산(매각) 낙찰 후 절차

- 매매계약체결 —
  - 낙찰일로부터 5영업일 이내 대부계약 체결
  - 주민등록등(초)본, 신분증, 도장 지참
  - 부동산 거래신고: 매매계약 체결일로부터 60일 이내
  - 취득세 신고납부 : 매매계약 체결일로부터 60일 이내 신고 납부
- 잔대금 납부 (지정계좌) — 매매계약 체결일로부터 60일 이내 전액 납부
- 소유권이전등기 서류 수령 — 매수인이 직접 소유권이전등기 절차. 진행 약 1주일 소요

## 일반경쟁입찰

온비드 회원가입 ▶ 입찰서 제출 ▶ 입찰 보증금 납부 ▶ 낙찰자 결정 ▶ 매매 계약체결 (낙찰일로부터 5영업일 이내) ▶ 잔대금 납부 (계약체결일로부터 60일 이내) ▶ 소유권이전 서류 교부 (약 7일 소요)

## 수의계약

매수신청서 제출·접수 ▶ 매각 심의·승인 ▶ 보증금 납부 매매계약체결 ▶ 잔대금 납부 (계약체결일로부터 60일 이내) ▶ 소유권 이전 서류교부 (약 7일 소요)

## 준비서류

- 개인 : 신분증, 주민등록등본
- 법인 : 법인등기부등본, 법인인감증명서, 대표자 신분증(사본 첨부)
   ※ 대리인의 경우 위임장(본인 인감증명서 첨부)을 제출

- 수의계약의 경우 매각 기준 부합 여부 및 매각 방법의 적정성 심사를 통한 매각 결정
   ※ 매수신청일로부타 매각 결정까지 약 1개월 소요

- 매각대금 납부
   - 낙찰일(수의계약 신청일)로부터 5영업일 이내 매매계약을 체결하지 않을 경우에는 낙찰을 취소하며, 입찰보증금은 국고로 귀속된다.
   - 계약체결시 매각대금의 10% 이상을 계약금으로 납부하고, 잔대금은 **계약체결일로부터 60일 이내**에 납부하면 된다. 다만, 매각대금이 1,000만 원을 초과하는 경우에는 매각대금을 3년 이내의 기간에 걸쳐 나누어 납부할 수 있다. (입찰 조건이 일시납 조건인 경우는 제외)
   ※ 매각대금 잔액에 대하여는 국유재산법 시행령 제55조 제5항에 따라 기획재정부 고시 이자율을 적용하여 산출한 이자를 납부하되, 분할납부 기간 동안 균등분할 납부하는 것을 원칙으로 한다.
   - 매수자는 계약체결일로부터 60일 이내에 부동산의 소재지를 관할하는 시·군·구청장에게 부동산 거래내용을 신고하고 사본을 공사에 제출하여야 한다.

## 매매 예정가격

| | |
|---|---|
| **대장가격 3천 만 원의 이상인 경우** | 2개 감정평가법인의 평가액을 산술 평균한 금액 |
| **대장가격 3천 만 원 미만 지자체 또는 공공기관에 처분하는 경우** | 1개 감정평가법인의 평가액 |

※ 경쟁입찰을 두 번 실시하여도 낙찰되지 안니한 경우에는 세 번째 입찰부터 최초의 매각 예정가격의 100분의 50을 최저한도로 하여 매회 100분의 10의 금액만큼 최저 예정가격을 낮출 수 있다.

## 매매계약의 해지

- 거짓 진술을 하거나 부실한 증명서류를 제시하거나 그 밖에 부정한 방법으로 매매계약을 한 경우
- 용도를 지정한 매매 시에 매수자가 지정된 날짜가 지나도 그 용도에 사용하지 아니하거나 지정된 용도에 제공한 후 지정된 기간에 그 용도를 폐지한 경우
- 국유재산 관계법령 및 계약조항을 위반한 경우

# 매수 절차

## 일반경쟁입찰

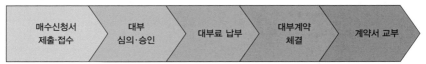

온비드
회원가입 〉 입찰서
제출 〉 입찰 보증금
납부 〉 낙찰자
결정 〉 잔대금 납부
낙찰일로부터
5영업일 이내 〉 대부계약
체결 〉 계약서 교부

## 수의계약

매수신청서
제출·접수 〉 대부
심의·승인 〉 대부료 납부 〉 대부계약
체결 〉 계약서 교부

## 준비서류

- 개인 : 신분증, 주민등록등본
- 법인 : 법인등기부등본, 법인인감증명서, 대표자 신분증(사본 첨부)
    ※대리인의 경우 위임장(본인 인감증명서 첨부)을 제출

- 낙찰(또는 신청) 물건 확인(현황 및 공부 등)
- 대부재산의 사용목적 확인

- 대부료 납부
  – 낙찰일로부터 5영업일 이내 잔대금 불납시 낙찰을 취소하여 입찰 보증금은 국고 귀속된다.
    수의계약의 경우 대부계약을 체결하는 날까지 선납하여야 한다.
  – 연간대부료는 **전액 선납**을 원칙으로 한다. 다만, 연간 대부료가 100만 원을 초과하는 경우에는 **연6회 이내 분납**할 수 있으며, 이 경우 잔액에 대해서는 기획재정부 고시 이자율을 적용한 이자를 납부해야 한다.
    ※연간 대부료가 1,000만 원 이상인 경우에는 연간 대부료의 50%에 해당하는 금액을 보증금으로 예치하거나 이행보증조치를 해야 한다.
    ※**대부료 외에 추가로 연간 대부료 10%에 해당되는 별도의 부가가치세가 부과된다.**(주거용·경작용 제외)

# 대부 절차

대부신청접수 ➡ 현장조사 ➡ 관련대부협의 ➡ 대부료 결정 ➡ 대부계약체결

## 일반경쟁입찰

온비드 회원가입 〉 입찰서 제출 〉 입찰 보증금 납부 〉 낙찰자 결정 〉 잔대금 납부 낙찰일로부터 5영업일 이내 〉 대부계약 체결 〉 계약서 교부

## 수의계약

대부신청서 제출·접수 〉 대부 심의·승인 〉 대부료 납부 〉 대부계약 체결 〉 계약서 교부

## 준비서류

- 개인 : 신분증, 주민등록등본
- 법인 : 법인등기부등본, 법인인감증명서, 대표자 신분증(사본 첨부)
  ※ 대리인의 경우 위임장(본인 인감증명서 첨부)을 제출

- 낙찰(또는 신청) 물건 확인(현황 및 공부 등)
- 대부재산의 사용목적 확인
  - 국유재산 관리에 장애가 되지 않는 범위 내에서 대부 허용
  - 대부 목적에 위배되는 경우 계약을 불허하며, 보증금은 국고 귀속

- 대부료 납부
  - 낙찰일로부터 5영업일 이내 잔대금 불납시 낙찰을 취소하며 입찰 보증금은 국고 귀속.
    수의 계약의 경우 대부계약을 체결하는 날까지 선납하여야 한다.
  - 연간 대부료는 **전액 선납을 원칙으로 한다**. 다만, 연간대부료가 100만 원을 초과하는 경우에는 **연6회 이내 분납**할 수 있으며, 이 경우 잔액에 대해서는 기획재정부 고시이자율을 적용한 이자를 납부해야 한다.
    ※ 연간 대부료가 1,000만 원 이상인 경우에는 여간 대부료의 50%에 해당하는 금액을 보증금으로 예치하거나 이행보증조치를 해야 한다. 분할납부시 국유재산 대부료 분할 납부신청서를 제출해야 한다.
    ※ **대부료 외에 추가로 연간 대부료 10%에 해당되는 별도의 부가가치세가 부과된다.**(주거용·경작용 제외)

## 대부기간 및 대부료

대부기간은 **재산의 유형**에 따라 결정된다.

| 10년 이내 | 조림을 목적으로 하는 토지와 그 정착물 |
|---|---|
| 5년 이내 | 조림목적 이외의 토지와 그 정착물 |
| 1년 이내 | 그 밖의 재산 |

**연간 대부료는 '재산가액×대부료율'로 산출한다.**

| 재산가액 | 토지 | | 당해년도 개별공시지가×면적(㎡) |
|---|---|---|---|
| | 건물 | 주택 | 해당 주택의 공시가격(가격이 공시되지 아니한 경우는 시가표준액) |
| | | 그외 재산 | 시가표준액 또는 1개의 감정평가법인의 평가액 |
| 대부료율 | **원칙** : 5% 이상<br>**경작용** : 1% 이상으로 산출한 대부료와 농가별 단위면적당 농업 총수입의 10% 중 적은 금액<br>**주거용** : 2% 이상　　　　　　**행정목적·사회복지사업용** : 2.5%<br>**종교단체용** : 20.5% 이상　　　**소상공인용** : 3% 이상 | | |

※ 경쟁입찰을 두 번 실시하여도 낙찰되지 아니한 경우에는 **세 번째 입찰부터** 최초 대부 예정가격의 100분의 20을 **최저 한도**로 하여 매회 100분의 10의 금액만큼 최저 예정가격을 낮출 수 있다.

## 대부계약의 갱신

- 대부기간이 종료된 재산에 대하여 그 대부기간을 초과하지 아니하는 범위에서 종전의 대부계약을 갱신할 수 있다. 이 경우 대부기간 종료 1개월 전에 신찰을 해야 한다.

| 수의계약 방법으로 대부할 수 있는 경우 | 갱신 횟수 제한 없음 |
|---|---|
| 수의계약 방법으로 대부할 수 없는 경우 | 1회만 갱신 |

## 대부계약의 해지

- 거짓 진술을 하거나 부실한 증명서류를 제시하거나 그 밖에 부정한 방법으로 대부계약을 한 경우
- 대부받은 재산을 다른 사람으로 하여금 사용·수익하게 한 경우
- 해상 재산의 보존을 게을리하였거나 그 사용 목적을 위배한 경우
- 승인없이 대부계약을 체결한 재산의 원래 상태를 변경한 경우
- 국가나 지방자치단체가 직접 공용이나 공공용으로 사용하기 위하여 필요 하게 된 경우
- 국유재산 관계법령 및 계약조항을 위반한 경우

| 각 호의 기간 내에서 재산 유형에 따라 결정 | | | |
|---|---|---|---|
| 20년 이내 | 10년 이내 | 5년 이내 | 1년 이내 |
| 조림 목적<br>토지 및 정착물 | 시설보수 건물<br>(대부자 부담) | 조림 목적 이와<br>토지 및 정착물 | 그 외 재산 |

| 산출방법 = 재산가액 × 사용요율(원칙 1번분의 50 이상) | | | | |
|---|---|---|---|---|
| 10/1000 이상 | 20/1000 이상 | 25/1000 이상 | 30/1000 이상 | 40/1000 이상 |
| 경작, 목축, 어업용 | 주거용 | 행정목적(지자체)<br>사회복지, 종교 | 소상공인 | 공무원 후생 |

## 대부 방법

▶ 공개입찰 방식 : 한국자산관리공사 "온비드" 시스템상의 공개경쟁입찰 방식이 원칙임

▶ 수의계약 방식 : 농경지를 경작의 목적으로 실경작자에게 대부하는 때 등(국유재산법 시행령 제24조, 공유재산 및 물품관리법 시행령 제29조 등)

## 대부 기간

다음의 대부 기간 내에서 대부가 가능하다.

▶ 10년 이내 : 조림을 목적으로 하는 토지와 그 정착물

▶ 5년 이내 : 조림 목적 이외의 토지와 그 정착물

▶ 1년 이내 : 기타의 물건

▶ 수의계약에 의한 대부 시 위의 기간 내에서 갱신계약이 가능.

## 대부료 산정

▶ 수의계약 : 사용면적($\text{m}^2$) × 공시지가 × 대부(사용)요율 × 사용기간(기간/365)

▶ 공개입찰 : 수의계약 산정가격을 초과한 최고 입찰가격으로 결정.

▶ 대부료 산정 근거 : 국유재산법시행령 제26조, 공유재산 및 물품관리법 시행령 제31조 대부(사용)료율

▶ 농경지 경작을 목적으로 대부할 경우는 1000분의 10

▶ 주거용 건물로 점유하고 있는 토지는 1000분의 25

▶ 상업용 등 기타의 건물로 점유하고 있는 토지는 1000분의 50의 요율을 적용.


## 국공유재산 무단사용의 변상금에 대한 사항

국공유재산을 사용, 수익허가를 받지 않거나 대부(임대)계약을 체결하지 않고 무단점유 시에는 대부료의 120%에 해당하는 변상금이 부과된다.


### 변상금 부과 처리 흐름

무단점유지 조사 ➡ 변상금 사전통지 ➡ 의견제출 ➡ 변상금 부과

▶ 부과기간 : 5년 이상 점유시 – 부과시점부터 5년간 소급 부과

▶ 변상금의 산정 : 점유면적($\text{m}^2$) × 점유기간(일수/365) × 공시지가 × 대부요율 × 120%

▶ 납부방법 : 변상금은 전액을 60일 이내에 납부

국유재산 불법사용 금지

- 국유재산법 또는 다른 법률에서 정하는 절차와 방법에 따르지 않고는 국유재산을 사용하거나 수익할 수 없다.

## 변상금 부과

- 무단으로 국유재산을 점유 또는 사용하는 것은 국가 재정의 손실을 초래하는 행위로 국유재산의 사용허가나 대부계약 없이 사용·수익하거나 점유했을 경우에는 변상금을 부과한다.

### 변상금 부과절차

현장조사 (무단점유확인) → 변상금 사전 통지 → 의견제출 → 변상금 부과

변상금 산정 및 부과기간
- 변상금 : 재산가액 × 대부료율 × 120% × 무단점유기간
- 점유시점부터 부과(부과고지일부터 5년 간 소급 부과)
- 1년 단위로 매년 초에 정기적으로 부과

---

**국유재산법 시행규칙**
[시행 2017.6.13.] [기획재정부령 제625호, 2017.6.13., 일부개정]

- 별표목록  [서식 7] 국유재산(유상, 무상)대부계약서
- 별표연혁  국유재산법 시행규칙 [서식 7] [시행2017.6.13] [기획재정부령 제625호, 2017.6.13,일부개정]

제10조(대부계약의 해제 또는 해지 청구) 이 계약기간 중 대부받는 자가 해제 또는 해지하려는 경우에는 1개월 전에 청구하여야 하며, 이 계약이 해제 또는 해지되는 경우에는 대부자는 대부받은 자가 파납한 금액을 반환한다. 이 경우 해제 또는 해지로 인하여 대부받는 자에게 손해가 발생하더라도 대부자는 이를 보상하지 아니한다.

제11조(대부재산의 반환) 대부기간이 끝나거나 이 계약이 해제 또는 해지된 경우에는 대부받는 자는 대부자가 지정하는 기한까지 대부재산을 원래 상태대로 회복하여 대부자의 참여하에 반환하여야 한다. 다만, 사용목적의 성질상 대부재산의 원상회복이 불필요한 경우와 원상 변경에 대하여 대부자의 승인을 받은 경우에는 원래 상태대로 반환하지 아니할 수 있다.

제12조(대부계약의 갱신 신청) 대부기간이 끝난 후에도 대부받는 자가 계속하여 대부를 받으려는 경우에는 기간만료 1개월 전에 대부계약 갱신을 신청하여야 한다.

제13조(대부받는 자의 손해배상 책임) 대부받는 자가 이 계약상의 의무를 위반하여 대부자에게 손해를 끼쳤을 때에는 대부받는 자는 이를 배상하여야 한다.

제14조(대부재산의 제3자 매각) 대부재산이 대부받는 자 외의 제3자에게 매각되었을 때에는 이 계약은 해지되어, 이에 대하여 대부받는 자는 이의를 제기하지 못한다. 다만, 그 해지로 인하여 대부받는 자에게 손해를 끼쳤을 때에는 대부자는 이를 배상하여야 한다.

제15조(변상금 등의 징수) ① 대부받는 자가 대부기간의 만료 또는 대부계약의 해제 또는 해지 이후에도 계속해서 국유재산을 사용하거나 점유하는 경우에는 대부자가 「국유재산법」 제72조에 따른 변상금을 징수하며, 대부받는 자가 제11조의 의무를 이행하지 아니하여 대부자가 원상복구를 한 때에는 그 비용을 대부받는 자가 부담하여

**영구시설물 축조 금지**

> • 국가 외의 자는 국유재산에 건물, 교량 등 구조물과 그 밖의 영구시설물을 건축할 수 없다.
>
> > 예외 - 기부를 조건으로 축조하는 경우
> >   - 다른 법률에 따라 국가에 소유권이 귀속되는 공공시설을 축조하는 경우
> >   - 그 밖에 국유재산의 가용 및 이용에 지장이 없고 국유재산의 활용가치를 높일 수 있는 경우로서
> >     대부계약의 사용목적을 달성하기 위하여 중앙관서의 장 등이 필요하다고 인정하는 경우
> >
> >   예외적으로 영구시설물 축조를 허용하는 경우에는 착공 전에 원상회복비용 상당액에 대하여 이
> >   행보증조치(현금, 금융기관의 지급 보증서, 보험회사가 발행한 보증보험증권)를 취하여야 한다.

## 연체료에 대한 사항

매각대금, 대부료, 변상금 모두 납부기한이 경과한 후에는 지연 납부한 기간에 대해 최고 연 15%의 연체료를 추가 부담하게 된다.

연체료 산정 : 납부할 금액 × 지연 납부일수/365일 × 15%

### 지방자치단체의 재산관리 공무원

| 재산의 구분 | 재산관리 공무원 | 비고 |
|---|---|---|
| 잡종재산 | 자치행정국장 | 총괄재산 관리관 : 자치행정 국장 |
| 본청에서 사용하는 행정·보존재산 | 사용담당 주관국장 | |
| 직속기관 및 사업소에서 사용하는 행정·보존재산 | 소속기관의 장 | |
| 상기 이외의 행정·보존재산 | 사업주관 국장 | |
| 특정 재원의 조성을 목적으로 관리하는 잡종재산 및 용도폐지 또는 공공용지 취득 후 잔여지 중 사업주관과장이 필요하다고 인정하는 재산 | 사업주관 국장 | |
| 공유 임야 | 농정국장 산림환경연구소장 | |
| 총괄 재산관리관이 필요하다고 인정하여 지정할 때 | 지정된 실·국장 | |

자료 : 경기도 회계과

## 정부의 국유재산 매각 및 임대 방안

▶**안 팔리는 지방 이전 공공기관 용지 처분**
- 민간에 임차료 내는 공공기관 관청 입주 후 임대수익 획득
- 해당 지자체와 용도변경 및 차익공유에 대한 적극적 논의

▶**쓸모없는 토지 지속적으로 처분**
- 도로상 국유지, 33평(100㎡) 이하 자투리 토지, 농지, 무단 점유 용지 등
- 연간 8000억 원 안팎 매각 및 대부 규모를 1조 원 수준까지 확대

### 관리기관별 재산관리 유형(국유일반재산)

| 한국자산관리공사 | 지방자치단체 |
| --- | --- |
| • 한국자산관리공사에 위탁하는 것이 필요하다고 기획재정부가 결정한 재산<br>• 건물과 그 부속토지 매각을 위하여 용도폐지한 재산<br>• 국세물납으로 취득한 재산 | • 농업진흥구역내 농경지<br>• 상수원보호구역, 국립공원구역 등 개발제한구역 내에 위치하거나 그 밖의 관계법령에 따른 사용이나 개발이 부적합한 재산<br>• 지방자치단체에 위임하는 것이 필요하다고 기획재정부가 결정한 재산 |

# 한국자산관리공사의 국유재산 대부(임대) 절차 안내

캠코는 정부로부터 위탁받는 국유재산을 관리 처분하는 부동산 전문 관리기관으로서 활용 가능한 재산에 대하여는 다음과 같이 일련의 과정을 거쳐 대부(임대)하고 있음을 알려드리고자 합니다.

## 근거
국유재산법 제 42조 및 동법시행령 제38조 제3항

# 대부방법

## 원칙 : 경쟁입찰 방식

• 입찰절차

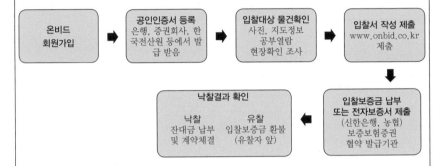

• **예외 : 수의계약 방식(국유재산법 시행령 제27조 제3항)**

- 주거용으로 대부하는 경우

- 경작용으로 실경작자에게 대부하는 경우

- 2회에 걸쳐 유효한 압찰이 성립되지 아니한 경우

- 기타 법률 등의 규정에 의하여 대부하는 경우

• 대부계약 체결 절차

대부신청서
제출·접수
↓
담당자 검토
(민원인 협의)
↓
잔대금 납부
(낙찰 또는 신청일부터
5일 이내 )
↓
대부계약 체결
↓
계약서 교부

**준비서류**
가. 개인 : 신분증, 주민등록증본, 인감증명서
나. 법인 : 법인등기부등본, 법인인감증명서
 ※수의계약 물건은 보증금 및 신청서를 우선 입금·납부한 자를 계약 당
 사자로 선정
 ※대리인의 경우 위임장(본인 인감증명서 첨부)을 제출해야 하며, 낙찰물건
 은 '대부신청서' 제출 생략
• 낙찰(또는 신청)물건 확인(현황 및 공부 등)
• 대부재산의 사용목적 확인
 - 국유재산관리에 장애가 되지 않는 범위 내에서 대부를 허용
 - 대부목적에 위배되는 경우 계약을 불허하며, 보증금 국고귀속
• 낙찰일(수의계약 신청일)로부터 5일 이내 잔대금 불납시 낙찰(수의계약 신
 청)을 취소하며, 보증금은 국고 귀속
• 상호 계약서 날인 및 국유재산 사용

## 대부기간 및 대부료

- 대부기간은 다음 각호의 기간 이내에서 재산의 유형에 따라 결정합니다.
- 10년 이내 : 조림을 목적으로 하는 토지와 그 정착률
- 5년 이내 : 조림목적 이외의 토지와 그 정착률(상업용 토지 및 건물, 주거용, 경작용 등)
- 1년 이내 : 기타의 물건

- 연간대부료 산정방법 : 재산가액 × 사용요율 + (측량 또는 감정평가비)

| 재산가액 | 사용요율 |
|---|---|
| – 토지의 경우 : 해당 토지의 개별공시지가 적용<br>– 건물의 경우 : 1개 감정평가법인의 평가금액 | – 주거용의 경우 : 30/1000 이상(기초수급자의 경우 10/1000)<br>– 경작용의 경우 : 10/1000 이상<br>– 기타(상업용)의 경우 : 50/1000 이상 |

- 대부료 납부방법
  - 연간 대부료는 전액 선납하는 것이 원칙임.(국유재산시행령 제30조 제1항)
  - 대부계약 체결 이후 연체 시 최고 연 15%의 연체료가 부과됨.

## 대부계약 해지

- 다음의 경우에는 대부계약이 해지되므로 이 점에 대해 유의해야 한다.
  - 대부 재산의 전대 또는 권리의 처분
  - 대부 목적의 위배
  - 대부 재산의 원상 변경
  - 국가 또는 지방자치단체가 필요한 경우
  - 대부료 연체 시 등

# 국유지 점용과 투자 사례

## 국유지의 저렴한 투자 방법

국유지를 보다 저렴하게 사용할 수 있는 방법은 없을까?

국유지를 '저렴하게' 대부를 받으려면 개별공시지가가 인근에 비하여 상대적으로 낮은 국유지를 찾아보는 게 좋다. 또 연간 대부료가 100만 원을 초과할 경우, 연 4회 이내에서 1년 만기 정기예금의 평균금리 수준의 이자만 납부하면 분납도 가능하다.

또한, 전자 자산처분 시스템인 온비드를 통해 인터넷으로 국유 대부물건을 저렴한 가격에 낙찰 받을 수 있다.

특히, 대부입찰공고 물건이 2회 이상 유찰되면 최초 대부예정가격의 10%씩 대부료가 줄어들어 최초 입찰가격의 20%까지 싼 가격에 이용할 수 있다.

국유부동산과 관련하여 부동산 초보인 일반인들이 이에 관한 지식을 활용하여 수익을 창출하는 방안에 대하여 살펴보기로 한다.

이와 관련한 사항은 한국자산관리공사의 홈페이지에 자세하게 설명되어 있다. 핵심사항을 요약하면 다음과 같다.

국유재산은 지방자치단체나 한국자산관리공사에 위임 또는 위탁하여 국유지 수요자들의 정보 접근성을 높이게 된다.

일반인들은 이를 활용하게 되면 국유재산의 물건 정보, 위치 및 부근 현황, 지적공부 등 판단에 필요한 일반적인 정보를 제공받을 수 있도록 하고 있다.

**국유 일반재산 현황**('2017년 말 기준)

| 필지(%) | 활용(55.%7) | | 유휴(15.9%) | | 활용곤란(28.4%) | | 총계 |
|---|---|---|---|---|---|---|---|
| | 대부 | 도로, 하천 등 | 무단 점유 | 미활용 (대부·처분 대기중) | 개발예정 (공법상제한) | 형상불량 | |
| 필지 | 176,138 | 172,604 | 62,734 | 36,857 | 30,011 | **147,694** | 626,038 |
| 비율 | 28.1 | 27.6 | 10.0 | 5.9 | 4.8 | **23.6** | 100.0 |

국유재산 대부 입찰이란 국유재산의 사용자를 경쟁의 방법으로 선정하는 방식을 말한다. 국유재산 대부는 사유재산의 임대와 같은 개념으로, 매각과는 다른 개념이다.

앞서 기술한 정보공개 및 대부입찰은 한국자산관리공사의 온비드 시스템 (www.onbid.co.kr)을 통해서 일반 경쟁입찰로 피대부자를 결정하는 과정을 거치게 된다.

일반인들이 전자입찰에 참가하기 위해서는 한국자산관리공사 온비드에 회원가입 후 공인 인증기관으로부터 전자입찰용(범용) 공인인증서를 발급받아 온비드에 등록해야 한다.

국유재산 대부계약 체결 방법과 관련하여 정보공개, 입찰공고, 입찰참가 및 낙찰자 결정은 한국자산관리공사의 온비드시스템에서 일괄적으로 이루어지며, 대부계약은 낙찰된 금액 중 보증금을 제외한 잔대금 및 주민등록등본 등 관련 서류를 지참하여 입찰공고에서 정한 기일(5일) 이내에 체결하여야 한다.

한국자산관리공사 위탁재산은 한국자산관리공사 국유재산본부에서 시·군·구 위임재산은 관할 시·군·구청 재무과 회계과 등에서 업무를 담당한다.

국유재산의 대부(임대) 및 매각과 관련하여 보다 상세히 살펴보면 국유재산 대부는 일반인이 국유재산을 국가와 계약을 체결한 후 사용이 가능하며, 임대차 계약과 유사한 것으로 일반재산의 임대를 대부라고 한다.

**국유재산 보유 및 대부계약 현황**(2019. 8월말 기준)

| 구분 | 보유재산 | | 대부중인 재산 | | | | 미체결 건수 |
|---|---|---|---|---|---|---|---|
| | 건수(A) | 면적(C) | 건수(B) | 면적(D) | 건수비율 (B/A) | 면적비율 (D/C) | |
| 2015년 | 620,512 | 443,259 | 178,693 | 128,885 | 28.8% | 29.0% | 441,819 |
| 2016년 | 620,745 | 437,036 | 177,060 | 133,794 | 28.5% | 30.6% | 443,685 |
| 2017년 | 626,038 | 439,911 | 176,038 | 139,144 | 28.1% | 31.6% | 449,900 |
| 2018년 | 635,833 | 445,342 | 186,752 | 114,112 | 29.4% | 32.6% | 449,081 |
| 2019년 8월 | 642,312 | 446,002 | 191,504 | 141,430 | 29.8% | 31.7% | 450,808 |

※ 필지내 대표물건 상태가 대부 중인 건수

대부 방식은 공개경쟁입찰 방식이나 주거용으로 대부하는 경우, 경작용으로 실경작자에 대부하는 경우, 2회에 걸쳐 유효한 입찰이 성립되지 아니한 경우, 기타 법률 등의 규정에 의하여 대부하는 경우는 수의계약 방식도 가능하다. 대부(임대) 절차는 한국자산관리공사의 홈페이지에서 확인하자.

대부(임대)기간은 10년, 5년, 1년 등 재산의 유형에 따라 결정되며 대부료는 주거용, 경작용, 상업용 등에 따라 다른 방식으로 산정된다. 대부료 납부 방법은 연간 금액을 선납하는 것이 원칙이며 대부계약 체결 이후 연체 시에는 최고 연 15%의 연체료가 부과된다.

대부(임대)계약은 대부료가 연체되는 경우, 대부 재산을 전대 또는 권리를 처분한 경우, 대부 목적을 변경한 경우, 대부 재산의 원상을 변경한 경우, 국가가 공공의 목적으로 필요한 경우에 해지할 수 있다.

국유재산을 대부(임대)한 사람은 대부계약 내용을 준수하여야 하며, 대부 받은 재산을 잘 보존하고 관리하여야 한다. 통상의 수선에 소요되는 비용이나 승인을 받지 아니한 개보수로 인한 비용은 청구하지 못한다. 대부계약을 해지하고자 하는 경우는 1개월 전에 신청해야 한다.

다음으로 국유재산의 매각과 관련하여 국유재산은 재산의 위치, 규모, 용도 등으로 보아 매각하는 것이 필요하다고 판단되는 경우에 매각할 수 있다. 국유재산의 매각은 사법상의 계약이지만 공법상의 제약이 따를 수 있다. 원칙적으로 일반 경쟁입찰 방식으로 매각하나 예외적으로 수의계약 방식이 적용되기도 한다.

| 대부신청서 제출·접수 | ▶ 수의계약의 경우 신청서를 우선 제출한 자를 대상으로 대부 가능 여부 검토 |
| --- | --- |
| 대부심사 | ▶ 낙찰(신청) 물건 및 사용목적 확인<br>• 재산관리에 장애가 되지 않는 범위 내에서 대부 허용<br>• 대부 목적과 다른 목적에 사용하는 경우 계약 불허 및 낙찰문건의 보증금 국고 귀속 |
| 대금납부 | ▶ 사용·수익 시작 전 가상계좌 또는 지로를 통한 선납 원칙<br>• (잔대금 납부) 낙찰일로부터 5영업일 이내, 미납시 낙찰 취소 및 보증금 국고 귀속<br>• (연체료) 연체시 최고 연 10%의 연체료 부과 및 재산 압류 등 불이익 발생가능(시행령 제72조) |
| 계약체결 | ▶ 대부계약시 준비서류<br>• (개인) 신분증, 주민등록등본<br>• (법인) 법인등기부등본, 법인인감증명서<br>※대리인의 경우 위임장(본인 인감증명서 첨부)을 제출해야 하며, 낙찰 물건은 '대부신청서' 제출 생략 |
| 계약서 교부 | **전자계약 서비스를 운영하고 있으며, 전자계약 서비스를 이용하는 경우 우리 공사로 방문 없이 계약서 작성, 계약 체결 및 계약서 출력·보관이 가능하다.** |

매각 방식과 절차는 한국자산관리공사의 홈페이지에서 확인할 수 있다.

국가기관 및 지방자치단체가 행정 목적 수행상 필요한 경우, 해당 재산의 매각으로 인하여 인근 잔여재산의 효용 가치가 감소하는 경우, 상수원보호구역 내의 국유지 또는 무주부동산 공고를 거쳐 취득한 후 10년이 경과하지 아니한 재산, 도시계획에 저촉되는 재산, 기타 특별법에 의하여 매각이 제한된 재산 등은 매각이 제한된다.

매각재산의 가격결정 방식은 매각 재산의 대장 가격이 3천만 원을 기준으로 하나 또는 두 개 감정평가 법인의 평가하여 산술평균한 금액으로 결정한다.

매각대금의 납부는 매매계약 체결일로부터 60일 이내에 해야 하며 매각대금이 1천만 원을 초과하는 경우 3년 이내 분납이 가능하다. 매각 재산의 소유권은 매각대금이 완납된 후에 이전되며, 기개발구역 안의 토지매각 시 분할납부의 경우 매각대금 완납 전에 소유권 이전이 가능하다.

이상과 같이 일반인들이 국유재산의 대부(임대) 및 소유권 이전과 관련한 사항을 자세히 살펴보았다. 이들을 일반적인 부동산의 가격보다 낮은 가격에 대부(임대) 또는 매입하여 수익을 창출할 수 있는 방안은 다양하다.

국유재산에 대한 정보 또한 관심을 갖는 특정인들만이 활용하고 있는 것이 현실이다.

부자가 되기 위한 지름길은 알고 있는 것을 실천하는 것이다. 이에 앞서 확실하게 아는 것이다. 국유재산과 관련하여 한국자산관리공사와 한국국유부동산연구원의 홈페이지를 방문하여 보다 정확하고 폭넓은 지식을 쌓기를 바란다.

## 대지의 10배를 내 땅처럼 사용하는 K 씨의 전원주택지

어느 지역이나 마을이 아닌 개인의 전원 명당은 어떤 땅일까?

강원도 오지의 청정구역으로 손꼽히는 홍천군 내면의 K 씨 집은 전원주택지로서 명당의 대표적인 사례. 전원생활의 꿈을 이루기 위해 나름 준비를 하고 있다면, K 씨 집과 같은 입지를 찾아보라고 권하고 싶다. 물론 이런 땅은 귀하다. 그렇다고 없는 것도 아니다. 발품을 팔며 부지런히 찾아다니면 만날 수 있는 '인연의 땅'이다.

K 씨의 집과 대지는 문화재보호구역으로 묶여 있다. 집 주변을 감싸고 흐르는 계곡에 천연기념물인 열목어가 서식하고 있기 때문이다. 주변의 청정한 환

경에 대해서는 더 이상 설명할 필요가 없다.

문화재보호구역의 경우 서울과 수도권에선 건축 행위 제한이 많지만, 지방에선 전원주택을 짓는 데 별다른 어려움이 없다. 축사 등 일종의 혐오·기피시설이 들어설 수 없기에 전원주택의 쾌적성은 오히려 강화된다. 이곳 역시 정화조 규정이 다소 까다로울 뿐 계곡에서 좀 떨어져 있는 곳에 집을 짓는 것은 문제가 없다.

K 씨의 집 자체는 화려하거나 규모가 크지도 않다. 하지만 입지가 환상적이다. 국유림 밑자락이어서 쭉쭉 뻗어 올라간 장송들이 그대로 정원수다. 집에서 조금 떨어져 1급 명경지수를 자랑하는 계곡물이 K 씨 집 주변을 휘감아 흐른다.

다시 말해 K 씨의 집과 대지는 국유지에 둘러싸여 있다. 집 주변 국유림과 하천부지는 완만한 경사지여서 K 씨는 제법 넓은 텃밭을 일구어 푸성귀 등 청정 먹거리를 조달한다. 텃밭에 심어놓은 곰취는 산에서 채취한 곰취와 차이가 없다. K 씨의 집도 해발 650m에 위치하고 있는 청정구역이기 때문이다.

K 씨의 집과 대지는 총 1320㎡(400평) 규모다. 전원주택 한 채 짓고 작은 텃밭과 정원을 만들기에 적당한 크기다. 하지만 실제 K 씨가 집과 정원, 텃밭, 그리고 산책로 등으로 이용하는 땅의 크기는 대지의 10배쯤 된다. '덤'으로 쓰는 국유지가 9배인 셈이다.

시골이라도 사유지에 둘러싸여 있는 곳은 내 땅, 네 땅에 대한 분쟁이 잦다. 특히 시골 땅의 절반 이상이 이미 외지인(도시인)의 소유인지라, 이들이 땅을 사면서 한 뼘이라도 더 자기 땅을 확보하기 위해 경계측량 및 분할측량을 실시하면서 땅의 경계점을 표시하는 빨간 말뚝이 곳곳에 박혀 있는 실정이다.

K 씨는 말한다.

"내 땅은 비록 손바닥만 하지만 주위가 모두 국유림과 하천부지여서 사실 내 앞마당, 뒷마당처럼 사용하고 있지요. 비싼 돈 들여서 조경하지 않아도 사시사철 소나무 숲에 둘러싸여 삼림욕을 즐깁니다. 도시의 재벌 저택이 정말 하나도 부럽지 않아요. 아무리 돈을 들인다 해도 자연 그대로의 청정환경을 인위적으로 조성할 수도 없지요."

국유림, 하천부지, 문화재보호구역은 얼핏 땅의 흠결, 즉 단점으로 생각되지만, K 씨처럼 잘만 활용하면 훌륭한 개인 정원, 텃밭이 된다. 물론 이런 땅을 만나려면 부지런히 현장답사를 하는 것은 물론, 토지이용계획확인서, 토지대장, 지적도 등 각종 공부를 떼어 보고 관할 군청에 가서 건축 제한사항 등을 미리 파악해야 한다.

K 씨가 소유한 땅(1320㎡)의 가치는 얼마나 될까. 주변 땅의 시세가 3.3㎡ 당 30만 원이라고 한다면, 1억 2000만 원일까. 아니면 실제 사용하는 땅의 면적을 반영한 12억 원일까?

등기부상 개인 소유의 땅 면적이 1320㎡이므로 12억 원(3.3㎡당 300만 원)이 될 턱은 없지만, 그렇다고 1억 2000만 원 선에 살 수 있는 땅도 결코 아니다. 국유림과 하천부지 활용도, 천혜의 입지 조건 프리미엄이 반영된 어느 선(?)이 될 것이다.

인접 국유지 활용이 가능한지, 가능하다면 어떻게 얼마나 활용할 수 있는지를 파악하는 것은 전원주택 땅 테크에 있어 중요한 체크 포인트다.

---

### Tip

국유지의 사용(임대)시에는 관리기관의 허가(임대)를 받아 사용해야 하며 무단사용시에는 사용료(임대료)의 120/100 에 해당하는 변상금이 부과되며 최대 5년분까지 부과가능합니다. 하지만 이는 실제 사용한 기간에 따라 조절됩니다.

또 다른 사람의 사용분까지 본인이 부담할 필요는 없으며 이전 사용분은 그 전의 소유자에게 부과해야 합니다. 건물의 등기부나 매매계약서등을 첨부 이의신청하여 실제 사용분만을 부담해야 하므로 담당자등에게 이야기한 후 처리되지 않을 경우에는 이의제기 하시기 바랍니다.

국유지의 사용료(임대료)는 공시지가의 2.5%(주거용)나 5%(기타)이며 이용상황에 맞추어 적용됩니다.

5년간 사용했거나 그 이상 사용한 경우라면 5년분 모두 납부해야 합니다.

## 국유림 매수 절차와 방법

산림청 소관 국유림 중 매수할 수 있는 재산에 대하여 알아보겠다. 산림청 소관 국유림의 매수 절차를 규율하는 법은 "국유림의 경영 및 관리에 관한 법률"이다. 따라서 국유림 매수에 관한 규정은 국유재산법과 같은 규정 등에서 총괄적으로 살펴봐야 그 전체를 이해할 수 있다.

매수 신청에서 매각의 승인 결정까지 매우 까다로운 절차가 곳곳에 산재하여 어느 정도 지식이 필요하지만, 필요 시 해당 지역의 국유림관리소를 방문해 담당 주무관에게 문의하면 상세히 설명을 들을 수 있을 것이다.

### 사유림에 에워싸인 국유림은 매수 가능

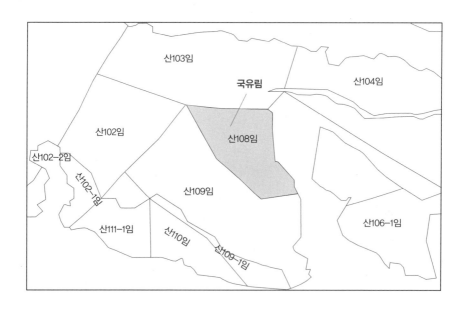

근거 규정과 매수 절차는 다음과 같다.

1. 매수 가능한 산림청 소관 국유림은 국유림의 경영 및 관리에 관한 법률 제16조의 준보전 국유림이어야 한다.

2. 국유림의 경영 및 관리에 관한 법률 제20조 제1항 제3호에 따라 "그 밖에 국유림의 확대 및 집단화 등 국유림의 효율적 경영관리를 위하여 매각 또는 교환이 필요하다고 인정되는 경우"로 규정하고 있다. 따라서 준보전 국유림 중 산림경영 및 보전이 불가한 소규모 단독재산의 경우 매각이 가능하다.

3. 위 '2.'에서 다만, 준보전 국유림 중 일단의 토지의 면적이 특별시·광역시 지역에서는 3,000㎡ 미만(임야는 20,000㎡ 미만), 그 밖의 시 지역에서는 5,000㎡ 미만(임야는 50,000㎡ 미만), 시 외의 지역에서는 10,000㎡ 미만(임야는 100,000㎡ 미만)인 경우로 한정하고 있다.(국유재산 처분기준)

4. 매수절차는 ① 해당 재산이 소재한 국유림관리소에 매수신청 ② 해당 국유림관리소에서 타당성 검토 후 산림청장의 승인을 얻은 후 매각 여부 결정 ③ 감정평가 ④ 대금납부 ⑤ 등기 이전의 절차를 거치게 된다.

5. 그러므로 위 조건에 합당할 경우 산림청 소관 국유림도 매수 신청이 가능하다.

한 가지 팁이 있다면, 보전 국유림도 사안에 따라 준보전 국유림으로 재지정하여 처분할 수 있도록 입법자가 규정을 해 두고 있다는 것이다.
따라서 보전 국유림이라고 해서 반드시 매수하지 못하는 경우에 해당하지는 않는다는 점에 유의하도록 한다.

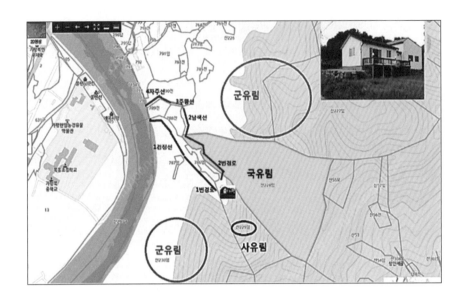

---

**국유림의 구분**(국유림의 경영 및 관리에 관한 법률 제16조)

1. 보전 국유림
가. 산림경영임지의 확보, 임업기술개발 및 학술연구를 위하여 보존할 필요가 있는 국유림
나. 사적(史蹟)·성지(城址)·기념물·유형문화재 보호, 생태계보전 및 상수원보호 등 공익
    상 보존할 필요가 있는 국유림
다. 그 밖에 국유림으로 보존할 필요가 있는 것으로서 대통령령이 정하는 국유림

2. 준보전 국유림 : 보전 국유림 외의 국유림

# 하천부지 점용허가와 이용

## 하천부지의 이해

하천부지는 '하천용지'라고도 하며, 하천법상 '하천구역' 또는 '연안구역 안의 토지'를 말한다. 하천은 원칙적으로 국유이지만, 예외적으로 사유지인 경우와 점용허가를 받은 경우는 하천 목적에 방해가 되지 않는 범위 안에서 그 사용과 수익이 허용된다. 국유의 하천부지고 하천 목적에 지장이 없는 한도에서 그 점용이 허가될 수 있다.

국유재산인 하천부지에도 집을 지을 수 있다. 국유재산의 매각은 한국자산관리공사에서 관리하는데, 면적이 5천㎡ 이하인 토지, 건물과 그 부속 토지, 매각을 위해 용도폐지한 재산, 국세 물납으로 기획재정부에서 결정한 재산 등을 한국자산관리공사에서 매각 및 임대를 하고 있다. 한국자산관리공사에서는 국유재산을 매각해 수의계약으로 매수자에게 이관해 주고 있는 것이다.

하천 부지 중 하천정비사업 등으로 인해용도 폐지된 것이나 폐천이 된 토지는 임대 및 매각하고 있다. 하천부지를 매매하기 위해서는 점유, 즉 임대계약을 체결한 다음 용도폐지를 신청한 후, 승인이 되면 국유재산 관리부서에 매각을 신청하면 된다.

매각이 결정되면 수의계약 및 불하가 가능하고, 할부 매입도 가능하다. 매각 가격은 두 군데 감정평가법인에 의뢰한 뒤 감정해 산술 평가한 다음, 공개

매각 및 수의계약을 체결한다.

하천부지가 사유지로 된 경우도 있다. 개인 소유의 토지에 하천이 흘러 자연스럽게 소유하게 되었거나 자연재해나 여러 가지 원인으로 생긴 포락지(개인의 사유지로서 지반이 무너져 내려 전, 답 등이 하천으로 변해버린 토지) 등이 그것이다.

지목이 하천이더라도 물길이 흐르지 않고, 주변에 하천의 범람 우려가 없으며 다른 용도로 쓰이고 있다면, 관청에 용도폐지 신청을 하고 지목을 변경하면 된다.

하천을 점용해 할 수 있는 행위는 공작물의 신축, 개축, 변경이나 토지의 성토, 절토 등의 형상변경, 식재, 농사용 등이 있다. 하천 점용허가를 받으면 국가 소유 토지를 자신의 토지처럼 사용할 수 있어 투자가치를 더욱 높일 수 있다.

예로부터 앞으로 물을 두고 뒤로 산을 둔 땅은 명당으로 쳤다. 전원주택이나 펜션을 짓기 위해 땅을 보러 다니는 이들 역시 물이 마르지 않는 계곡이나 풍광 좋은 저수지가 근처에 있다면 더할 나위 없이 좋겠다고 입을 모은다.

그러나 대개 이러한 하천 근처의 땅은 국가 소유로 되어 있는 국유지이다. 점용허가를 받고 매년 점용료를 내면 기간 안에 자기 소유로 사용할 수 있으므로 여러모로 유용하게 활용할 수 있다.

하천부지는 하천의 유수가 흐르는 토지 및 그에 인접한 일정 범위의 토지로서 대부분 하천 양쪽으로 위치한 땅으로 계곡에 놀러온 사람들을 위해 평상을 놓아두는 곳을 하천부지라고 생각하면 쉽다.

이 땅은 원칙적으로 국유지이나 예외적으로 사유지인 경우와 점용허가를 받은 경우는 하천 목적에 방해가 되지 않는 범위 안에서 그 사용과 수익이 허용되고 있다.

## 하천구역이란?

당초 국가에서 일단 하천으로 지정하면, 하천에 포함되는 포락지, 제외지, 제방 등을 합하여 하천구역으로 지정하고, 국가하천은 국가에서, 지방하천은 지자체에서 관리하게 된다.

하천의 주무관청, 관리, 전용허가, 폐지 등에 관하여는 하천법에 규정하며, 이 법에 근거하여 관리한다.

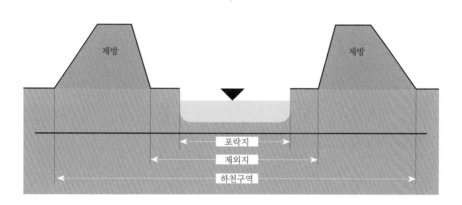

## 하천부지에 집짓기

국유지로 되어 있는 하천부지 자체에 집을 짓는 것은 불가능하다고 봐야 한다. 그러나 이 국유지는 일 년에 두 번 정도 시간을 정해 공개매각을 할 때가 있으므로 이를 이용하면 가능할 수 있다.

사유지일 경우엔 실제 소유자와 매매를 하면 되는데, 하천부지가 사유지가 된 이유는 다음과 같다.

아주 오래 전부터 개인 소유의 토지에 천이 흘러 자연스럽게 소유하게 된 경우, 자연재해나 여러 원인으로 생긴 포락지(개인의 사유지로서 지반이 무너져 내려 전·답 등이 하천으로 변해버린 토지) 등이다. 이러한 하천부지를 매매하게 되면 추후 집을 짓기 위해 대지로 지목변경을 해야 한다.

원 지목이 하천부지로 되어 있지만 그 용도를 다해 지목만 하천부지일 뿐 지하에 물길이 다른 곳으로 흐른다든지, 주위 하천이 범람할 우려가 전혀 없다면, 구청의 하천 담당부서에 가서 용도폐지 신청을 한다.

그럼 관계 담당자가 현장에 나와 직접 조사를 하고, 이상이 없다면 용도폐지 후 지목을 변경하여 준다. 그 지역이 일반 주거지역이라면 간단한 증지 값 정도로 대지나 잡종지로 지목변경이 가능하다.

이렇게 되면 일반적으로 토지 가격도 많이 오르게 된다.

실제 하천이 흐르는 곳이라면 물 흐르는 곳에 흄관을 설치하고 지상을 복개해 도로로 사용하는 등 다양한 방법으로 활용하는 사례들도 있다.


## 하천부지 앞마당으로 이용하기

하천부지에 바로 붙어 있는 대지라면 개울가를 내 소유로 삼고, 평상을 놓고 물놀이를 하는 데 전혀 방해 받지 않을 수 있다. 이렇게 하면 실제 대지가 좁아도 마당과 정원을 넓게 쓸 수 있을 것이다.

하천은 거의 잡목이 우거지거나 바위들로 되어 있고, 물이 흐르거나 물이 흐르던 곳이어서 정원으로 만들기도 쉽고, 텃밭으로 활용해도 좋다.

이를 위해서는 점용허가를 받고 매년 점용료를 내야 한다.

점용료는 사용 하는 토지가격(공시지가)의 3~5%로 매년 납부해야 하며, 허가 기간은 통상 5년이다. 사용료(점용료)는 지방자치단체에 따라, 사용목적에 따라 다소 차이가 있다.

## 하천부지 사용승인 받기

하천부지 사용승인을 받기 위한 자격은 먼저 하천에서 가장 가까운 토지소유주에게 우선순위가 주어진다. 하지만 아무리 가까운 땅 소유자에게 우선권이 주어져도 다른 사람이 이미 점용허가승인을 받았다면 자격이 없다. 절차는 자격조건에 맞춰 필요한 서류를 준비해 제출하면, 면사무소에서 담당자가 현장으로 답사를 나와 하천부지에 대한 사용가능 여부를 알려주게 된다.

## 허가대상인 점용행위의 종류

가. 유수의 사용(하천 바닥에 스며들어 흐르는 물을 포함한다.)
나. 토지의 점용
다. 하천부속물의 점용
라. 공작물의 신축·개축·변경
마. 토지의 굴착, 성토, 절토, 기타 토지의 형상 변경
바. 흙, 모래, 자갈 기타 대통령령이 정하는 하천 산출물의 채취
사. 스케이트장, 유선장의 설치
아. 식목의 재식과 선박의 운항

## 하천점용행위 허가신청 절차

허가신청서에 제출 (민원인) → 서류검토 및 현지조사 (행정청) → 결재 (행정청) → 허가통보 (행정청) → 면허세 등 납부, 하천복구 예치금 납부 (민원인) → 허가증 교부 (행정청) → 목적사업 개시 (민원인)

## 점용행위별 첨부서류 사항

가. 유수의 점용
▶ 하천 점용허가신청서
▶ 위치도 (축척 2만 5천분의 1)
▶ 설계서 및 도면 (하천시설이 표시된 축척 3천분의 1 내지 6천분의 1 평면도, 구적도 및 지적도를 포함한다.)
▶ 이해관계인의 동의서

나. 토지의 점용 (하천부지 점용)
▶ 하천 점용허가신청서
▶ 위치도 (축척 2만 5천분의 1)
▶ 지적이 표시된 평면도
▶ 이해관계인의 동의서

다. 하천 부속물의 점용
▶ 하천 점용허가신청서
▶ 위치도 (축척 2만 5천분의 1)
▶ 평면도 (축척 3천분의 1 내지 6천분의 1)
▶ 이해관계인의 동의서

라. 공작물의 신축·개축·변경 : 원상회복 의무 면제 신청대상
▶ 하천 점용허가신청서
▶ 위치도 (축척 2만 5천분의 1)
▶ 수리계산서
▶ 표준구조물도
▶ 개략 공사비 산출서

▶ 이해관계인의 동의서

▶ 실시계획 설명서, 공사비 계산서 및 지질조사서(댐을 설치하는 경우에 한한다.)


마. 토지의 굴착·성토 또는 절토, 기타 토지의 형상 변경

▶ 하천 점용허가신청서

▶ 공사설명서

▶ 이해관계인의 동의서


바. 토석·모래·자갈, 기타 하천 산출물의 채취

▶ 하천 점용허가신청서

▶ 위치도 (축척 2만 5천분의 1)

▶ 종단도 및 횡단도

▶ 채취량 산출서

▶ 이해관계인의 동의서


사. 스케이트장 또는 유선장의 설치

▶ 허가신청서

▶ 위치도(축척 2만 5천분의 1)

▶ 설계서 및 도면(축척 3천분의 1 내지 5천분의 1 평면도. 구적도 및 지적도를 포함한다.)

▶ 이해관계인의 동의서


아. 식물의 재식

▶ 허가신청서

▶ 위치도 (축척 2만 5천분의 1)

▶ 지적이 표시된 평면도

▶ 나무심기 계획도

▶ 성목 되었을 시기를 감안한 수리계산서

▶ 이해관계인의 동의서

## 하천점용허가의 기준(하천에 관한 사무처리규정)

가. 당해 하천의 하천정비기본계획에 적합한지 여부

나. 하류 및 인근 기득 수리권에 미치는 영향 유무

다. 계획 홍수량을 소통시킬 수 있는 계획 하폭의 확보 여부

라. 공작물 설치로 인하여 인근 지대에 침수가 발생하지 아니하도록 하는 배수시설의 설치 여부 및 인근 주민 또는 영농에 지장 유무

마. 건설기술관리법 제34조 규정에 의하여 정하여진 하천공사설계기준 및 시공기준에 적합한지 여부

바. 법 제30조의 규정에 의한 허가인 경우에는 영 제22조의 규정에 의한 공사비의 예치 여부

사. 법 제33조의 규정에 의한 허가의 경우에는 법 제34조의 규정에 의한 기득 하천 사용자의 동의 여부 또는 법 제34조 단서 각 호의 1에 해당 여부

아. 유수 인용 및 공작물설치 등으로 인하여 수문 관측시설 등 하천 부속물에 미치는 영향

# 국공유지 매입과 관계 법령

## 목적

개발사업 시 국공유지 매입 절차나 법규상의 규정을 체크하여 관련규정을 숙지하여 매입 작업에 착수할 수 있도록 함.

## 용어정리

▶ 국유재산 : 국가의 부담이나 기부의 채납 또는 법령이나 조약의 규정에 의하여 국유로 된 것.

적용 법률 : 국유재산법 관리처분 : 기획재정부 '국유재산관리처분계획'

참고 : 공동주택 사업지 내에 국유지만 있다면 '국유재산관리처분계획'에 의해 편입 비율이 50% 이내로 규정하고 있음.

▶ 공유재산 : 지방자치단체의 부담이나 기부채납 또는 법령이나 조례의 규정에 의하여 지방자치단체의 소유로 된 재산.

적용 법률 : 지방재정법 (국유재산법 준용)

관리 처분 : 행정안전부 '공유재산관리지침

참고 : 공동주택 사업지내에 공유지만 있거나 국유지와 공유지가 혼재해 있다면 '공유재산관리지침'에 의해 국공유지 합쳐 편입비율이 20% 미만으로 제한함.

▶ 무상귀속 : 국토의 계획 및 이용에 관한 법률 제65조 등 각 개별 법률에 의거 인·허가 처분시 조건으로 사업시행자에게 부담부과를 하는 사항.

사업시행자가 새로이 공공시설을 설치하거나 기존의 공공시설에 기능이 대체되는 공공시설을 설치하는 경우에는 새로이 설치된 공공시설은 그 시설을 관리할 관리처에 무상으로 귀속하고, 대체되는 기존의 공고시설은 사업시행자에게 무상 양도되는 업무임.

---

### 국토의 계획 및 이용에 관한 법률 제65조(개발행위에 따른 공공시설 등의 귀속)

① 개발행위허가를 받은 자가 행정청인 경우 개발행위허가를 받은 자가 새로이 공공시설을 설치하거나 기존의 공공시설에 대체되는 공공시설을 설치한 때에는 국유재산법 및 공유재산 및 물품 관리법의 규정에 불구하고 새로이 설치된 공공시설은 그 시설을 관리할 관리청에 무상으로 귀속되고, 종래의 공공시설은 개발행위허가를 받은 자에게 무상으로 귀속된다.

② 개발행위허가를 받은 자가 행정청이 아닌 경우 개발행위허가를 받은 자가 새로이 설치한 공공시설은 그 시설을 관리할 관리청에 무상으로 귀속되고, 개발행위로 인하여 용도가 폐지되는 공공시설은 국유재산법 및 공유재산 및 물품 관리법의 규정에 불구하고 새로이 설치한 공공시설의 설치비용에 상당하는 범위 안에서 개발행위허가를 받은 자에게 무상으로 이를 양도할 수 있다.

③ 특별시장·광역시장·시장 또는 군수는 제1항 및 제2항의 규정에 의한 공공시설의 귀속에 관한 사항이 포함된 개발행위허가를 하고자 하는 때에는 미리 해당 공공시설의 관리청의 의견을 들어야 한다. 다만, 관리청이 지정되지 아니한 경우에는 관리청이 지정된 후 준공되기 전에 관리청의 의견을 들어야 하며, 관리청이 불분명한 경우에는 도로·하천 등에 대하여는 국토교통부장관을, 그 외의 재산에 대하여는 기획재정부장관을 관리청으로 본다.

④ 특별시장·광역시장·시장 또는 군수가 제3항의 규정에 의하여 관리청의 의견을 듣고 개발행위허가를 한 경우 개발행위허가를 받은 자는 그 허가에 포함된 공공시설의 점용 및 사용에 관하여 관계 법률에 의한 승인·허가 등을 받은 것으로 보아 개발행위를 할 수 있다. 이 경우 당해 공공시설의 점용 또는 사용에 따른 점용료 또는 사용료는 면제된 것으로 본다.

⑤ 개발행위허가를 받은 자가 행정청인 경우 개발행위허가를 받은 자는 개발행위가 완료되어 준공검사를 마친 때에는 해당 시설의 관리청에 공공시설의 종류 및 토지의 세목을 통지하여야 한다. 이 경우 공공시설은 그 통지한 날에 당해 시설을 관리할 관리청과 개발행위허가를 받은 자에게 각각 귀속된 것으로 본다.

⑥ 개발행위허가를 받은 자가 행정청이 아닌 경우 개발행위허가를 받은 자는 제2항의 규정에 의하여 관리청에 귀속되거나 그에게 양도될 공공시설에 관하여 개발행위가 완료되기 전에 당해 시설의 관리청에 그 종류 및 토지의 세목을 통지하여야 하고, 준공검사를 한 특별시장·광역시장·시장 또는 군수는 그 내용을 당해 시설의 관리청에 통보하여야 한다. 이 경우 공공시설은 준공검사를 받음으로써 당해 시설을 관리할 관리청과 개발행위허가를 받은 자에게 각각 귀속되거나 양도된 것으로 본다.

⑦ 제1항 내지 제3항, 제5항 또는 제6항의 규정에 의한 공공시설을 등기함에 있어서 부동산등기법 제40조 제1항 제2호의 규정에 의한 등기원인을 증명하는 서면은 제62조 제1항의 규정에 의한 준공검사를 받았음을 증명하는 서면으로 이를 갈음한다.

⑧ 개발행위허가를 받은 자가 행정청인 경우 개발행위허가를 받은 자는 제1항의 규정에 의하여 그에게 귀속된 국공유시설의 처분으로 인한 수익금을 도시계획사업외의 목적에 사용하여서는 아니된다.

▶ 무상양도 : 양여란 무상으로 당해 지방자치단체 이외의 자에게 재산의 소유권을 이전하는 사법상의 계약이며, 민법 제554조의 증여에 상당한 것임.

또한 재산의 양여는 대가를 전혀 징수하지 않고 그 소유권을 이전하여 그 자에게 재산적 이익을 부여하는 업무.

## 무상귀속 및 부담부과

### 1. 무상귀속(양도) 대상

▶ 특정한 사업으로 인하여 그 기능이 대체되어 용도가 폐지되는 공유재산인 "종래의 공공시설"

▶ 어떤 특정인이나 특정 집단 등이 특수한 목적을 위하여 사용하는 것이 아니고 도로·하천·제방 등과 같이 일반 대중들이 직접 자유로이 사용 또는 이용하는 것

### 2. 행정재산의 용도폐지와 무상귀속(양도)

▶ 사업시행으로 용도폐지 되어 일반재산이 된 기존의 공공시설은 무상귀속 대상이 될 수 있으므로 종래 행정재산을 관리하던 부서에서 무상귀속 협의처리

▶ 사업시행 전에 이미 용도폐지된 일반재산의 경우는 무상귀속(양도) 대상이 아니므로 재산총괄관리관에게 인계하여 매각

▶ 기타 다른 법률의 규정에 의하여 무상귀속 등을 할 때

### 3. 무상귀속(양도)의 범위

▶ 사업시행자가 행정청인 경우 : 같은 기능(예 : 도로 → 도로, 하천 → 하천) 의 공공시설로 대체되는 경우에 종래의 공공시설은 부담한 비용에 관계없이 사업 시행자에게 무상으로 귀속

▶ 사업시행자가 비행정청인 경우 : 부담한 비용의 범위 내(기능이 대체되는 공공시설을 설치하는 데 소요된 설치비용과 동 택지가격)에서 무상양도 가능·지방자치단체로 공공시설을 무상귀속하는 경우로서 건폐율·용적률 등의 상향 또는 기반시설 부담금에 대한 공제 등을 통해 사업자에게 반대급부가 부여되는 경우 무상양도 대상에서 제외

▶ 공공시설을 무상귀속 받는 관리청과 용도폐지되는 기준 공공시설의 관

리청이 동일한 경우 무상양도 대상으로 검토

▶ 도시 및 주거환경 정비법 등에 의한 사업의 경우 종래의 공공시설이 당해 사업인가 일부터 용도가 폐지되므로 가격 평가 시 당해 사업 목적물의 용도로 감정평가 실시

---

### 도시 및 주거환경정비법 제66조 (국·공유재산의 처분 등)

① 시장·군수는 제28조 및 제30조의 규정에 의하여 인가하고자 하는 사업시행계획 또는 직접 작성하는 사업시행계획서에 국공유재산의 처분에 관한 내용이 포함되어 있는 때에는 미리 관리청과 협의하여야 한다. 이 경우 관리청이 불분명한 재산중 도로·하천·구거 등에 대하여는 국토교통부장관을, 그 외의 재산에 대하여는 기획재정부장관을 관리청으로 본다.

② 제1항의 규정에 의하여 협의를 받은 관리청은 20 일 이내에 의견을 제시하여야 한다.

③ 정비구역 안의 국공유재산은 정비사업 외의 목적으로 매각하거나 양도할 수 없다.

④ 정비구역 안의 국공유재산은 국유재산법 제12조 또는 지방재정법 제77조의 규정에 의한 국유재산관리계획 또는 공유재산관리계획과 국유재산법 제33조 및 지방재정법 제61조의 규정에 의한 계약의 방법에 불구하고 사업시행자 또는 점유자 및 사용자에게 다른 사람에 우선하여 수의계약으로 매각 또는 임대할 수 있다.

⑤ 제4항의 규정에 의하여 다른 사람에 우선하여 매각 또는 임대할 수 있는 국공유재산은 국유재산법·지방재정법 그 밖에 국공유지의 관리와 처분에 관하여 규정한 관계 법령의 규정에 불구하고 사업시행인가의 고시가 있은 날부터 종전의 용도가 폐지된 것으로 본다.

⑥ 제4항의 규정에 의하여 정비사업을 목적으로 우선 매각하는 국공유지의 평가는 사업시행인가의 고시가 있은 날을 기준으로 하여 행하며, 주거환경개선사업의 경우 매각가격은 이 평가금액의 100분의 80으로 한다. 다만, 사업시행인가의 고시가 있은 날부터 3년 이내에 매매계약을 체결하지 아니한 국공유지는 국유재산법 또는 지방재정법이 정하는 바에 의한다.

---

▶ 부담한 비용의 범위 : 사업인가권자는 무상귀속 동의된 재산과 사업시행자가 부담하는 비용의 범위를 종합적으로 검토하여 무상귀속 재산의 범위를 정하여야 함. 이때 부담한 비용의 범위 초과 등으로 무상귀속 대상이 되지 않

을 경우에는 신속히 총괄재산관리관에게 인계하여 매각처리.


## 무상귀속 부담부과의 원칙

1. 부담부과 절차

▶ 사업계획 등의 승인권자는 사업계획 등의 승인을 위한 부담부과 시에는 아래 절차를 이행 사업계획 등의 승인권자는 국토의 계획 및 이용에 관한 법률 제51조(지구단위계획구역의 지정), 제52조(지구단위계획의 내용), 제65조(개발행위에 따른 공공시설 등의 귀속), 제99조(공공시설 등의 귀속), 제101조(비용부담의 원칙), 주택법 제24조(간선시설의 설치 및 비용의 상환), 도시 및 주거환경정비법 제60조(비용부담의 원칙), 제64조(정비기반시설의 설치 등), 제65조(정비기반시설 및 토지 등의 귀속)의 내용을 주택건설사업계획승인(재 개발사업시행인가 포함) 전에 사업주체에게 문서로 통지하여야 함.

---

### 국토의 계획 및 이용에 관한 법률 제51조(지구단위계획구역의 지정 등)

① 국토교통부장관 또는 시·도지사는 다음 각호의 어느 하나에 해당하는 지역의 전부 또는 일부에 대하여 제1종지구단위계획구역을 지정할 수 있다.

1. 제37조의 규정에 의하여 지정된 용도지구
2. 삭제
3. 도시개발법 제3조의 규정에 의하여 지정된 도시개발구역
4. 도시 및 주거환경정비법 제4조의 규정에 의하여 지정된 정비구역
5. 택지개발촉진법 제3조의 규정에 의하여 지정된 택지개발예정지구
6. 삭제
7. 주택법 제16조의 규정에 의한 대지조성사업지구
8. 산업입지 및 개발에 관한 법률 제2조 제5호의 규정에 의한 산업단지(동법 제2조 제6호 가목에 해당하는 시설용지를 제외한다.)

---

9. 관광진흥법 제70조의 규정에 의하여 지정된 관광특구

10. 개발제한구역·도시자연공원구역·시가화조정구역 또는 공원에서 해제되는 구역, 녹지지역에서 주거·상업·공업지역으로 변경되는 구역과 새로이 도시지역으로 편입되는 구역 중 계획적인 개발 또는 관리가 필요한 지역

10의 2. 도시지역의 체계적·계획적 관리 또는 개발이 필요한 지역

2. 제37조의 규정에 의하여 지정된 개발진흥지구로서 대통령령이 정하는 요건에 해당하는 지역

## 제52조(지구단위계획의 내용)

① 지구단위계획구역의 지정목적을 달성하기 위하여 제1종 지구단위계획 및 제2종 지구단위계획에는 다음 각 호의 사항 중 제2호 내지 제4호 및 제7호의 사항을 포함한 4 이상의 사항이 포함되어야 한다.

1. 용도지역 또는 용도지구를 대통령령이 정하는 범위 안에서 세분하거나 변경하는 사항

2. 대통령령이 정하는 기반시설의 배치와 규모

3. 도로로 둘러싸인 일단의 지역 또는 계획적인 개발·정비를 위하여 구획된 일단의 토지의 규모와 조성계획

4. 건축물의 용도제한·건축물의 건폐율 또는 용적률·건축물의 높이의 최고한도 또는 최저한도

5. 건축물의 배치·형태·색채 또는 건축선에 관한 계획

6. 환경관리계획 또는 경관계획

7. 교통처리계획

8. 그 밖에 토지이용의 합리화, 도시 또는 농·산·어촌의 기능증진 등에 필요한 사항으로서 대통령령이 정하는 사항

② 지구단위계획은 도로, 상·하수도 등 대통령령이 정하는 도시계획시설의 처리·공급 및 수용능력이 지구단위계획구역 안에 있는 건축물의 연면적, 수용인구 등 개발밀도와 적정한 조화를 이룰 수 있도록 하여야 한다.

③ 지구단위계획구역 안에서는 제76조 내지 제78조와 건축법 32조·제33조·제51조·제53조 및 제67조, 주차장법 제19조 및 제19조의 2 의 규정을 대통령령이 정하는 범위 안에서 지구단위계획이 정하는 바에 따라 완화하여 적용할 수 있다.

④ 지구단위계획의 수립기준 등은 대통령령이 정하는 바에 따라 국토교통부장관이 정한다.

제65조(개발행위에 따른 공공시설 등의 귀속)

① 개발행위허가를 받은 자가 행정청인 경우 개발행위허가를 받은 자가 새로이 공공시설을 설치하거나 기존의 공공시설에 대체되는 공공시설을 설치한 때에는 국유재산법 및 공유재산 및 물품 관리법의 규정에 불구하고 새로이 설치된 공공시설은 그 시설을 관리할 관리청에 무상으로 귀속되고, 종래의 공공시설은 개발행위허가를 받은 자에게 무상으로 귀속된다.

② 개발행위허가를 받은 자가 행정청이 아닌 경우 개발행위허가를 받은 자가 새로이 설치한 공공시설은 그 시설을 관리할 관리청에 무상으로 귀속되고, 개발행위로 인하여 용도가 폐지되는 공공시설은 국유재산법 및 공유재산 및 물품 관리법의 규정에 불구하고 새로이 설치한 공공시설의 설치비용에 상당하는 범위 안에서 개발행위허가를 받은 자에게 무상으로 이를 양도할 수 있다.

③ 특별시장·광역시장·시장 또는 군수는 제1항 및 제2항의 규정에 의한 공공시설의 귀속에 관한 사항이 포함된 개발행위허가를 하고자 하는 때에는 미리 해당 공공시설의 관리청의 의견을 들어야 한다. 다만, 관리청이 지정되지 아니한 경우에는 관리청이 지정된 후 준공되기 전에 관리청의 의견을 들어야 하며, 관리청이 불분명한 경우에는 도로·하천 등에 대하여는 국토교통부장관을, 그 외의 재산에 대하여는 기획재정부장관을 관리청으로 본다.

④ 특별시장·광역시장·시장 또는 군수가 제3항의 규정에 의하여 관리청의 의견을 듣고 개발행위허가를 한 경우 개발행위허가를 받은 자는 그 허가에 포함된 공공시설의 점용 및 사용에 관하여 관계 법률에 의한 승인·허가 등을 받은 것으로 보아 개발행위를 할 수 있다. 이 경우 당해 공공시설의 점용 또는 사용에 따른 점용료 또는 사용료는 면제된 것으로 본다.

⑤ 개발행위허가를 받은 자가 행정청인 경우 개발행위허가를 받은 자는 개발행위가 완료되어 준공검사를 마친 때에는 해당 시설의 관리청에 공공시설의 종류 및 토지의 세목을 통지하여야 한다. 이 경우 공공시설은 그 통지한 날에 당해 시설을 관리할 관리청과 개발행위허가를 받은 자에게 각각 귀속된 것으로 본다.

⑥ 개발행위허가를 받은 자가 행정청이 아닌 경우 개발행위허가를 받은 자는 제2항의 규정에 의하여 관리청에 귀속되거나 그에게 양도될 공공시설에 관하여 개발행위가 완료되기 전에 당해 시설의 관리청에 그 종류 및 토지의 세목을 통지하여야 하고, 준공검사를 한 특별시장·광역시장·시장 또는 군수는 그 내용을 당해 시설의 관리청에 통보하여야 한다. 이 경우 공공시설은 준공검사를 받음으로써 당해 시설을 관리할 관리청과 개발행위허가를 받은 자에게 각각 귀속되거나 양도된 것으로 본다.

⑦ 제1항 내지 제3항, 제5항 또는 제6항의 규정에 의한 공공시설을 등기함에 있어서 부동산등기법 제40조 제1항 제2호의 규정에 의한 등기원인을 증명하는 서면은 제62조 제1항의 규정에 의한 준공검사를 받았음을 증명하는 서면으로 이를 갈음한다.

⑧ 개발행위허가를 받은 자가 행정청인 경우 개발행위허가를 받은 자는 제1항의 규정에 의하여 그에게 귀속된 공공시설의 처분으로 인한 수익금을 도시계획사업외의 목적에 사용하여서는 아니된다.

　　11. 그 밖에 양호한 환경의 확보 또는 기능 및 미관의 증진 등을 위하여 필요한 지역으로서 대통령령이 정하는 지역

1. 지방자치단체 : 도로 및 상하수도시설

2. 당해 지역에 전기·통신·가스 또는 난방을 공급하는 자 : 전기시설·통신시설·가스시설 또는 지역난방시설

3. 국가 : 우체통

② 제1항 각 호의 규정에 의한 간선시설의 설치는 특별한 사유가 없는 한 제29조 제1항의 규정에 의한 사용검사일까지 완료하여야 한다.

③ 제1항의 규정에 의한 간선시설의 설치비용은 그 설치의무자가 이를 부담한다. 이 경우 제1항 제1호의 규정에 의한 간선시설의 설치비용은 그 2분의 1의 범위 안에서 국가가 이를 보조할 수 있다.

④ 제3항의 규정에 불구하고 제1항의 전기간선시설을 지중선로로 설치하는 경우에는 전기를 공급하는 자와 지중에 설치할 것을 요청하는 자가 각각 100분의 50의 비율로 그 설치비용을 부담한다. 다만, 사업지구 밖의 기간이 되는 시설로부터 그 사업지구 안의 가장 가까운 주택단지(사업지구 안에 1개의 주택단지가 있는 경우에는 그 주택단지를 말한다)의 경계선까지의 전기간선시설은 전기를 공급하는 자가 부담한다.

⑤ 지방자치단체는 사업주체가 자신의 부담으로 제1항 제1호에 해당되지 아니하는 도로 또는 상하수도시설(당해 주택건설사업 또는 대지조성사업과 직접적으로 관련이 있는 경우에 한한다)의 설치를 요청할 경우에는 이에 응할 수 있다.

⑥ 제1항의 규정에 의한 간선시설의 종류별 설치범위는 대통령령으로 정한다.

⑦ 간선시설설치의무자가 제2항의 기간 이내에 간선시설의 설치를 완료하지 못할 특별한 사유가 있는 때에는 사업주체는 당해 간선시설을 자기부담으로 설치하고 그 비용의 상환을 간선시설설치의무자에게 요구할 수 있다.

⑧ 제7항의 규정에 의한 간선시설 설치비용의 상환 방법과 절차 등에 관하여 필요한 사항은 대통령령으로 정한다.

도시 및 주거환경 정비법 제60조 (비용부담의 원칙)

① 정비사업비는 이 법 또는 다른 법령에 특별한 규정이 있는 경우를 제외하고는 사업시행자가 부담한다.

② 시장·군수는 시장·군수가 아닌 사업시행자가 시행하는 정비사업의 정비계획에 따라 설치되는 도시계획시설 중 대통령령이 정하는 주요 정비기반시설 및 제36조의 규정에 의한 임시수용시설(이하 "임시수용시설"이라 한다)에 대하여는 그 건설에 소요되는 비용의 전부 또는 일부를 부담할 수 있다.

제64조(정비기반시설의 설치 등)

① 사업시행자는 관할 지방자치단체장과의 협의를 거쳐 정비구역 안에 정비기반시설을 설치하여야 한다.

② 제1항의 규정에 의한 정비기반시설의 설치를 위하여 토지 또는 건축물이 수용된 자는 당해 정비구역 안에 소재하는 대지 또는 건축물로서 매각대상이 되는 대지 또는 건축물에 대하여 제50조 제4항의 규정에 불구하고 다른 사람에 우선하여 매수 청구할 수 있다. 이 경우 당해 대지 또는 건축물이 국가 또는 지방자치단체의 소유인 때에는 국유재산법 제12조 또는 지방재정법 제77조의 규정에 의한 국유재산관리계획 또는 공유재산관리계획과 국유재산법 제33조 또는 지방재정법 제61조의 규정에 의한 계약의 방법에 불구하고 수의계약에 의하여 매각할 수 있다.

③ 시·도지사는 제4조의 규정에 의하여 정비구역을 지정함에 있어서 정비구역의 진입로 설치를 위하여 필요한 경우에는 진입로 지역과 그 인접지역을 포함하여 정비구역을 지정할 수 있다.

④ 제2항의 규정에 의한 매각대금의 결정방법·납부기간 및 납부방법 등에 관하여 필요한 사항은 대통령령으로 정한다.

제65조(정비기반시설 및 토지 등의 귀속)

① 시장·군수 또는 주택공사등이 정비사업의 시행으로 새로이 정비기반시설을 설치하거나 기존의 정비기반시설에 대체되는 정비기반시설을 설치한 경우에는 국유재산법 또는 지방재정법의 규정에 불구하고 종래의 정비기반시설은 사업시행자에게 무상으로 귀속되고, 새로이 설치된 정비기반시설은 그 시설을 관리할 국가 또는 지방자치단체에 무상으로 귀속된다.

② 시장·군수 또는 주택공사등이 아닌 사업시행자가 정비사업의 시행으로 새로이 설치한 정비기반시설은 그 시설을 관리할 국가 또는 지방자치단체에 무상으로 귀속되고, 정비사업의 시행으로 인하여 용도가 폐지되는 국가 또는 지방자치단체 소유의 정비기반시설은 그가 새로이 설치한 정비기반시설의 설치비용에 상당하는 범위 안에서 사업시행자에게 무상으로 양도된다.

③ 시장·군수는 제1항 및 제2항의 규정에 의한 정비기반시설의 귀속 및 양도에 관한 사항이 포함된 정비사업을 시행하고자 하거나 그 시행을 인가하고자 하는 경우에는 미리 그 관리청의 의견을 들어야 한다. 인가받은 사항을 변경하고자 하는 경우에도 또한 같다.

④ 사업시행자는 제1항 및 제2항의 규정에 의하여 관리청에 귀속될 정비기반시설과 사업시행자에게 귀속 또는 양도될 재산의 종류와 세목을 정비사업의 준공 전에 관리청에 통지하여야 하며, 당해 정비기반시설은 그 정비사업이 준공 인가되어 관리청에 준공인가 통지를 한 때에 국가 또는 지방자치단체에 귀속되거나 사업시행자에게 귀속 또는 양도된 것으로 본다.

⑤ 제4항의 규정에 의한 정비기반시설의 등기에 있어서는 정비사업의 시행인가서와 준공인가서(시장·군수가 직접 정비사업을 시행하는 경우에는 제28조제3항의 규정에 의한 사업시행인가의 고시와 제52조제4항의 규정에 의한 공사완료의 고시를 말한다)는 부동산등기법에 의한 등기원인을 증명하는 서류에 갈음한다.

사업계획등의 승인권자는 관련기관·단체·부서와의 협의시 부과된 부담이 관계법령 및 이 규정에 부적합하다고 판단되는 경우에는 그 부적합성을 관련기관 등에 통보, 재협의하여야 함.

부과될 부담의 적정 타당성에 대하여는 사전에 관련부서 간 협의체를 구성하여 심도 있는 검토를 필하여야 함.


## 무상양여

1. 법적근거

공유재산 및 물품관리법 제19조 제1항 제1호 및 제2항 제28조 제40조

공유재산 및 물품관리법 시행령 제11조 제46조

공유재산 및 물품관리법 제19조(처분 등의 제한)

**무상양여**

**개념**

국가가 대가를 받거나 또는 받지 아니하고 국가 이외의 자에게 일반재산의 소유권을 이전하는 사법상의 계약

➡ 민법상 증여에 해당

·국가사무를 이관받은 지방자치단체

·대체시설(공용, 공공용) 제공자

▶양여는 실질적인 재정 원조나 보조금 교부 효과를 발생시키고 국유재산의 보호, 유지 측면에 반하게 되므로 양여는 예외적으로 인정하고 있음 .

① 행정재산과 보존재산(이하 "행정재산 등"이라 한다.)은 이를 대부·매각·교환·양여·신탁 또는 대물변제 하거나 출자의 목적으로 하지 못하며, 이에 사권을 설정하지 못한다. 다만, 다음 각 호의 어느 하나에 해당하는 경우에는 그러하지 아니하다.

1. 행정재산 등의 용도와 성질을 유지할 것을 조건으로 국가 또는 다른 지방자치단체에 양여하는 경우

2. 국가·다른 지방자치단체 등 다른 법인 또는 개인소유의 재산과 교환하여 그 교환 받은 재산을 행정재산 등으로 관리하고자 하는 경우

② 제1항 제1호의 규정에 의하여 행정재산 등을 양여하는 경우에는 양여 받은 재산이 10년 이내에 그 양여 목적 외의 용도로 사용된 때에는 양여계약을 해제한다는 내용의 특약등기를 하여야 한다.

제28조 (관리 및 처분)

① 잡종재산은 대부·매각·교환·양여·신탁하거나 사권을 설정할 수 있으며, 법령이나 조례로 정하는 경우에는 현물출자 또는 대물변제를 할 수 있다.

② 잡종재산의 사권설정과 현물출자·대물변제 및 제29조 내지 제43조의

규정에서 정하지 아니한 대부·매각·교환·양여·신탁에 관한 범위 및 내용 등은 대통령령으로 정한다.

제40조 (양여)

① 잡종재산은 다음 각 호의 어느 하나에 해당하는 때에는 이를 양여할 수 있다.

1. 당해 특별시·광역시 또는 도의 구역 안에 있는 시·군 또는 구(자치구를 말한다.)에서 공용 또는 공공용으로 사용하기 위하여 필요한 때

2. 용도가 지정된 국고보조금·지방교부세 또는 기부금으로 조성된 잡종재산으로서 그 용도에 따라 이를 양여하는 때

3. 행정재산의 용도를 폐지한 경우에 있어서 그 용도에 갈음할 다른 시설을 하여 제공한 자와 그 상속인 그 밖의 포괄승계인에게 양여하는 때

4. 도시계획사업집행의 부담을 한 지방자치단체에 그 도시계획 사업시행지구 안에 소재하는 토지를 양여하는 때

5. 그 밖에 자산가치가 하락하거나 보유할 필요가 없는 경우로서 대통령령이 정하는 때

② 제1항 제1호 및 제2호에 해당하는 사유로 잡종재산을 양여하는 경우에는 양여 받은 잡종재산이 10년 이내에 그 양여목적 외의 용도로 사용된 때에는 양여계약을 해제한다는 내용의 특약등기를 하여야 한다.


## 공유재산 및 물품관리법 시행령(제11조 처분 등의 제한)

법 제19조 제1항 제1호에서 "행정재산 등의 용도와 성질을 유지할 것을 조건으로 국가 또는 다른 지방자치단체에 양여하는 경우"란 다음 각 호의 어느 하나에 해당하는 경우를 말한다.

1. 다른 법령에 따라 해당 지방자치단체의 사무가 국가 또는 다른 지방자치

단체로 이관됨에 따라 행정재산 및 보존재산(이하 "행정재산 등"이라 한다.)의 소유권이 변동되는 경우

2. 기존 도로의 확장·축소로 인하여 도로법 제22조 또는 국토의 계획 및 이용에 관한 법률 제43조 제3항에 따라 해당 지방자치단체의 조례로 정하는 관리청이 지방자치단체 간에 변경되는 경우[전문개정 2008.4.18]

제46조(양여)

① 법 제40조 제1항 제1호의 규정에 의하여 양여하는 경우에는 공유재산 대장가격을 당해 재산의 가격으로 한다.

② 법 제40조 제1항 제3호에 따른 양여는 제공받는 시설의 가액 범위로 하고, 국토의 계획 및 이용에 관한 법률 제52조 제3항에 따라 용도지역, 용적률, 건폐율 및 층수를 완화하여 적용 받은 경우에는 그 상당액을 제외한 금액 이내로 한다. 다만, 토지의 경우에는 면적으로 산정한다.

③ 법 제40조 제1항 제5호에서 "자산가치가 하락하거나 보유할 필요가 없는 경우로서 대통령령이 정하는 때"라 함은 다음 각 호의 어느 하나에 해당하는 때를 말한다.

1. 공유산림 보호에 공로가 있거나 또는 보호상 필요한 조치에 협조한 현주민에게 그 산림의 산물 중 일부를 양여하는 때
2. 당해 지방자치단체의 소유가 아닌 토지에 있는 건물로서 대부 또는 매각이 곤란하고, 철거비용이 건물의 재산가액보다 많이 소요되며, 토지소유자가 건물의 철거를 요구함에 따라 불가피하게 토지소유자에게 그 건물을 양여하는 때
3. 당해 지방자치단체의 소유가 아닌 토지에 있는 용도폐지된 마을회관을 마을 주민이 공동으로 사용할 수 있도록 하기 위하여 마을 주민 과반수의 동의를 얻어 공동대표 또는 마을회로 양여하는 때

## 2. 양여의 요건

▶ 행정재산의 양여 : 양여 당시 사용하고 있는 행정재산 상태에서 용도를 폐지하지 않고 그 성질을 계속 유지할 것을 내용으로 국가 또는 다른 지방자치단체에 양여할 경우에는 양여 가능

▶ 잡종재산의 양여 : 광역자치단체의 구역에 있는 기초단체에서 공용 또는 공공용으로 사용하기 위하여 필요 시·도에서 시·군·구로는 양여할 수 있으나 시·군·구에서 시·도로는 양여가 불가함. 지방자치단체에서 국가로의 양여는 불가함.

# 캠코를 이용한 국유 일반재산 사용하기

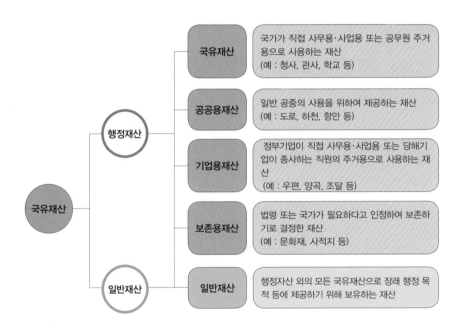

## 질의응답으로 보는 캠코 온비드 이용

Q : 위치로 보나 구조로 보나 제일 마음에 드는데, 국유재산이다. 일반 국민은 살 수 없는 것인가요?

A : 그렇지 않아요! 정부는 특정 국유 일반재산에 대해 국민이 정해진 절차

를 거쳐 사용할 수 있도록 하고 있어요.

Q : 일반 부동산보다 더 좋은 혜택도 있을까요?

A : 물론입니다! 국유재산 사용의 장점, 함께 알아볼까요?

　　1. 첫째, 소유자인 국가를 믿고 거래할 수 있는 안정성!

　　2. 둘째, 감정가의 50%까지 저렴하게 매입할 수 있고 권리금이나 보증금 없이 임대할 수 있는 경제성!

　　3. 셋째, 온비드 인터넷 사이트를 통해 쉽게 거래하는 편리성!

Q : 국유재산도 일반 부동산처럼 사거나 빌릴 수 있다는 건가요?

A : 그럼요. 국유일반재산 사용 방법에는 대부와 매각이 있어요. 대부는 임대차 계약과 유사한, 일반재산의 임대를 말해요. 온비드사이트에 가시면 대부와 매각이 가능한 국유 재산 목록이 공개되어 있죠.

Q : 대부를 받고 싶은데, 어떻게 할 수 있을까요?

A : 먼저 대부 신청서를 제출하면 공사 접수 후에 담당자 검토를 거쳐 잔대금을 납부하고 대부계약을 체결하고 계약서 교부를 하게 됩니다.

Q : 저도 신청만 하면 대부를 받을 수 있는 건가요?

A : 대부는 일반 경쟁입찰을 원칙으로 해요. 다만, 대부의 목적과 성질, 규모를 고려해서 제한, 지명 경쟁입찰 또는 수의계약으로도 가능해요.

Q : 그럼 입찰 참가는 어떻게 하면 되나요?

A : 온비드 사이트에 회원가입을 하고 인증서를 등록해요. 그 다음 입찰대상 물건을 확인하고 입찰서를 작성해서 제출하죠. 마지막으로 입찰보증금을 납부하거나 전자보증서를 제출하고 낙찰결과를 기다리면 돼요. 자세한 입찰자는 국유재산 및 온비드 고객지원센터를 통해 확인 가능하답니다.

**Q** : 아, 그렇군요! 제일 중요한 대부료가 얼마인지 궁금한데요?

**A** : 연간 대부료는 재산가액의 일정 요율에 해당되는 금액입니다.

**Q** : 대부료는 어떻게 내면 되나요?

**A** : 연간 대부료는 전액 선납이 원칙이나 연간 대부료가 100만 원 이상이면 분할납부가 가능해요.

**Q** : 국유재산을 매입하고 싶으면요?

**A** : 대부와 마찬가지로 경쟁입찰 또는 수의계약으로 가능합니다.

**Q** : 매입 절차도 궁금해요.

**A** : 국민이 매수신청서를 접수하면, 먼저 공사가 매각가능 여부를 확인한 후, 감정평가가 이루어져요. 그 결과에 따라 매매계약이 체결되죠.

끝으로 잔대금을 납부하면 소유권 이전 서류가 교부되어 매각이 완료된답니다. 계약이 체결되면 매각대금의 10% 이상을 계약금으로 납부하고 매각 잔대금을 계약 일로부터 60일 이내에 납부해요. 단, 매각대금이 천만 원을 넘는 경우, 분할납부가 가능하죠.

끝으로 기억하실 점! 생각보다 국유재산은 우리 가까이에 있어요. 간혹 빈 땅이 있다고 해서 경작을 하면 무단점유가 되고 말죠.

국유재산을 점유하고 사용할 경우에는 반드시 대부계약을 맺어야 해요. 허가나 계약 없이 사용하고 점유한 경우, 불법행위가 되므로 정상 대부료의 120%의 변상금이 부과돼요.

## 사용허가 대부 프로세스

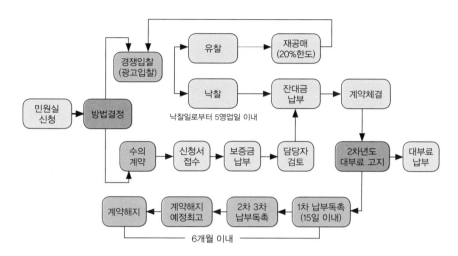

## 국유재산 대부계약 해지(사유 : 전대) 현황(15년~19.7월)

(단위 : 건)

| 구분 | 2014년 | 2015년 | 2016년 | 2017년 | 2018년 | 2019년 7월 |
|---|---|---|---|---|---|---|
| 강원 | 5 | 1 | 5 | – | 21 | 54 |
| 경기 | 3 | 5 | 4 | 2 | 11 | 26 |
| 경남 | 3 | 11 | 3 | – | 41 | 21 |
| 경북 | – | 5 | 3 | 2 | 7 | 46 |
| 광주 | 3 | 2 | 2 | – | 1 | 1 |
| 대구 | 1 | – | – | 1 | – | 3 |
| 대전 | – | – | – | 1 | – | 2 |
| 부산 | 3 | 4 | 4 | 1 | 4 | 8 |
| 서울 | – | – | 1 | 1 | – | 2 |
| 세종 | – | – | 2 | – | – | – |
| 울산 | – | 1 | – | – | 1 | 8 |
| 인천 | – | 1 | – | – | 30 | 3 |
| 전남 | 7 | 7 | – | 5 | 25 | 33 |
| 전북 | 13 | 12 | 8 | 6 | 41 | 82 |
| 제주 | – | – | – | – | 4 | – |
| 충남 | 4 | – | 3 | 1 | 6 | 16 |
| 충북 | 5 | 2 | 1 | 2 | 10 | 12 |
| 합계 | 52 | 51 | 36 | 22 | 202 | 317 |

캠코에서 운영하는 인터넷 공매시스템 온비드(www.onbid.co.kr)에서 다양한 자산의 입찰공고 열람 및 입찰 참가가 가능합니다.

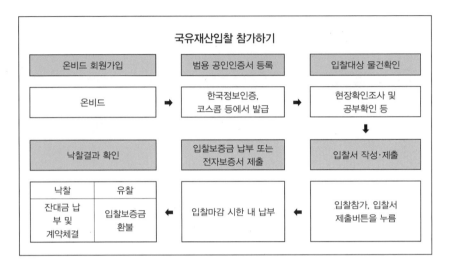

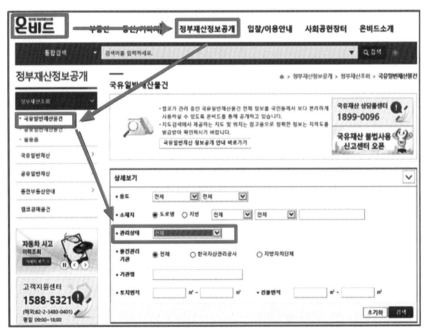

# 국(공)유재산 매각 전자입찰 예시—온비드

| 공고정보 | 물건목록 | 물건정보 |
|---|---|---|

**【공고제목】: 2015년 3차매각 유상토지 재입찰(1회차) 공고(도공협의)** `일반공고` `인터넷`

**□ 기관정보**

| 공고기관 | 한국도로공사 강원본부 |
|---|---|
| 담당자 정보 | 토지관리팀 / 김재우 / 033-730-9246 / kjwoo1230@naver.com |

**□ 공고정보**

| 공고종류 | 일반공고 (인터넷 입찰) | 공고일자 | 2015/10/14 |
|---|---|---|---|
| 공고년도 | 2015 년도 | 공고회차 | 3 회차 |
| 재산종류 | 기타재산 | 공고대상자산 | 토지 |
| 공고번호 | 201510-01191-00 | 기관공고번호 | - |
| 공고매체 | 지정정보처리장치(온비드) | | |

**□ 입찰정보**

| 입찰방식 | 일반경쟁 | 처분방식 | 매각 |
|---|---|---|---|
| 총액/단가 구분 | 총액 | 상가자격 | - |
| 재공고 가능 여부 | 가능 | 재입찰 가능 여부 | 가능 |
| 공동입찰 허용 | 불가능 | 대리입찰 허용 | 허용하지 않음 |
| 기타사항 | - | | |

| 입찰방식 | 공매 (2회 이상 입찰서 제출불가) |
|---|---|
| 2인 미만 유찰 | 2인 이상 유효한 입찰자가 있는 경우에만 유효한 입찰입니다. |
| 전자 보증서 | 적용하지 않음 |

**□ 입찰일시 및 장소**

| 구분 | 회차 | 상가수수료 | 입찰시작일시 | 개찰일시 | 개찰장소 |
|---|---|---|---|---|---|
| | 차수 | 입찰보증금률 | 입찰마감일시 | | |
| 인터넷 | 3 | 0 원 | 2015/10/14 16:00 | 2015/10/22 10:00 | 강원본부 토지관리팀 입찰 집행관 pc |
| | 1 | 5 % | 2015/10/21 23:00 | | |

**□ 공고문**

1. 부동산의 표시 : 원주시 호저면 안창리 248 외 2필지

2. 입찰방법 : 일반공개 경쟁입찰(정보처리장치) 온비드를 이용한 전자입찰

3. 입찰등록서, 입찰서 제출 및 보증금 납부기간
   o 2015. 10. 14(수) 16:00~ 10. 21(수) 23:00까지 온비드(WWW.Onbid.co.kr)

4. 낙찰자 선정(개찰) 일시 및 장소
   o 2015. 10. 22(목) 한국도로공사 강원본부 토지관리팀 입찰집행관 pc

5. 입찰보증금 : 입찰보증금은 입찰금액의 100분의 5에 해당하는 금액

6. 낙찰자결정 : 2인이상의 유효한 입찰중 예정가격 이상의 최고가격 입찰자

7. 계약체결장소
   o 강원도 원주시 북원로 2073(우창2동 1889)/한국도로공사 강원본부 토지관리팀
   (영동고속도로 원주IC 인근, tel : 033-730-9246)

8. 자세한 사항은 세부파일과 공고문을 참조해 주십시오

2015. 10. 14
한국도로공사 강원본부

## 유휴토지 매각 입찰공고

한국도로공사 강원본부에서 관리하는 재산(토지)을 일반경쟁입찰로 매각하고자 다음과 같이 공고합니다.

### 1. 입찰물건의 표시

| 구분 | 소재지 | 지번 | 지목 | 면적 | 예정가격(원) | 비고 |
|---|---|---|---|---|---|---|
| 1 | 원주시 지정면 보통리 | 560-9 | 도로 | 217 | 8,463,000 | |
| 2 | 원주시 호저면 만종리 | 248 | 전 | 5,988 | 353,292,000 | |
| 3 | 원주시 호저면 민종리 | 산 161-2 | 임야 | 6,347 | 257,053,500 | |
| | 계 | 3필지 | | 12,552 | 618,808,500 | |

※ 입찰자는 반드시 토지에 대한 각종 규제(토지거래허가, 자연녹지시설, 도시계획시설 등) 및 소유권 제한에 관한 사항, 현황과 공부와의 차이, 명도, 개발, 사용제한 등 제반사항에 대하여 반드시 확인하시기 바라며, 제반사항과 관련법령을 확인하지 못하여 발생한 모든 책임은 입찰자에게 있습니다.

### 2. 입찰 및 개찰사항

| 입찰시작 | 입찰마감 | 개찰일시 | 개찰장소 | 비고 |
|---|---|---|---|---|
| 2015. 10. 14(수) 16:00 | 2015. 10. 21(수) 23:00 | 2015. 10. 22(목) 10:00 | 강원본부 토지관리팀 입찰집행관 PC | |

### 3. 입찰방법 : 일반공개경쟁입찰[전자입찰]

① 본 입찰은 공개경쟁 입찰이며, 한국자산관리공사 전자자산처분시스템(이하 [온비드]라 합니다. http://www.onbid.co.kr)을 이용한 전자입찰 방식으로만 집행합니다.

② 온비드 시스템 장애 등 특별한 사정이 있는 경우에는 개찰일시 연기 등 별도로 시간을 정할 수 있습니다.

### 4. 입찰참가자격

① 한국자산관리공사의 전자자산처분시스템(온비드)의 회원으로 가입하고 공인인증기관에서 발급받은 인증서를 온비드에 등록한 자

② 한국자산관리공사 "전자자산처분시스템 입찰참가자준수규칙" 제4조에서 정한 입찰자 자격 제한을 받지 않은 자

③ 국가를 당사자로 하는 계약에 관한 법률 규정에 의거 결격사유가 없는 자

### 5. 입찰서의 제출

① 입찰서의 제출은 온비드 입찰화면에서 전자입찰서를 온비드로 송신하는 방법으로 하되, 입찰서의 제출시간은 입찰서가 온비드 서버에 접수된 시점을 기준으로 합니다.

② 입찰서는 입찰마감시간까지 제출하여야 하며 입찰서 제출 후 화면상 응답 메세지를 확인하는 등의 방법으로 본인의 입찰서가 이상없이 제출되었음을 직접 확인하여야 합니다.

③ 입찰시작시간 및 입찰마감시간 등 입찰관련 시간은 온비드 상의 시간을 기준으로 합니다.

④ 본 입찰은 제출된 입찰서의 변경 또는 취소가 불가능하고, 동일한 물건에 대하여 동일인이 1 회에 한하여 입찰이 가능하며, 동일인이 2 회 이상 입찰서를 제출할 경우 모두 무효처리 되고, 2 인 이상의 공동 참가는 불가능합니다.

## 6. 현장설명

① 본 매각재산은 현장설명을 별도로 하지 않으며, 입찰참가자는 사전에 공부를 열람하시고 현장을 답사한 후 응찰하시기 바랍니다.

② 입찰등록을 필한 자는 공부의 열람과 현장을 확인한 것으로 간주하고, 이를 확인하지 않아 발생한 불이익은 입찰자의 책임으로 합니다.

## 7. 입찰보증금 납부 및 귀속

① 입찰보증금은 입찰금액의 ( 5 )% 이상에 해당하는 금액을 입찰 마감전까지 온비드에서 지정하는 보증금 납부계좌로 한번에 입금하여야 하며, 입찰보증금 납부에 따른 수수료는 입찰자가 부담합니다.

※ 입찰보증금을 은행창구에서 입금창구은행 이외의 타 은행이 발행한 수표를 입금하는 경우와, 입찰보증금액 미만인 경우, 보증금을 분할하여 입금하는 경우에는 정상적으로 입금처리가 되지 않으며 계좌이체의 경우 은행 및 개인간 이체한도가 있어 전액 한번에 납부하기 어려운 경우가 있으므로 유의하시기 바랍니다.

② 입찰자는 입찰 후 온비드에서 본인의 입찰서 제출 및 입찰보증금의 납부가 완료되었음을 직접 확인하여야 하며, 이를 확인하지 아니하여 입은 불이익 등에 대하여는 입찰자 본인이 책임을 부담합니다.

③ 낙찰자의 입찰보증금은 계약보증금으로 대체합니다.

④ 입찰결과 무효 또는 유찰된 경우 입찰보증금은 입찰자가 지정한 환불계좌로 이자없이 반환되며 별도의 송금수수료가 발생될 경우에는 입찰보증금에서 이를 공제합니다.

## 8. 입찰의 무효 및 취소

① 입찰보증금을 납부하지 아니한 입찰, 동일 물건에 대하여 동일인이 2회 이상의 유효한 입찰서를 제출한 입찰, 기타 입찰공고에 고지한 내용을 위반한 입찰은 낙찰자 결정 이후라도 무효로 처리하며, 계약체결 이후 위반사실이 발견될 경우에도 계약을 취소할 수 있습니다.

② 국가를 당사자로 하는 계약에 관한 법률 시행규칙 제 44 조의 규정에 의하거나 온비드의 회원약관 및 인터넷 입찰참가자 준수규칙에 위배한 입찰은 무효로 합니다.

③ 공고일 이후 입찰종료 시까지 공고물건에 대하여 불가피하게 취소사유가 발생한 경우에는 해당물건의 입찰을 무효처리 합니다.

④ 입찰진행 시 온비드 장애 및 기타사유로 인하여 입찰진행이 어려운 경우에는 인터넷 입찰을 연기 또는 중지할 수 있습니다.

## 9. 낙찰자 결정

① 온비드시스템에서 전자적 방법으로 일괄 개찰하여 매각예정가격 이상(2 개 이상)의 유효한 입찰이 성립한 경우에 한하여 그 중 최고가액의 입찰자를 낙찰자로 결정 합니다.

② 동일한 최고가격으로 입찰한 자가 2 인 이상인 경우에는 온비드시스템에 의한 무작위 추첨으로 낙찰자를 결정합니다.

## 10. 계약체결 및 대금납부방법

① 낙찰자는 낙찰일로부터 (10)일 이내에 우리공사에서 정한 매매계약서에 의해 계약을 체결하여야 하며, 동 기일

내에 계약을 체결하지 아니한 때에는 낙찰을 무효로 하고 입찰보증금은 우리공사에 귀속됩니다.

② 계약보증금은 낙찰금액의 100분의 10에 해당하는 금액으로 하여, 계약체결시 우리 공사에 납부하여야 합니다.

③ 중도금은 매각대금의 100분의 50 이상을 계약체결일로부터 1월 이내에 납부하여야 하며, 잔금은 계약 체결 일로부터 2월 이내에 전액 일시불로 납부하여야 합니다. 단, 잔금은 중도금과 동시에 납부하실 수 있습니다.

④ 계약을 해제할 경우 기 납부한 계약보증금은 우리공사에 귀속됩니다.

⑤ 국유재산법 제 52 조(매각계약의 해제)에 해당되거나 기타 부정한 방법 및 위약 사항이 있을 경우에는 계약을 무효로 하고 계약보증금은 우리공사에 귀속됩니다.

⑥ 국유재산법 시행령 제 55 조 등에 의한 분할납부는 불가합니다.

## 11. 계약체결 장소
강원도 원주시 북원로 2873(태장 2 동 1889) 한국도로공사 강원본부 토지관리팀
(영동선 원주 IC 인근, ☎ 033-730-9246)

## 12. 기타사항
① 매각대상 재산의 표시는 공부상 기준이며, 재산의 명도에 필요한 비용과 절차는 매수자의 부담과 책임으로 합니다.

② 입찰자는 사전에 매각재산의 현장 및 도시계획저촉, 행정상 제한사항 확인등 각종공부 열람과 함께 취득자격 (신고 또는 허가)여부를 관할 행정기관에 사전에 확인하여 응찰하시기 바라며, 공부열람 및 제반사항의 확인 미흡으로 인한 불이익은 입찰 참가자의 책임으로 합니다.

※ 토지거래허가구역은 낙찰 후 반드시 토지거래허가를 득하여야 계약 체결이 가능

③ 본 매각대상 재산은 현황상태로 매각하며 지적공부와의 불일치, 주변이웃과의 분쟁사항, 건물 및 지장물(농 작물, 쓰레기, 폐시설물 포함)등의 제거 및 이로 인하여 발생되는 제반문제는 매수자의 부담과 책임으로 처리하는 조건으로 매각합니다.

④ 본 매각대상 재산은 각종 토지이용 관계 법령에서 요구하는 토지이용의 제한사항이나 특정 목적외의 목적 으로 사용 제한 토지는 그 법령상의 제한상태로 매각하는 것이오니 반드시 확인 후 입찰에 참가하시기 바랍니다.

⑤ 낙찰자가 다른 법령이나 행정상 제한사항에 의한 요건 미비로 취득제한이나 취득 후 재산권 행사에 불이익 이 발생 하더라도 우리공사는 일체의 책임을 지지 않습니다.

⑥ 매매계약의 당사자는 공인중개사의 업무 및 부동산거래신고에 관한 법률 제 27 조에 의거 매매계 약 체결일로부터 60 일 이내에 부동산의 관할 기초자치단체의 장에게 부동산거래내용을 신고할 의무가 있 습니다.

⑦ 본 공고문에 명시되지 아니한 사항은 국가를 당사자로 하는 계약에 관한 법률을 준용합니다.

⑧ 문의 사항은 아래를 참고하시기 바랍니다.

o 전자입찰 이용안내 : 한국자산관리공사 자산처분시스템(☎1588-5321)
o 공고 및 계약에 관한 사항 : 한국도로공사 강원본부 토지관리팀 (☎033-730-9246)

**2015. 10. 14**
**한국도로공사 강원본부장**

# 국(공)유재산 대부(임대) 전자입찰 예시 : 온비드

| 공고정보 | 물건목록 | 물건정보 |
|---|---|---|

**[공고제목] : 부동산(토지)임대** `일반공고` `인터넷`

### □ 기관정보

| 공고기관 | 한국농어촌공사 익산지사 |
|---|---|
| 담당자 정보 | 익산지사고객지원부 / 한은옥 / 063-860-0016 / ok@ekr.or.kr |

### □ 공고정보

| 공고종류 | 일반공고 (인터넷 입찰) | 공고일자 | 2015/10/08 |
|---|---|---|---|
| 공고년도 | 2015 년도 | 공고회차 | 1 회차 |
| 재산종류 | 기타재산(기타) | 공고대상자산 | 기타재산 |
| 공고번호 | 201510-00692-00 | 기관공고번호 | 익산지사 공고 제2015-37호 |
| 공고매체 | 지정정보처리장치(온비드) | | |

### □ 입찰정보

| 입찰방식 | 일반경쟁 | 처분방식 | 임대(대부) |
|---|---|---|---|
| 총액/단가 구분 | 총액 | 참가자격 | - |
| 재공고 가능 여부 | 가능 | 재입찰 가능 여부 | 가능 |
| 공동입찰 허용 | 불가능 | 대리입찰 허용 | 허용하지 않음 |
| 기타사항 | - | | |

| 입찰방식 | 공매 (2회 이상 입찰서 제출불가) |
|---|---|
| 2인 미만 유찰 | 1인이 입찰하더라도 유효한 입찰로 성립합니다. |
| 전자 보증서 | 적용하지 않음 |

### □ 입찰일시 및 장소

| 구분 | 회차 | 참가수수료 | 입찰시작일시 | 개찰일시 | 개찰장소 |
|---|---|---|---|---|---|
| | 차수 | 입찰보증금률 | 입찰마감일시 | | |
| 인터넷 | 1 | 0 원 | 2015/10/12 10:00 | 2015/10/23 11:00 | 익산지사 고객지원부 입찰 집행관 PC |
| | 1 | 5 % | 2015/10/22 16:00 | | |

### □ 공고문

부가세포함 여부 기재

## 스마트폰으로도 임대 가능한 국유지

간편하게 스마트폰으로 국유지 임대를 알아보도록 하자.

가장 편한 방법은 스마트폰 어플을 이용한 국유지를 찾는 방법이다. 스마트폰 어플로 온비드를 검색하여 다운받는다.

어플을 다운받고 온비드 프로그램을 실행시켜 포천 지역의 국유지 임대를 알아보도록 해보자.

포천을 검색하면, 아래와 같은 화면이 나온다. 하단부 쯤에, 정부재산 공개란이 있다.

이곳에서 더 보기+클릭을 하면 한국자산관리공사에서 관리하는 정부재산이 나오고 이곳을 클릭하면 대부가 가능한 물건이 나오며 해당 지역에서 대부가 가능한 재산이 모두 나온다.

이렇게 대부가 가능한 재산이 죽 뜨게 되는데, 여기서 관심 있는 물건이 있다면 클릭을 해보면 된다. 위성으로도 사진을 볼 수가 있으며 클릭을 해보면 이곳을 담당하는 공사의 연락처가 기재되어 있다.

해당 자산관리공사와 통화를 해 임대 계약서를 작성하면 된다.

국가자산 든든하게, 국민행복 가득하게

# 한국자산관리공사

국유시스템 자동연동문서

수신자

(경유)

제　목　국유재산 차년도 대부료 납부안내 (조**, 0402479)

　　1. 귀하의 건승을 기원합니다.

　　2. 귀하가 현재 점유 · 사용중인 『경기도 남양주시　　　　　』 소재 국유재산에 대하여 국유재산 대부계약서 제3조에 의거 당해연도 대부료를 산정하여 통지하오니 기한내 납부하여 주시기 바랍니다.

　　3. 만일 기한내 납부하지 않을 경우 연체기간에 따라 연7%~10%(최초 납부기한이 '18.6.27자 이전일 경우 연12%~15% 적용)의 연체이자가 누증부과 되오니 유념하시기 바랍니다.

- 다　　　음 -

1. 재산의 표시　　　　　　　　　　　　　　　　　　　　　　　(단위 : ㎡, 원)

| 소재지 | 종별 | 지목 | 전체면적 | 대부면적 | 재산가액 | 용도 |
|---|---|---|---|---|---|---|
| | 토지 | 도로 | 414.000 | 27.000 | 12.741.300 | 잡종지 |

2. 대부계약 체결내용　　　　　　　　　　　　　　　　　　　　(단위 : 원)

| 피대부자 | 연간대부료 | 대부보증금 | 대부계약기간 | 계약방법 | 부가세대상 |
|---|---|---|---|---|---|
| | 348,900 | 0 | 2017.01.01 ~ 2021.12.31 | 수의 | 대상 |

3. 차년도 대부료 산정내역　　　　　　　　　　　　　　　　　(단위 : 원, %)

| 재산가액 | | 최초 연간대부료 | 전년도 연간대부료 | 금년도 산출대부료 | 증가율 | 증가상한액 | 금년도 확정대부료 |
|---|---|---|---|---|---|---|---|
| 당해년도 | 계약당시 | | | | | | |
| 12,741,300 | 12,741,300 | 320,100 | 348,900 | 637,060 | 83 | 380,300 | 380,300 |

※ 대부료 산정근거 : 국유재산법 시행령 제29조, 제30조, 제31조
※ 대부료 산출기간 : 2019.01.01 ~ 2019.12.31

4. 산정 대부료 부과내역　　　　　　　　　　　　　　　　　　(단위 : 원)

| 회수 | 분납금(보증금) | 분납이자 | 부가세 | 합계 | 납부기한 |
|---|---|---|---|---|---|
| 일시납 | 380,300 | 0 | 38,030 | 418,330 | 2019.07.31 |
| 계 | 380,300 | 0 | 38,030 | 418,330 | |

임대 계약은 기본 3년으로 하되, 비닐하우스 등 농업용 시설을 할 수가 있으며 대부분 내가 사용을 포기할 때까지 사용을 할 수가 있다.

또한, 임대료도 매우 저렴하며(공시지가의 기준하여 대부료 계산) 포천의 경우 시가지 지역을 기준으로 100평에 1년에 대략 5만 원 선이다.

참고로 시골에 평당 50만 원씩 1천 평을 구입하면, 5억 원이라는 비용이 든다.


## 온비드를 통해 국유지를 낙찰 받아 대부계약한 사례
### 전 1,269㎡(384평, 1년 516,900원, 5년 임대)

실경작 5년 이상 농지원부상 기록이 있으면 농지연금용 땅을 매입해서 연금을 신청할 수 있기에 경제적으로 여의치 않으면 임차해서 이용하는 것도 괜찮은 방법이다.


1. 물건지 검색(온비드, 굿옥션, 지지옥션 등)


2. 입찰 → 낙찰 → 잔금납부(방법과 내용은 인터넷에 다 모두 나와 있다.)

여기까지 기본적으로 한 다음 물건지 정보지에 적혀 있는 담당자에게 전화를 해서 추후 절차 문의한다.


3. 잔금납부 확인되면 국유재산 대부신청서를 FAX를로받아서 작성 후 다시 보내준다.(휴대폰, 팩스 추천)


4. 승인이 나면 바로 연락이 온다. 전자계약시스템에 들어가서 작성하라고 함.(내용물은 팩스로 같이 보내줌)

5. 부동산전자계약시스템에 들어간다.

## 국토교통부 부동산거래 전자계약시스템

부동산 전자계약 작성 및 안내, 전자계약 현황 조회, 공인인증서 관리, 전자
계약 중개사무소 안내, 이용안내

1) 우측상단 로그인

2) 일반사용자 로그인

3) 휴대폰 인증

4) 계약현황 조회

5) 공공주택계약 클릭

6) 캠코 국유재산 전자계약 클릭

7) 체결대상 재산내역 조회

8) 서명 공인인증서

9) 부동산거래 전자계약 동의 클릭 특약사항 동의 클릭

10) 서명 완료시 계약서 상단인증

11) 계약서 출력

12) 계약체결 완료 후 문자 통보

# 국유재산 [O]유상 / [ ]무상 대부계약서

재산의 표시  전라북5 _ ▬▬ ▬▬ ▬▬        ▬▬▬  ▬▬▬

위 재산에 대하여 대부자와 대부받는 자는 다음과 같이 대부계약을 체결한다.

**제1조 (사용목적)** 대부재산의 사용목적은 경작용 으로 한다.

**제2조 (대부기간)** 대부기간은 2019년 04월 11일부터 2024년 04월 10일까지 (5년간)로 한다.

**제3조 (대부료)** 대부료는 연액(월액 또는 일액) 금오십일만육천구백원 (₩516,900·)

[대부료        원을 대부보증금으로 환산하는 경우 대부보증금은        원]으로 한다.

다만, 다음 연도의 대부료는 「국유재산법 시행령」 제29조 및 제31조에 따라 매년 결정한다.

**제4조 (대부료의 납부)** ①"일시납부의 경우" 대부받는자는 2019년 04월 11일까지 대부료를 한꺼번에 내야 하며, 납부기한까지 대부료를 내지 않으면 「국유재산법」 제73조에 따라 연체료를 함께 내야 한다.

②"분할납부의 경우" 대부받는 자는 아래와 같이 대부료를 내야 하며, 납부기한까지 대부료를 내지 아니하면 「국유재산법」 제73조에 따라 연체료를 함께 내야 한다.

| 회차 | 분납금 | 이자 | 납부기한 | 회차 | 분납금 | 이자 | 납부기한 |
|---|---|---|---|---|---|---|---|
| 1 | 516,900 | 0 | 2019-04-11 | | | | |
| | | | | | | | |
| | | | | | | | |
| | | | | | | | |
| | | | | | | | |

※ 대부기간 중 「국유재산법」 시행령 제30조제3항에 따른 고시이자율이 변경되는 경우에는 이자금액이 달라질 수 있습니다.

**제5조 (대부재산의 보존)** 대부받는 자는 선량한 관리자의 주의로써 대부재산을 보존하여야 하며, 통상의 수선에 드는 비용, 영업을 위하여 설치한 시설물에 대하여 지출한 비용, 그 밖에 대부자의 승인을 받지 아니한 개수·보수로 인하여 발생한 비용 등을 대부자에게 청구하지 못한다.

**제6조 (보험증서의 제출)** 대부받는 자는 대부재산에 대하여 대부자를 보험금 수령인으로 하여 금        원 정 이상의 손해보험계약을 체결하고 그 증서를 대부자에게 제출하여야 한다. 다만, 대부자가 보험계약을 체결한 경우에는 그 부담한 보험료를 대부받는 자가 내야 한다.

**제7조 (대부받는 자의 행위 제한)** 대부받는 자는 대부자의 승인 없이 다음 각 호의 행위를 하지 못한다.

1. 사용목적의 변경
2. 대부재산의 원상 변경
3. 대부재산에의 시설물의 설치

**제8조 (대부계약의 해제 또는 해지)** 다음 각 호의 어느 하나에 해당하는 경우에는 대부자는 이 계약을 해제 또는 해지할 수 있다.

1. 국가나 지방자치단체가 직접 공용이나 공공용으로 사용하거나 「공익사업을 위한 토지 등의 취득 및 보상에 관한법률」에 따른 공익사업에 필요한 경우
2. 대부받는 자가 대부재산을 전대(轉貸)하거나 권리를 처분한 경우
3. 대부받는 자가 대한민국에 주소 또는 거소가 없게 된 경우에 관리인을 신고하지 아니한 경우
4. 대부받는 자가 체납처분, 강제집행 또는 경매 등에 따라 지상물건의 소유권을 상실한 경우
5. 그 밖에 대부받는 자가 국유재산 관계 법령 및 이 계약조항을 위반한 경우

**제9조 (보상)** ①제8조의 경우에 대부받는 자에게 손해가 발생하더라도 대부자는 이를 보상하지 아니한다.

다만, 제8조 제1호의 경우에는 대부받는 자가 과납한 금액을 반환하며, 그 밖에 대부받는 자에게 끼친 손해를 보상하여야

■ 국유재산법 시행규칙 [별지 제1.8서식] <개정 2013.8.24>

# 국유재산 [√] 대부 신청서

※ [ ]에는 해당되는 곳에 √표를 합니다

| 신청인 | |
| 대부료<br>환급계좌 | |
| 신청내용 | |

「국유재산법 시행규칙」 제35조 또는 제36조에 따라 위 재산의 대부를 신청합니다.

신청인

## 한국자산관리공사 귀하

| 청구서류 | 업용 | 우리공사는 개인정보 보호법」 제15조에 따라 대부목적 범위내에서 위 개인정보를<br>이용하여 주민등록 및 기초생활수급자 자료 등을 열람할 수 있습니다. |

신청서 작성 → 접수 → 검토 → 허가·결정 → 허가서 교부
신청인    중앙공서류 상담   중앙공서의 상담   중앙공서의 상담

※ 신청재산에 대한 현장 확인, 측량, 감정평가를 관계 법령에 따라 완료 후 실제 허가일 또는 계약 체결일은 20일로 소요될 수 있습니다.

## <선택사항> 개인정보(고유식별정보 포함) 제3자 제공 동의서
### [부동산거래 전자계약 시스템을 이용하고자 할 경우 작성바랍니다]

국유재산 대부/매매계약 체결시 부동산거래 전자계약시스템 활용목적으로 전자계약 운영자인 국토교통부(한국감정원)에 제공하기 위하여 「개인정보보호법」 제17조 및 제18조에 따라 관련사항을 알려드립니다.

#### <개인정보 제3자 제공 동의 관련 알림>
1. (개인정보를 제공받는 자) 국(국토부), 한국감정원(운영)
2. (개인정보의 수집·이용 목적) 부동산거래 전자계약 시스템 이용
3. (이용 또는 제공하는 개인정보의 항목) 성명, 주민등록번호(외국인등록번호), 주소, 전화번호, 휴대폰번호, 전자우편주소
4. (제공받는 자의 개인정보 보유, 이용기간) 전자계약 보존기간
5. (개인정보 수집 동의 및 거부의 권리) 신청자는 개인정보의 제3자 정보제공에 거부할 권리가 있습니다.
단, 개인정보 제3자 정보제공에 동의하지 않을 경우 국토교통부(한국감정원)에서 운영하는 부동산전자계약시스템 이용이 불가합니다.

| 개인정보제공 동의 여부 | ☐ 자료제공 동의하지 않음 | ☑ 자료제공 동의함 |
| 고유식별정보제공 동의 여부 | ☐ 자료제공 동의하지 않음 | ☑ 자료제공 동의함 |

20/9년 4월 /2일

## 한국자산관리공사

# 특 약 사 항

본 특약사항은 대부자와 대부받는 자 사이에 체결되는 국유재산 대부계약(이하 '대부계약' 이라 한다)의 이행에 관하여 필요한 사항을 규정함을 목적으로 한다.

**제1조** **[공과금 및 비용의 부담]** 대부재산을 사용함으로써 발생하는 각종 공과 **(환경개선부담금, 교통유발부담금 등)**과 수도료, 전기료 및 관리비 기타 비용은 대부받는 자의 부담으로 한다.

**제2조** **[연간 대부료의 변동]** 2년이상 대부계약 체결시 변동되는 2차년도 이후의 연간 대부료는 국유재산법의 관련규정에 따라 산정되고 대부자는 대부받는 자에게 이를 통지한다.

**제3조** **[보증금의 담보범위]** 대부 분납에 따른 보증금(보증보험증권)은 대부재산영도시까지의 체납될 대부료, 제세 공과금 및 그 밖에 일체의 법률상 납부금의 지급을 담보하는 것으로 한다.

**제4조** **[가설건축물 축조의 금지]** 대부받는 자는 대부자의 승인 없이 대부재산의 지상 또는 지하에 가설건축물이나 정화조 등의 시설물을 축조하거나 설치한 경우 대부계약을 해지할 수 있다. 이 때 대부받는 자는 즉시 대부재산을 원상으로 회복하여야하며, 대부자에게 손해가 발생한 경우에는 별도의 손해배상을 하여야 한다.

**제5조** **[전자우편에 의한 송달]** 대부자가 대부계약과 관련하여 발송하는 각종 통지는 대부받는 자의 동의 하에 대부받는 자의 전자우편주소
(          @          )로 송달하기로한다. 이 경우 대부받는 자의 위 전자우편주소에 통지가 도달한 때에 송달된 것으로 본다.

**제6조** **[명도집행시 특칙]** 보전처분이나 강제집행절차 개시 시 대부재산에 존재하는 유체동산 및 시설물은 대부받는 자의 소유에 속하는 것으로 본다.

**제7조** **[대부재산의 점유종기일]** 대부기간 중 계약이 해지되거나 기간만료로 대부계약이 종료되어 대부받는 자가 대부재산을 자진명도할 경우, 대부받는 자는 대부자에게 서면으로 자진명도사실을 통지하여야 한다. 이 후 대부자의 직원이 대부받는 자로부터 대부재산의 잠금장치를 인수받는 등의 방법으로 대부재산의 점유가 대부자에게 이전이 완료된 때 대부받는 자의 점유가 종료된 것으로 한다.

**제8조** **[안전관리의무]** 대부재산에 대한 안전관리는 대부받는 자의 책임이며, 대부자에게 귀책사유가 있음을 대부받는 자가 입증하지 않는 한 화재, 재난 및 기타 사고 등으로 인한 대부재산 내에서 대부받는 자, 대부받는 자의 사용인 또는 대부받는 자의 고객이 입은 손해에 대하여 대부자는 일체의 책임을 부담하지 아니한다.

**제9조** **[위험에 대한 사전통지]** 대부재산의 노후, 기능상실 등으로 인하여 대부 재산이 붕괴 또는 멸실 등 위험요인이 있는 경우 대부받는 자는 대부자에게 사전 통지하여야 하고, 대부받는 자가 고의나 과실로 사전통지의무를 해태한 경우, 대부자는 대부재산의 붕괴 또는 멸실 가능성 등에 대하여 과실없이 알지 못한 것으로 본다.

**제10조** **[행정법규 준수의무]** ①대부받는 자는 대부재산과 관련된 행정법규를 준수하여야 하고, 특히 대부건물에 대하여 건축,대수선공사 등을 시행할 경우 대부자에게 사전에 공사시행 사실을 서면으로 통지하고 관할 관청의 인허가절차 등을 이행하여야 한다.

②대부받는 자가 서면통지의무를 해태하거나 행정법규를 위반한 경우, 해당행정청의 행정법규 위반을 이유로 대부자에 부과되는 이행강제금, 벌금 등 모든 부담에 대하여 대부자는 부과 즉시 대부받는 자에게 구상권을 행사할 수 있고, 대부계약을 해지할 수 있다.

**제11조** **[대부재산 출입 및 그 부수조치에 대한 사전동의]** ①대부자가 대부재산관리를 위해 필요하다고 판단한 경우 대부자의 직원 ('직원의 보조자' 를 포함한다)은 대부계약 기간 및 대부계약 종료 이후 대부재산에 출입할 수 있고 출입을 위하여 필요한 조치를 취할수 있으며, 대부받는 자는 이에 대해 이의를 제기하지 못한다.

②대부받는 자는 대부자의 직원의 출입에 협조하여야 하며 이를 방해하거나 저지하여서는 아니된다.

③대부받는 자가 제2항을 위반한 경우 대부자는 대부계약을 해지 할 수 있다.

2019년 04월 11일

| 대부자 | 국(기획재정부) | 관리청<br>(수탁기관) | 한국○○○○○○ ○○○ ○○○○<br>위 ○○○○○○○○○○○○<br>전화 ○○○○○○○○○ |
|---|---|---|---|

| 대부받는 자 | 성명(법인명) | 주민(법인)번호 | 주소 | 전화번호 |
|---|---|---|---|---|
| | | | | |

상기 계약내용을 충분히 숙지하였으며, 부단전대 행위나 불법건축물 등의 설치를 하지 않겠음

동의합니다 ✔

■ 국유재산법 시행규칙 [별지 제1.8서식] <개정 2013.6.24.>

# 국유재산 [√] 대부 신청서

■ [ ]에는 해당되는 곳에 √표를 합니다.

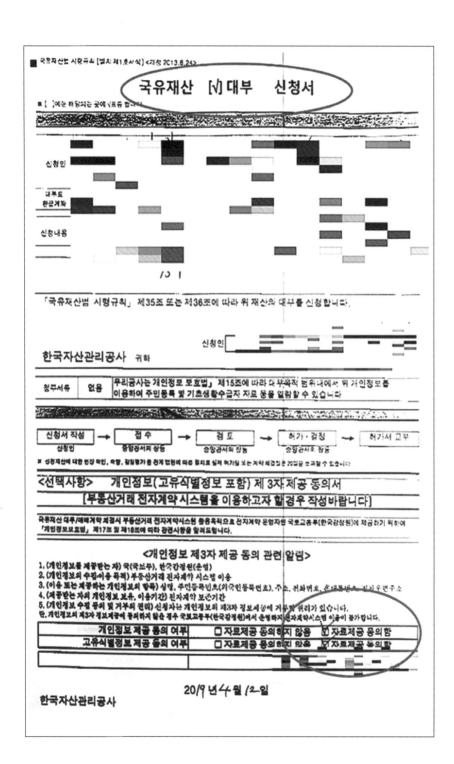

| 신청인 | |
| 대부료<br>환급계좌 | |
| 신청내용 | |

/ ɔ

「국유재산법 시행규칙」 제35조 또는 제36조에 따라 위 재산의 대부를 신청합니다.

신청인

한국자산관리공사 귀하

| 첨부서류 | 없음 | 우리공사는 개인정보 보호법」 제15조에 따라 대부목적 범위내에서 위 개인정보를<br>이용하여 주민등록 및 기초생활수급자 자료 등을 열람할 수 있습니다. |

| 신청서 작성 | → | 접수 | → | 검토 | → | 허가·결정 | → | 허가서 교부 |
| 신청인 | | 중앙관서의 장등 | | 중앙관서의 장등 | | 중앙관서의 장등 | | |

※ 신청재산에 대한 현장 확인, 측량, 감정평가등 관계 법령에 따라 절차로 실제 허가일 또는 계약체결일은 20일쯤 초과할 수 있습니다.

## <선택사항> 개인정보(고유식별정보 포함) 제3자 제공 동의서
### [부동산거래 전자계약시스템을 이용하고자 할경우 작성바랍니다]

국유재산 대부/매매계약 체결시 부동산거래 전자계약시스템 활용목적으로 전자계약 운영자인 국토교통부(한국감정원)에 제공하기 위해 「개인정보보호법」 제17조 및 제18조에 따라 관련사항을 알려드립니다.

### <개인정보 제3자 제공 동의 관련 알림>

1, (개인정보를 제공받는 자) 국(국토부), 한국감정원 (운영)
2, (개인정보의 수집·이용 목적) 부동산거래 전자계약 시스템 이용
3, (이용 또는 제공하는 개인정보의 항목) 성명, 주민등록번호(외국인등록번호), 주소, 전화번호, 휴대폰번호, 전자우편주소
4, (제공받는 자의 개인정보 보유, 이용기간) 전자계약 보존기간
5, (개인정보 수집 동의 및 거부의 권리) 신청자는 개인정보의 제3자 정보제공에 거부할 권리가 있습니다.
단, 개인정보의 제3자 정보제공에 동의하지 않을 경우 국토교통부(한국감정원)에서 운영하는 전자계약시스템 이용이 불가합니다.

| 개인정보제공 동의 여부 | ☐ 자료제공 동의하지 않음 | ☑ 자료제공 동의함 |
| 고유식별정보 제공 동의 여부 | ☐ 자료제공 동의하지 않음 | ☑ 자료제공 동의함 |

20/9 년 4 월 /2 일

한국자산관리공사

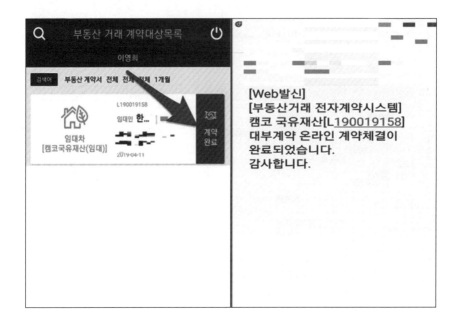

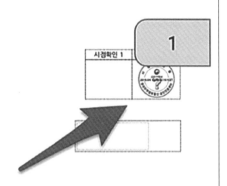

# 국유재산 대부계약서

전자계약번호 : L190019158

한국자산관리공사

■국유재산법 시행규칙 [별지 제7호서식(1)]<개정2013.6.24>　　　　　　　　　(제2쪽 중 제1쪽)

## 국유재산 [O]유상 [ ]무상 대부계약서

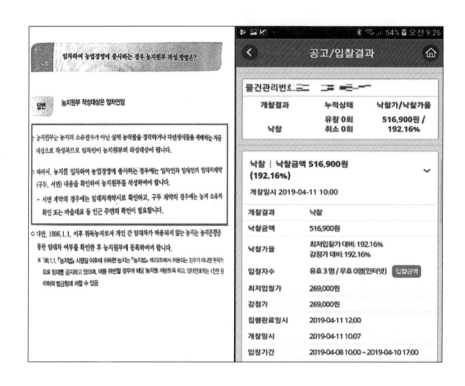

## 부동산 임대 사용자 선정 전자입찰 공고[예시]

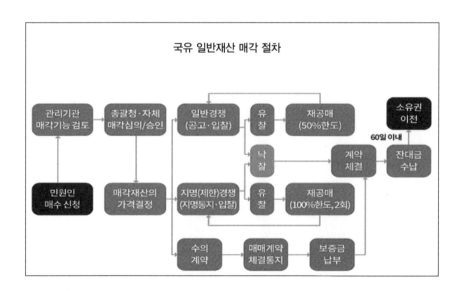

## 1. 입찰에 부치는 사항

가. 입찰 내(단위 : 원, ㎡)

| 입찰건명 | 물건 소재지 | 물건내역 | 임대기간 | 용도지역 | 비교 |
|---|---|---|---|---|---|
| 부동산(토지) 임대 | 익산시 인화동 212-8 번지 | 대지 : 3,607.7 | 3년 | 준공업지역 | |

나. 예정가격 : 금 16,340,000 원(1년간 임대료)

※ 부가가치세(낙찰금액의 100 분의 10에 해당하는 금액)는 별도입니다.

다. 입찰 특성 : 본 입찰은 현장설명이 없으며, 현재의 상태로 일괄 임대하는 관계로 사용기간 동안 본 재산의 유지 및 관리에 따른 제반 비용은 사용자 부담으로 합니다.


## 2. 입찰 방법

가. 본 입찰은 일반 경쟁입찰이며 한국자산관리공사 전자 자산처분시스템(이하 "온비드"라 함. http://www.onbid.co.kr)을 이용한 전자입찰 방식으로만 집행.

나. 입찰에 참가하고자 하는 자는 온비드 회원으로 가입하여야 하고, 공인 인증기관에서 발급받은 공인인증서(전자입찰에서 가능한 것)를 등록한 자만 참여할 수 있으며, 온비드 입찰 화면에서 입찰서를 제출하는 방법으로 합니다.

## 3. 입찰 참가자격

가. 공사가 제시한 입찰유의사항 및 계약조건에 이의가 없는 자.

나. "온비드"에 회원등록을 하고 공인인증기관에서 발급받은 전자거래범용 공인인증서로 온비 드 시스템에 등록을 필한 자.

다. 국가를 당사자로 하는 계약에 관한 법률 시행령 제76조(부정당업자의 입찰 참가자격 제한)의 규정에 의거 결격 사유가 없는 자.

## 4. 전자입찰서 제출 및 입찰보증금 납부 일시

가. 기간 : 2015. 10. 12(월) 10:00 ~ 2015. 10. 22(목) 16:00

나. 제출처 : "온비드"(http://www.onbid.co.kr) 상에 전자입찰서 제출 및 입찰 보증금 납부

## 5. 입찰서의 제출

가. 입찰서는 반드시 "온비드"(http://www.onbid.co.kr)의 인터넷 입찰장을 이용한 전자입찰서로만 제출하여야 한다.

나. 입찰서의 제출은 입찰화면에서 전자입찰서를 "온비드"로 송신하는 방법으로 하되, 입찰서 제출시간은 입찰서가 온비드 서버에 접수된 시점을 기준으로 합니다.

다. 본 입찰에 2인 이상의 공동 참가는 불가합니다.

라. 제출된 입찰서는 변경 또는 취소가 불가능하고, 동일인이 1회에 한하여 입찰서 제출이 가능합니다.


## 6. 입찰집행(개찰) 일시 및 장소

가. 일시 : 2015.10.23.(금) 11:00

나. 장소 : 한국농어촌공사 ○○지사 입찰집행관 PC


## 7. 입찰보증금 납부 및 환불

가. 입찰금액의 5/100에 해당하는 금액을 전자입찰 마감시간까지 "온비드" 입찰 화면에서 입찰자에게 부여된 보증금 납부계좌에 납부하여야 하며, 입찰 보증금 납부에 따른 수수료는 입찰자 부담으로 합니다.

나. 입찰보증금을 입찰마감시간까지 보증금 납부계좌로 납부하지 아니한 경우 입찰은 무효 처리되며, 보증금 납부 여부는 입찰자가 온비드 화면에서 직접 확인하여야 하고, 이를 확인하지 아니하여 입찰자가 입은 불이익 등에 대하여는 입찰자 본인이 책임을 부담합니다.

다. 입찰보증금은 "온비드"에서 입찰서 제출 시 명기된 보증금 전액을 1회에 한해 전액(분할납부 불가) 입금하여야 하며, 입찰보증금 납부계좌 착오 및 이중 입금에 의한 책임은 입찰자에게 있음.

※ 정상적으로 입금처리가 안 되는 경우

① 입찰보증금을 입금 창구 은행 이외의 타 은행이 발행한 수표로 입금하는 경우

② 입찰보증금보다 적게 입금하는 경우

③ 보증금을 분할하여 입금하는 경우

라. 낙찰자가 낙찰일로부터 10일 이내에 계약을 체결하지 아니한 때에는 낙찰은 무효로 하고 입찰보증금은 우리 공사에 귀속됩니다.

마. 입찰결과 무효 또는 유찰된 경우 입찰보증금은 입찰서 제출시 지정한 환불계좌로 이자 없이 환불되며, 별도의 송금 수수료가 발생될 경우 입찰보증금에서 이를 공제합니다.

## 8. 낙찰자 결정

가. 1인 이상의 유효한 입찰로서 예정가격 이상으로 입찰한 자 중에서 최고가격으로 입찰한 자를 "온비드" 시스템에서 낙찰자로 자동 결정합니다.

나. 개찰 결과 낙찰이 될 수 있는 동일한 입찰자가 2인 이상일 경우에는 "온비드" 시스템에 설치된 무작위 추첨방법으로 결정합니다.

## 9. 입찰의 무효

가. 기재착오, 보증금 미달 및 기타 입찰무효 사유 발생 시에는 무효처리한다.

나. 국가를 당사자로 하는 계약에 관한 법률 시행령 제39조, 동법 시행규칙 제44조 및 "온비드" 회원약관과 입찰참가자 준수 규칙에 위배한 입찰은 무효로 합니다.

## 10. 입찰의 연기 또는 취소

"온비드" 시스템 장애로 인하여 예정된 입찰집행이 어려운 경우 입찰이 연기 또는 취소될 수 있으며, 입찰연기 및 취소의 공고는 "온비드"의 게재에 의할 수 있습니다.

## 11. 계약사항

가. 낙찰자는 낙찰일로부터 10일 이내에 계약을 체결하여야 하며, 본 기일 내에 계약을 체결하지 아니할 경우 그 낙찰은 무효로 처리하고 입찰보증금은 우리 공사(캠코)에 귀속됩니다.

나. 사용료(1차년도)는 임대기간 개시일 이전까지 납부하여야 합니다.

다. 낙찰자(계약대상자) 계약 시 제출서류
- 별지 제12호 서식 임차신청서 1부(우리공사 임대사업운영지침 양식)
- 주민등록등본 (법인등기부등본) 1부.
- 사업자 등록증 1부.
- 국세 및 지방세 완납 (납세) 증명서 각 1부
- 인감증명서 (법인인감증명서) 1부.

- 사용계획서 1부
- 인감도장 및 사용인감(사용인감계 제출) 지참.
- 기타 계약에 필요한 서류.


## 12. 추가정보 사항

가. 한국자산관리공사 전자자산처분 시스템 "온비드" 이용에 관한 입찰 문의사항
- 홈페이지 : http://www.onbid.co.kr
- 전화번호 : 온비드 콜센터 1588-5321

나. 입찰에 관한 진행사항 확인 : "온비드" 시스템상

다. 입찰 및 계약관련 문의사항
- 주소 : ○○ 한국농어촌공사 ○○지사 고객지원부
- 전화번호 : 063-860-0016

위와 같이 공고함.


## 입찰과 관련한 Q&A

Q : 개인도 국유재산을 대부 또는 매수할 수 있나요?
A : 대부 및 매수를 위한 자격에는 제한이 없으며, 개인은 물론이고 법인, 외국인도 국유재산을 대부 및 매수할 수 있습니다. 다만, 종전 대부료 체납자, 국유재산에 관한 사무에 종사하는 공무원 및 공사 직원 등은 입찰에 참여할

수 없습니다.

**Q** : 계약체결 시 본인이 직접 와야 하나요?

**A** : 대리인을 통하여 계약체결이 가능하며 이 경우 위임장이 별도로 요구됩니다.

위임의 범위에는 계약체결에 관한 일체의 내용이 포함되어야하며, 개인의 경우에는 본인의 주민등록등본, 신분증, 인감증명서, 대리인의 신분증, 법인의 경우에는 법인등기부등본, 법인인감증명서, 대표자 신분증, 대리인의 신분증이 첨부되어야 합니다.

**Q** : 국유재산을 대부받기 위하여 반드시 입찰에 참여하여야 하나요?

**A** : 대부방법에는 경쟁입찰 및 수의계약이 있는데, 원칙적으로 일반경쟁입찰로 대부하고 있으며, 법률에서 정한 일정한 요건 하에서 수의계약으로 대부가 가능합니다.

**Q** : 대부료를 연체하면 계약이 해지되나요?

**A** : 대부료 납부 최고에도 불구하고 납부하지 않았을 때, 최초 납부기한으로부터 6개월 이상 경과하는 경우에는 대부계약이 해지됩니다.

**Q** : 연체기간별 연체율은 각 몇 %입니까?

**A** : 연체기간별 연체율은 다음과 같습니다.

① 연체기간이 1개월 미만인 경우 : 연 12%

② 연체기간이 1개월 이상 3개월 미만인 경우 : 연 13%

③ 연체기간이 3개월 이상 6개월 미만인 경우 : 연 14%

④ 연체기간이 6개월 이상인 경우 : 연 15%

**Q** : 대부재산의 사용 용도를 변경할 수 있나요?

**A** : 국유재산은 대부계약서의 사용 목적대로 사용하여야 하고, 대부받은 자가 개축 또는 목적 변경을 하고자 할 경우에는 반드시 사전에 대부자와 협의하여야 하며, 이를 위반할 경우에는 대부계약이 해지됩니다.

**Q** : 매각재산의 소유권 이전은 언제 되나요?

**A** : 매각재산의 소유권 이전은 매각대금이 완납된 후에 함이 원칙입니다.

다만, 매각대금을 분할 납부하게 하는 경우로서 공익사업의 원활한 시행 등을 위하여 소유권의 이전이 불가피한 경우에는 매각대금 완납 전에 소유권을 이전할 수 있습니다.

**Q** : 국유지인지 모르고 사용했는데도 변상금을 내야 하나요?

**A** : 국유지를 본인의 토지로 알고 점유 또는 사용한 경우에도 대부나 사용허가를 받지 않은 경우라면 변상금을 내야 합니다.

**Q** : 국유지를 무단으로 사용할 경우 어떤 불이익이 있나요?

**A** : 국유재산을 점유하고 사용할 경우에는 반드시 대부계약을 맺거나 매수 해야 합니다.

허가나 계약 없이 점유하고 사용한 경우, 불법행위로 정상대부료의 120%에 해당하는 변상금이 부과됩니다.


## 수의계약으로 국유지를 매입한 사례

행정목적으로 사용가치가 없는 국공유지는, 사용허가 또는 (수의계약으로) 매수할 수 있어야 한다.

## 관련 법령

① 국유재산법 시행령 제37조 제1항은 "중앙관서의 장은 행정재산이 다음 각 호의 어느 하나에 해당하는 경우에는 법 제40조 제1항에 따라 지체 없이 그 용도를 폐지하여야 한다.,

1. 행정목적으로 사용되지 아니하게 된 경우,
2. 행정재산으로 사용하기로 결정한 날부터 5년이 지난 날까지 행정재산으로 사용되지 아니한 경우

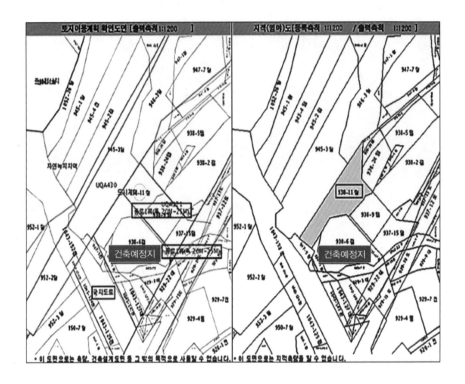

② 같은 법 시행령 제40조 제3항은 "일반재산이 다음 각 호의 어느 하나에 해당하는 경우에는 법 제43조제1항 단서에 따라 수의계약으로 처분할 수 있다. 이 경우 처분 가격은 예정가격 이상으로 한다.

17. 국유지의 위치, 규모, 형태 및 용도 등을 고려할 때 국유지만으로는 이용가치가 없는 경우로서 그 국유지와 서로 맞닿은 사유토지의 소유자에게 그 국유지를 매각하는 경우

도시계획예정도로

건축예정지

횡단보도

횡단보도

도시계획
예정도로

건축예정지

## 권익위원회의 판단

건축예정지의 진출입로로 사용할 수 있도록 건축예정지에 연접해 있는 좁고 긴 직사각형 모양의 약 28㎡를 용도폐지하여 신청인에게 수의매각해 주거나 사용허가를 해 달라는 신청에 대하여, 공단은 국유지를 특정인에게 사용허가 하는 것은 공공시설에 대한 배타적 사용권한을 부여하게 되는 것이므로 진출입로 개설을 위한 사용허가는 불가하고, 매각은 국유지를 장래 활용할 수도 있고, 특혜 시비 등의 문제가 발생할 수 있으므로 불가하다고 주장하나, 다음과 같은 이유로 건축예정지의 진출입로로 사용할 수 있도록 이 민원 토지를 용도폐지하여, 신청인에게 수의 매각하는 것이 바람직할 것으로 판단된다.

① 이 민원 토지는 도시계획도로 구역 밖에 위치하고 있는 점

② 이 민원 토지는 폭 약 1m, 길이 약 28m로 좁고 긴 사각형 형상의 토지로 건축 예정지와 도시계획도로 사이에 위치하고 있어 이 토지만으로 효용가치가 없는 점

③ 이 민원 국유지는 당초 신청인 소유의 토지로 공단이 도시계획 도로 사업을 시행하기 위해 매수한 토지인 점

④ 국유재산법 시행령 제40조 제3항 제17호에 따르면, 국유지의 위치, 규모, 형태 및 용도 등을 고려할 때 국유지만으로는 이용가치가 없는 경우로서 그 국유지와 서로 맞닿은 사유토지의 소유자에게 그 국유지를 매각하는 경우 사유 토지의 소유자에게 수의계약으로 처분할 수 있는 점

## 국유지 매입투자 사례

가끔 상담을 받다 보면 본인 인접 국유지를 매입할 수 있는 방법을 물어보는 분들이 있다.

매입은 워낙 까다롭고 변수가 많아서 간략하게 매수 절차와 국유지를 매입하는 방법을 예를 들어 설명하겠다.

먼저 국유지는 행정재산과 일반재산으로 나눌 수 있다.

행정재산은 공용재산, 공공용재산, 기업용 재산, 보존용 재산으로 나눈다. 한마디로 국가가 공용으로 사용하는 재산을 말한다.

일반재산은 행정재산 외의 모든 재산을 말하며, 과거에 잡종재산이라고도 불렀다. 우리가 매입하고자 하는 토지는 일반재산에 속한다.

내 토지와 인접한 국유토지를 예로 들어보자.

행정재산은 처분 자체가 어렵고 매입하려고 해도 특수한 상황이 아니면 국

가에서 매각하지 않는다.

### 국유지 매입

| | 국유지 매입 가능 유형 |
|---|---|
| 첫째 | 인근 대지가 국가 소유라면 토지의 유형에 따라 국유지 매입이 가능할 수도, 어려울 수도 있다. |
| 둘째 | 국유지는 행정 목적을 수행하기 위해 필요한 국유재산으로 원칙적으로 개인의 사용이 불가능하다. |

우선 국유재산법 기본사항을 알아보고 사례를 설명하도록 하겠다.

정부에서 국유재산(일반재산)을 매각하기 위해서는 해당 재산을 경쟁입찰(원칙)을 하거나 수의계약을 하는 방법으로 매각한다. 하지만 우리는 지금 경쟁입찰을 하지 않고 수의계약을 통해 토지를 매입하고자 한다.

그 이유는 한마디로 내 토지와 인접한 국유지는 경쟁입찰이 아닌 수의계약을 통해 매입할 수 있기 때문이다.

그럼 한 가지 예(기획재정부 토지를 매입하는 경우)를 들어 인접 국유지 매입하는 방법을 알아보자.

국유지는 관리청이 어디인가에 따라 매입할 수 있는 행정청이 다르다.

기획재정부 토지는 해당 시·군·구청 회계과로 문의해야 하고, 국토교통부 토지는 한국자산관리공사로 문의해야 한다.

용도에 따라 관리청이 다르기 때문에 매입하고자 할 경우 제일 먼저 할 일은 토지 등기사항전부증명서를 발급해서 해당 행정청 국유지 관리팀으로 가서 문의하는 것이다.

아래 이미지는 기획재정부 토지를 매입할 경우 절차도이다.

| 일반재산 매수신청 절차 | |
|---|---|
| 1 | 매수신청서 접수 |
| 2 | 국유재산 관리계획 수립(매각심의위원회 개최) |
| 3 | 관리계획 승인 |
| 4 | 감정평가 |
| 5 | 매매계약체결(수의 및 입찰계약) |
| 6 | 매각대금 납부 |
| | • 매매계약 체결일로부터 60일의 범위에서 중앙관서의 장 등이 정하는 기한까지 전액 납부<br>• 매각대금이 1천만 원을 초과하는 경우, 그 매각대금을 3년 이내의 기간에 걸쳐 분납 가능 |
| 7 | 소유권 이전 |
| | • 원칙 : 매각대금 완납 후 소유권 이전<br>• 예외 : 도시개발 구역 내 토지매각 시 분할납부의 경우 매각대금 완납 전 이전 가능<br>　　　단, 저당권 설정 등 채권 확보가 필수 |

　매입할 경우 먼저 해당 관리청 회계과에 가서 매수신청을 언제까지 해야 하는지 문의를 해보도록 한다. 왜냐하면 매수 접수는 분기별, 기간별로 묶어서 도청으로 보내기 때문이다.

　내가 토지를 매입하고 싶어도 어느 기간 동안 매수 접수된 후 도청으로 보낸다는 말이다.

　나는 건축을 하기 위해 시공사와 계약하고 착공하려 했는데 매수가 늦어져 허가가 지연되면 낭패를 볼 수 있다.

　아래 이미지는 (가) 토지 소유자가 국유지(기획재정부) (다)를 매입하여 건축을 하고자 할 경우이다.

　당연히 (가) 토지 소유자는 건물을 크게 지으려고 매입할 것이다.

　그렇다면 어떤 현상이 발생될까?

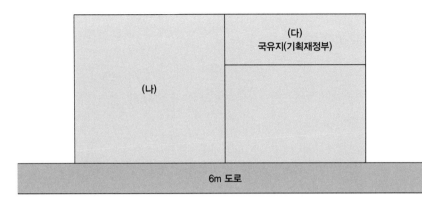

첫째, 위에서 설명한 것처럼 수의계약 조건은 충족되어 있다. 내 토지와 인접해 있기 때문이다.

둘째, (가) 토지 소유자가 매입하려고 하는데, 이 소식을 들은 (나) 토지 소유자가 갑자기 이의를 제기한다. 이럴 경우 국가에서는 민원과 분쟁으로 토지 매각을 불허할 수 있다. 분명히 위 이미지에서 (나) 토지소유주도 국유지에 대해 이해관계인이기 때문이다.

따라서 사전에 매입할 경우 주변 사람들과 잘 타협을 한 뒤에 매입을 하여야 한다.(만약에 소송이나 분쟁의 우려가 있어 수의계약이 곤란하다고 인정될 경우 경쟁입찰의 방법으로 처분 가능하다.)

시·도시사가 관리하는 공유재산은 지역별로 재산 관리 규정(조례)에 차이가 있어 사전에 세부적인 검토가 필요하다.

## 구거와 하천점용허가 사례

어떤 시장에도 틈새시장이라는 것이 있다. 이 말은 부동산에 있어서도 마찬가지다. 그 틈새시장이란 바로 구거와 하천을 활용하는 것이다.

구거와 하천은 어떻게 활용할까?

먼저 구거란 무엇인지 알아보자.

구거는 물이 흐르는 물길, 도랑으로 하천보다 규모가 훨씬 작은 것을 말한다. 주로 논이나 밭에 물을 대는 배수로로 쓰인다. 쉬운 예로 논두렁이 바로 구거라 할 수 있다.

## 구거의 활용

본래 구거는 농업용수를 대기 위한 것이다. 그러나 만약 논이 형질 변경되어 밭이 되게 되면 사실상 구거는 필요가 없어진다.

이렇게 폐구거가 되면 오히려 활용도가 높아진다.

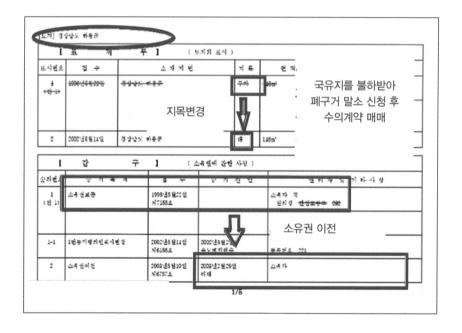

활용하는 방법은 크게 3가지 방법이 있다.

첫 번째로 구거 점용허가를 받는다. 구거 점용허가를 받으면, 구거가 있는 곳에 다리를 놓거나 땅을 평평하게 할 수 있기 때문에 땅을 충분히 활용할 수 있게 된다.

두 번째로 구거폐지 신청을 한다. 국가로부터 용도폐지된 구거를 수의계약으로 매입하면 국유지로 활용되지 않는다.

세 번째는 내 땅의 일부에 새로운 구거를 만들어 국가에 기부채납하고, 내 땅에 있는 폐구거를 국가로부터 양여받는 경우다.

이 방법은 땅의 쓰임과 가치를 충분히 파악할 수 있는 사람만이 쓸 수 있는 활용법이다.

참고로 구거 점용허가는 먼저 낸 사람에게 우선권이 있고, 그리고 인접한 전이나 답의 소유자 동의는 필요 없는 것이 대부분이다.

경지정리된 토지의 구거는 한국농어촌공사에서 담당하고, 구거가 하천으로 표기된 경우에는 시·군에서 관리하곤 하지만, 시청 새마을과에서 내 주기도 한다.

점용허가 시에 보통 공시지가의 5% 정도를 허가비용으로 징수하며, 임대기간은 약 10년, 사용기간 갱신도 가능하다.


## 하천부지의 활용

하천은 공유지든 사유지든 모두 허가를 받아야 하기 때문에 땅을 이용하는 데 제한이 많다.

사유지라 하더라도 원하는 대로 허가가 나지 않을 수 있기 때문에 매수하기 전에 지자체의 관련 담당자에게 문의하여 어느 정도의 점용허가가 가능한지 미리 확인해야 한다.

　점용허가를 받을 수 있다면 인근 토지를 부수적으로 이용할 수 있어 땅의 가치를 높일 수 있다.

　하지만, 하천부지의 점용허가는 가장 가까운 토지 소유주에게 우선권이 있고 다른 사람이 하천점용권을 가지고 있으면 자격에서 제외된다는 점을 유의해야 한다.

　만약 점용허가를 받은 사람이 없다면, 읍·면사무소의 담당자와 현장답사를 통해 관련 서류를 갖추면 점용신청이 가능하다.

　점용료는 매년 토지 가격의 3~5% 정도를 지자체에 납부하면 되고, 계약기간은 보통 5년이다.


## 소액으로도 가능한 국공유지 투자

　국공유지는 대체로 입지가 좋다. 더불어 국유재산법에 의해 감정평가업체가 현지의 지가를 참작하여 예정가격을 매기는데 거품이 묻어나지 않는 순수 땅값이라고 본다.

　구체적으로 보면 공개매각 시 거래 시세의 30~50%까지 저렴한 편이다. 임대를 하는 경우에도 일반 시장의 임차비보다 저렴하다.(1~10년까지 임대 가능)

## 맹지 앞 자투리 토지인 척하는 국공유지

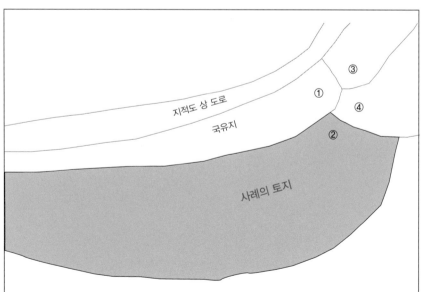

보통 이런 자투리 토지는 도로의 근처에서 자주 발견된다. 도로에 붙은 땅인 줄 알고 보면 도로와 토지 사이에 활용하기 어려운 폭이 좁고, 길쭉한 모양의 땅이 있을 때가 있다. 그래서 일반인들의 눈에는 지적도를 확인하지 않고, 등기부를 확인하지 않으면 그저 '맹지'로 보인다.

하지만 이런 땅의 등기부를 확인해보면 국공유지일 가능성이 크다. 이렇게 자투리땅이 되어 있는 이유는 도로 건설을 하고 난 후 남은 땅이기 때문이다. 이렇게 남은 땅은 도로가 확장될 가능성이 커 여유지로 남겨놓는 국유지인 경우가 많다.

등기부 등본 상에는 보통 소유자 명이 나오는데 소유자란에 "*※(별표)"로 되어 있으면 국유지이다. 이런 땅에 투자할 때는 지자체에 매입 신청을 하거나, 점용허가를 받아 활용할 수 있다.

## 국공유지를 임대 받아 주차장으로도 활용

먹~467평 샀는데, 쓰는 토지가 869평!!

용도지역 : 농림지역
지목 : 답
면적 : 1,545㎡(467.36평)
소유 : 개인

용도지역 : 농림지역
지목 : 답
면적 : 1,328㎡(402평)
소유 : 국유지

토지주의 경우 내 앞의 자투리땅이 있는 경우 임대를 받아 주차장으로 활용하기도 한다. 건물을 용적률과 건폐율에 맞게 설치한 후 대형 가든식 음식점을 만들어 부족한 주차공간을 국공유지를 활용하는 식이다. 다른 토지에 비해 임대료 등이 저렴하니 개인사업자에게는 매우 훌륭한 활용방법이 될 수 있다.

## 국유지 매입 사례

국유재산의 매각은 원칙적으로 일반경쟁입찰에 의해 매각이 이루어진다. 이 사례는 국유재산의 관리처분기준에 의한 수의계약으로 매각이 이루어진 재산으로서 매입을 완료하였다.

## 해당 국유지의 이용 상황 및 실태

- 좁고 긴 형태의 일단의 국유지로서 소하천 제방도로와 접하고 있다.
- 사유지와 국유지가 서로 맞닿은 사유지로서 사유지 목장용지 소유자가
대부를 받아 사용 중인 국유지였다.
- 국유지(178-5번지)와 사유지인 목장용지(190번지, 191번지)가 접하고 있으므
로 축사 부지의 활용도 제고를 위해서는 매입이 필요한 상황이었다.

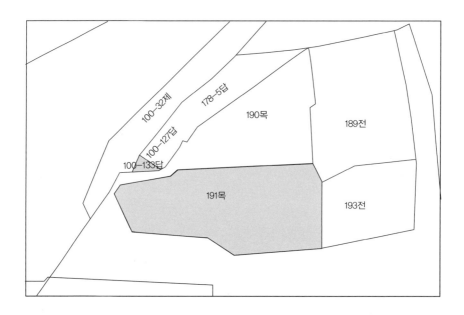

## 효과

▶ 지목은 답이나 사실상 축사건 부지 내 나대지로 사용하고 있었다.
▶ 축사의 건폐율 한계 문제해결의 길이 열리고 제방도로와 접하게 되어 재
산활용도가 높아지게 되었다.

# 신설구거 기부와 폐구거의 매수 관련 사례

질의제목 : 신설구거를 기부하고 폐구거를 매수하고자 합니다.
담당기관 : 국토교통부 운영지원과 답변내용

## 질의내용

수해로 물길이 바뀌어 국유 구거는 논이 되었고 사유지가 구거가 되었습니다. 사유구거(대체구거)를 국가에 기부하면 폐구거를 양여 받을 수 있는지요?

## 회신내용

국유재산법 제54조에 의한 교환은 곤란합니다.

대체 구거를 관리할 국가 또는 지방자치단체에 기부채납 후 매수할 수 있습니다. 요건은 다음과 같습니다.


① 기부채납 및 용도폐지 가능 여부 해당 재산관리기관에서 검토
② 국유재산관리계획에 기부채납-용도폐지 계상(년 2회로 12월과 7월중에 취합)
③ 경계측량 및 토지분할
④ 기부 및 채납 결정, 구거 용도폐지
⑤ 총괄청 인계 후 자산관리공사에게 매각

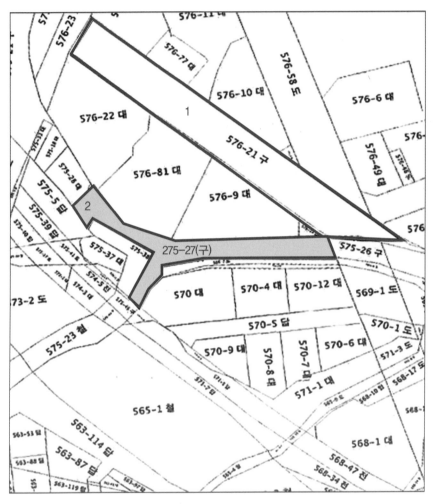

※ 이 지적도는 위 질의내용과 관계없는 도면입니다. (1은 대체 구거, 2는 용도폐지대상 구거)

## 상세설명

국유재산법 제40조에서는 행정재산은 계속 존치할 필요가 없는 재산은 용도를 폐지하여 총괄청에 인계하도록 하고 있다. 수해로 물길이 바뀐 대체구거 결정 여부는 해당 재산관리기관에서 검토 결정할 권한이 있다.

구거의 수로 변경은 변경될 재산이 그 용도에 적합하게 사용될 대체시설이어야 가능하다. 그러므로 해당 재산관리기관은 수로의 변경 여부, 농수로 수혜 여부 등을 종합 검토하여 기부채납을 결정하고, 용도폐지를 할 터인데 인사발령으로 담당공무원의 잦은 교체는 국유재산 업무 숙련도 여하에 따라 진행속도가 달라질 수도 있을 것이라고 보면 된다.

위 '①' '②'에서 용도폐지가 결정되면 해당 부분에 경계측량 및 토지 분할한다.

위 '④'는 기부채납된 재산을 행정재산으로 결정하고, 기존 행정재산은 용도폐지 후 일반재산이 되어 총괄청으로 이관하며, 총괄청으로부터 자산관리공사에 위탁된다.

위 '⑤'에 따라 자산관리공사는 재산의 매각 여부를 결정 검토한 후 매각 절차를 거치게 된다.


## 행정재산의 용도폐지

관련 근거 : 국유재산법 제40조(용도폐지)

행정재산의 용도폐지는 1. 행정 목적으로 사용되지 아니하게 된 경우 2. 행정재산으로 사용하기로 결정한 날부터 5년이 지난 날까지 행정재산으로 사용되지 아니한 경우 3. 법 제57조에 따라 개발하기 위하여 필요한 경우 등에 한하여 그 용도를 폐지할 수 있도록 하고 있다 .

대도시를 제외한 시·군이나 읍면지역에서는 도시계획도로나 마을 안길도로, 농로 등이 개설되면서 기존 이용하던 구길, 구거 등이 용도폐지 하지 않고 있는 사례가 간혹 있다.

또 용도폐지한 일반재산은 곧바로 매수할 수 없다. 자산관리공사로 이관 후에나 가능하다. 또 자산관리공사가 매각 여부를 판단하게 되는데 그 적합성에 따라 판단되어지는 사항이므로 국유재산의 매수는 복잡한 절차를 거치게 된다.

9.5-3임

도로 하천 등의 공공용 재산이 공공성 상실에 따라 지목이 변경된 경우 공공성 상실에 따른 행정절차(용도폐지 후 재산인계)를 거쳐 총괄청에 인도 되면 일반재산으로 관리기관이 변경되고 위탁관리하게 됩니다.

그런데 사실상 공공공 상실은 하였으나 지목변경은 그대로인 경우 용도폐지하지 않고 방치된 사례가 있습니다.

국공유재산의 용도폐지는 장책 또는 시책의 기준에 따라 매년 변동될 수 있고, 소관 관리청의 고유권한이므로 민원인의 청구권이나 신청권이 없음에 따라 용도폐지와 타당성을 사실적으로 논리적인 자료를 제시하는 것이 필요합니다.

하천 직선화 공사로
사실상 용도폐지된 952-4번지 전

빌라, 아파트 등이 건축 예정인 부지는 합필에 의해 건축되는 사례가 많다. 이때 합필 대상의 부지 사이로 용도폐지 대상의 행정재산이 지나가는 경우가 있다. 해당 자치단체에 용도폐지 신청하면 용도폐지 적합성 여부를 판단하게 된다. 용도폐지가 적합하다고 결정되면 자산관리공사로 당해 재산을 이관한다.

행정재산의 용도폐지는 절차는 간단하나 막상 해결을 위해 실무에 들어가면 산 넘어 산이다. 해결 절차가 만만치 않다는 것이다. 그래서 사전에 치밀한 준비가 있은 후 절차적으로 진행해야 어려움을 해결할 수 있다.

지적현황측량 성과도의 파란색 점선 내 2필지는 지목이 천, 구거이다. 사실상 용도폐지된 재산이다. 그러나 공부상 정리하지 못하여 행정재산으로 관리되고 있는 유형의 건이다.

점 선 내 5필지는 동일인 소유다. 이 동일인 소유자가 현재는 별색 점선의 천과 구거 2필지를 대지로 사용허가 받고 사용 중인데 상가건물을 신축 계획 중인 땅이다.

그런데 실제 천, 구거는 1296-7번지로 신설된 박스형 구거로 지나가고 있다. 대체 구거와 천이 새롭게 설치되었기 때문에 용도폐지 가능한 재산인데도 소유자와의 토지보상액 문제로 미결되었던 사례다.

관에서는 해결하고자 하는 의사가 있었으나 토지소유자와 보상액 협의 문제로 미결 중인 사례로서 물론 신설 박스 구거 설치 전 공공용지의 취득 및 손실보상에 관한 법률에 의해 선 보상 후 시행되어야 했으나 마을 안길 포장 등 복합적 사유로 토지보상 없이 구두협의에 의해 사유재산에 선 시행된 사례다. 좀 특이한 사례라고 할 수 있다.

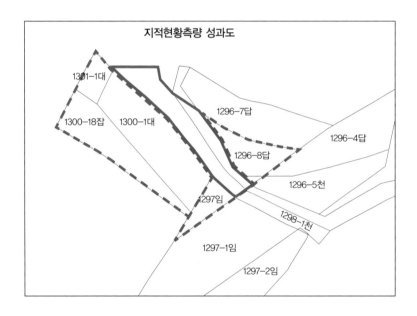

결과적으로 대체시설이 생겼다 하더라도 공부상 대체부지와 시설을 갖추어야 용도폐지가 가능하다는 점에 유의해야 한다.

▶ 도면상 '천과 구거'는 위 사진의 우측의 조립식 건물 사이로 S자형으로 지나간다.

실제로는 '구거 및 천'은 별색 점선 내로 직선화 공사가 이루어졌다. 박스형 복개시설이 완료되었으나 공부상 정리하지 못한 사례다.


## 건축물이 있는 국유림 매수 사례


### 1. 사례

A는 국유림 내 주택을 축조하여 살았다. 그런데 산림청은 그 주택부지에 대하여 '임야'에서 '대'로 지목을 변경하여 등록전환을 하였다. 등록전환이란 임야대장 및 임야도에 등록된 토지를 토지대장 및 지적도에 옮겨 등록하는 것

을 말한다.

등록전환의 원칙은 산지관리법, 건축법 등 관계 법령에 따른 토지를 형질 변경 또는 건축물의 사용승인 등 절차에 따라 지목변경을 하여야 한다. 이 건의 경우 예외적으로 적용된 양성화 절차에 해당하여 지목변경이 이루어진 것으로 사료된다.


## 2. 근거 법령 등 검토

가. 보존 국유림을 준보전 국유림으로 재구분되면 국유재산법 제6조 제3항에 따른 일반재산이 된다.(국유림의 경영 및 관리에 관한 법률 제16조 제3항, 이하 '법'이라 한다.) 일반재산으로 재구분 되면 매각 가능한 재산으로 그 신분이 변함을 의미한다. 따라서 보존 국유림을 매각 가능한 일반재산으로 만들어야 매입이 가능하기 때문에 이 방법에 대하여 살펴보도록 한다.

나. 산림청장은 소관 국유림 중 보존 국유림의 경영관리상 보존 국유림으로 보존할 필요가 없거나 다른 법률의 규정에 의한 목적사업 수행상 보존 국유림이 그 사업부지의 일부로 편입이 불가피한 경우(법 제16조 제4항 제7호)로서 건물의 부지 등 산림 외의 용도로 10년 이상 장기간 사용되고 있어 산림으로의 경영 및 관리가 어려운 경우(국유림의 경영 및 관리에 관한 법률 시행령 제11조 제4항 제4호) 보존 국유림을 준보전 국유림으로 재구분할 수 있도록 하고 있다.


## 3. 준보존 국유림의 매각

가. 법 제20조 제1항 제3호는 "그 밖에 국유림의 확대 및 집단화 등 국유림의 효율적 경영관리를 위하여 매각 또는 교환이 필요하다고 인정되는 경우 산

림청장은 준보존 국유림을 매각할 수 있도록 규정한다.

나. 산림청 소관 국유재산관리규정 제2조 제1항 제5호에 의하여 임야 외의 국유재산 중 일반재산을 용도폐지하려는 때에는 국유재산법 제6조 또는 제40조에 따라 재구분하여야 하는 의무적 규정을 두고 있어 위 사례와 같이 등록 전환되어 임야에서 대로 지목이 변한 재산은 국유재산법이 정한 절차에 따라 매각처분이 가능한 재산으로 그 신분이 변하게 된다.

다. 또한 무단점유 국유림의 지목이 변경되어 국유재산법의 적용을 받는 일반재산이 된다고 본다면, 국유재산법상의 각 요건을 갖추면 대부, 매각, 교환이 당연히 가능하다. (법제처 유권해석, 법령 해석례 16-0361)


## 4. 매각 절차(결론)

국유림 중 그 일부가 건축물이 있는 대지의 경우 그 지목이 임야에서 '대'로 등록 전환하여 지목변경이 되면 국유재산법의 일반재산 매각기준을 적용받는다.

따라서 국유재산법 제40조 제3항 제14호 가목의 규정에 의하여, 2012년 12월 31일 이전부터 국가 외의 자가 소유한 건물로 점유된 국유재산에 대하여는 그 건물 바닥면적의 두 배 이내 범위에서 그 건물 소유자에게 매각하는 경우 수의계약으로 처분할 수 있다.

# 국유재산의 교환 절차

## 의의

국가가 국가의 행정목적수행에 필요한 재산을 확보하기 위하여 국유일반재산을 국가 외의 자의 재산과 상호 교환하는 사법상의 계약을 말한다.

교환은 당사자 쌍방이 금전 이외의 재산권을 상호 이전할 것을 약정함으로써 성립하는 계약을 말한다.(민법 제596조) 교환은 당사자가 쌍방의 급부가 금전이 아닌 점에서 매매와 다르지만 계약인 점에서 매매와 성질이 같다.

## 교환요건 규정의 완화

과거 국유재산의 교환요건은 직접 공용 또는 공공용의 목적에 사용할 경우로 한정하여 활용도 제고가 요구되었고, 2004.12.31 개정 국유재산법(법률 제7325호) 요건을 추가하여 교환을 더 용이하게 하였다. 국유재산법은 교환의 사인, 법인, 공공단체 등이 가능하여 상대방 제한을 두지 않고 있다.

## 교환 요건

다음 각 호의 어느 하나에 해당하는 경우에는 일반재산인 토지·건물, 그 밖의 토지의 정착물, 동산과 공유 또는 사유재산인 토지·건물, 그 밖의 토지의 정착물, 동산을 교환할 수 있다.(법 제54조 제1항)

1. 국가가 직접 행정재산으로 사용하기 위하여 필요한 경우

2. 소규모 일반재산을 한 곳에 모아 관리함으로써 재산의 효용성을 높이기 위하여 필요한 경우

3. 일반재산의 가치와 이용도를 높이기 위하여 필요한 경우로서 매각 등 다른 방법으로 해당 재산의 처분이 곤란한 경우

4. 상호 점유를 하고 있고 해당 재산 소유자가 사유 토지만으로는 진입·출입이 곤란한 경우 등 다음 각 호(동법 시행령 제57조 제4항)가 정하는 불가피한 사유로 인하여 점유 중인 일반재산과 교환을 요청한 경우

1) 사유재산 소유자가 사유토지만으로는 진입·출입이 곤란한 경우

2) 국가의 점유로 인하여 해당 사유재산의 효용이 현저하게 감소된 경우

3) 2016년 3월 2일 전부터 사유재산 소유자가 소유한 건물로 점유·사용되고 있는 일반재산인 토지로서 해당 토지의 향후 행정재산으로서의 활용 가능성이 현저하게 낮은 경우

## 지목이 다른 경우 교환 가능 여부 유권해석(국재 41321-359 회신일자 1999.05.06)

교환하는 재산은 국유재산법 제46조의 규정에 의거 부득이한 사유가 있는 경우를 제외하고는 서로 유사한 재산이어야 하는 바, 교환에 있어서 토지는 지목(전, 답, 대, 임 등)에 관계없이 상호교환이 가능할 것으로 판단되나 부득이한 사유가 있는지 등은 당해 재산의 관리청에서 판단하여 처리할 사항이다.

## 교환 가격의 유사성

교환 대상 재산이 공유재산, 관사의 경우를 제외하고는 서로 유사한 재산이어야 한다.

서로 유사한 재산의 교환 대상은 토지를 토지와 교환하는 경우, 건물을 건

물과 교환하는 경우, 양쪽 또는 어느 한 쪽의 재산에 건물이 있는 토지인 경우에 주된 재산(그 재산의 가액이 전체 재산가액의 2분의 1 이상인 재산을 말한다.)이 서로 일치하는 경우 등이다. 〈대법원 1985. 9.24. 선고 85다카 1031 판결 〉

국유재산법 제34조, 제43조, 동법 시행령 제37조, 제46조, 동법 시행규칙 제32조의 각 규정을 종합하면, 국유재산과 사유재산의 교환에 있어서는 예정가격에 있어서 동일하여야 하고 그 동일 여부는 감정가격과 현장조사 결과를 참작 결정하도록 되어 있으므로 교환의 대상이 된 어느 일방의 재산의 평가가 잘못되고 그 잘못된 가격으로 계약이 체결되어 이행된 경우 그 평가 상의 잘못으로 불이익을 입은 당사자가 이를 알고 인용한 것이 아니라면 형평의 원칙상 그 불이익은 이를 입은 당사자의 손해라고 봄이 상당하고 그 잘못된 평가가 감정의 기초 자료의 부실에 기인한 것이라면 그 손해는 부실자료를 제공한 자의 불법행위로 인한 것이라 할 것이다.

## 차액정산

동법 시행령 제57조 제3항 제4호는 한 쪽 재산의 가격이 다른 쪽 재산 가격의 4분의 3 미만(75%)인 경우는 교환할 수 없도록 규정하고 있다.
교환 쌍방의 가격이 동일하지 않을 시 그 차액은 금전으로 대납하도록 하고 있다.(법 제 54조제3항)

# PART 3.

## 국유재산 처분기준과 매입 실전

# 2019년도 국유재산처분기준

제1조(목적)

이 기준은 국유재산의 처분에 관한 사항을 정하여 국유재산의 효율적인 처분 업무에 기여함을 목적으로 한다.

제2조(정의)

이 기준에서 사용하는 용어의 뜻은 국유재산법(이하 "법"이라 한다) 및 국유재산법 시행령(이하 "영"이라 한다) 이 정하는 바에 따른다.

제3조(매각의 일반원칙)

일반재산은 다음 각 호의 어느 하나에 해당 하지 않는 경우에는 매각할 수 있다.

1. 제4조에 의한 매각 제한 대상에 해당하는 경우
2. 제5조에 의한 총괄청의 매각승인을 받지 않은 경우

제4조(매각의 제한)

① 다음 각 호의 어느 하나에 해당하는 경우에는 매각을 제한할 수 있다.

  1. 중앙관서의 장이 행정목적으로 사용하기 위하여 그 재산에 대하여 법 제8조 제4항에 따른 행정재산의 사용 승인이나 관리전환을 신청

한 경우

2. 국토의 계획 및 이용에 관한 법률 등 다른 법률에 따라 그 처분이 제한되는 경우

3. 법 제57조에 따른 개발이 필요한 경우

4. 장래의 행정수요에 대비하기 위하여 비축할 필요가 있는 경우

5. 사실상 또는 소송상 분쟁이 진행 중이거나 예상되는 등의 사유로 매각을 제한할 필요가 있는 경우

6. 상수원관리지역 (상수원보호구역과 수변구역 및 상수원수질보전을 위한 특별 대책지역을 말한다.) 이나 금강·낙동강·영산강·한강수계관리기금으로 토지를 매수할 수 있는 지역의 국유지로서 상수원의 수질개선·오염방지 및 자연환경 훼손 방지를 위하여 필요한 경우

7. 소유자 없는 부동산에 대하여 공고를 거쳐 취득한 후 10년이 지나지 아니한 경우

8. 당해 국유재산의 매각으로 남겨지는 잔여 국유재산의 효용이 감소되는 경우

9. 장래 행정목적의 활용가능성과 보존·관리의 필요성 등을 고려하여 총괄청 또는 국유재산정책심의위원회 부동산분과위원회가 매각제한 재산으로 결정한 경우

10. 법 제3조 제2호에 따른 국유재산의 취득과 처분의 균형을 위하여 처분의 제한이 필요하다고 총괄청이 인정하는 경우

11. 총괄청 소관 일반재산의 관리·처분에 관한 사무를 위임·위탁받은 자(이하 '한국자산관리공사'라 한다.)가 일반재산의 활용도 제고를 위하여 개발형, 활용형, 보존형, 처분형 등으로 유형화한 재산 중 처분형 재산이 아닌 경우

② 제1항 제6호에도 불구하고 국토의 계획 및 이용에 관한 법률 제6조 제1호에 따른 도시지역과 환경부가 정한 상수원지역 국·공유지 매각제한 기준에

따라 매각이 불가피하다고 인정되는 경우에는 매각할 수 있다.

③ 제1항 제7호에도 불구하고 다음 각 호의 어느 하나에 해당하는 경우에는 매각할 수 있다.

1. 해당 국유재산이 공익사업을 위한 토지 등의 취득 및 보상에 관한 법률에 따른 공익사업에 필요하게 된 경우

2. 공간 정보의 구축 및 관리 등에 관한 법률 제84조에 따른 등록사항의 정정 등으로 신규등록되어 국가의 소유로 된 경우. 다만, 매각일 현재 소송이 진행 중인 재산은 제외한다.

3. 행정재산의 용도로 사용하던 소유자 없는 부동산을 행정재산으로 취득하였으나 그 행정재산을 당해 용도로 사용하지 아니하게 된 경우

4. 다른 법률에 따라 특정한 사업목적 외의 처분이 제한되거나 일정한 자에게 매각할 수 있는 재산으로서 그 사업목적을 달성하기 위하여 필요하다고 인정되는 경우

④ 제1항 제8호에도 불구하고 법령 등에 따라 불가피하다고 인정되는 경우에는 매각할 수 있다.

제5조(매각승인 및 심의 대상)

① 다음 각 호의 어느 하나에 해당하는 재산을 매각하려는 경우에는 미리 총괄청의 승인을 받아야 한다.

1. 공공용재산(도로, 하천, 제방 등)을 제외한 일단의 토지[경계선이 서로 맞닿은 국유일반재산(국가와 국가 이외의 자가 공유한 토지는 제외한다.)인 일련 一連의 토지를 말한다. 이하 같다.] 의 면적이 특별시·광역시 지역에서는 1,000㎡ 초과, 그 밖의 시 지역에서는 2,000㎡ 초과, 시 외의 지역[시 (행정시를 포함한다.)에 소재한 읍·면 지역을 포함한다. 이하 같다]에서는 3,000㎡를 초과하는 재산

2. 영 제40조 제3항 제17호 및 제27호에 따라 수의계약으로 매각하려
   는 경우 매각 재산의 대장가격이 특별시·광역시 지역에서는 5억 원
   초과, 그 밖의 시 지역에서는 3억 원 초과, 시 외의 지역에서는 2억 원
   을 초과하는 재산
3. 한국자산관리공사가 영 제40조 제3항 제1호부터 제6호까지, 제11 호
   부터 제12호 및 같은 항 제18호 자목에 따라 수의계약으로 매각 하려
   는 재산

② 총괄청은 제1항의 대상재산에 대하여 타 중앙관서의 행정수요 여부,
보존 필요성, 미활용상태의 기간 등을 고려하여 매각승인 여부를 결정하여
야 한다.

③ 한국자산관리공사가 영 제40조 제3항 제17호 및 제27호에 따라 수의 계
약으로 매각하려는 경우에는 자체 심의위원회의 심의·의결을 거쳐야 하며,
심의결과와 관련한 자료는 총괄청에 제출하여야 한다. 다만, 일단의 토지 면
적이 100㎡ 미만인 경우 또는 대장가격 1,000만 원 미만인 재산의 매각에 대
해서는 그러하지 아니하다.

제6조(승인대상의 예외)
제5조에도 불구하고 다음 각 호의 어느 하나에 해당하는 경우에는 총괄청
의 승인을 거치지 아니한다.
1. 영 제40조 제3항 제7호부터 제10호까지, 제16호, 제18호(자목 제외) 및
   제25호에 따라 수의계약의 방법으로 매각하는 경우
2. 법원의 확정판결·결정 등에 따른 소유권 등의 변경과 법원에 공탁된
   공탁금의 수령
3. 공익사업을 위한 토지 등의 취득 및 보상에 관한 법률에 따른 손실 보
   상 (다만, 같은 법 제20조에 따라 사업시행자가 사업인정을 받은 경우에 한한다.)

4. 산림청 소관의 토지 중 국유림의 경영 및 관리에 관한 법률 제16조에 따른 준보전 국유림으로서 같은 법 제20조에 따라 국유림을 확대하거나 집단화하기 위하여 매각할 필요가 있는 경우. 다만, 일단의 토지의 면적이 특별시·광역시 지역에서는 3,000㎡ 미만(임야는 20,000㎡ 미만) , 그 밖의 시 지역에서는 5,000㎡ 미만(임야는 50,000㎡ 미만), 시 외의 지역에서는 10,000㎡ 미만(임야는 100,000㎡ 미만) 인 경우로 한정한다.
5. 특별회계 및 기금 소관의 재산을 매각하는 경우
6. 도시개발법 등에 따른 환지
7. 입목죽 및 공작물의 매각

제7조(매각의 방법)
① 국유재산의 매각은 법 제43조에 따라 일반 경쟁입찰을 원칙으로 한다. 다만, 영 제40조에 따라 필요한 경우에는 제한경쟁, 지명경쟁 또는 수의계약의 방법으로 매각할 수 있다.

② 제1항 단서에 따라 수의계약의 방법으로 매각을 검토하는 경우에도 경쟁입찰 또는 대부계약을 우선 고려하여야 한다.

제8조(다른 법률에 따른 매각시 용도 지정)
다른 법률의 규정에 따라 단체의 운영과 사업시행·시설설치를 위해 국유재산을 매수자에게 우선 매각하는 경우 법 제49조에 따라 매수자에게 그 재산의 용도와 그 용도에 사용하여야 할 기간을 정하여 매각하여야 한다. 이 경우 법 제52조 제3호의 사유가 발생하면 해당 매매계약을 해제한다는 내용의 특약등기를 하여야 한다.

제9조(농지매각 수의계약 기준)
① 영 제40조 제3항 제18호 아목에 따라 수의계약으로 매각하는 경우 대상

농지는 다음 각 호의 요건을 모두 갖춘 경우에 한한다.

  1. 농지법에 따른 농업진흥지역의 농지

  2. 제5조의 시 외의 지역에 위치

  3. 10,000㎡ 이하의 면적


  ② 중앙관서의 장 등은 영 제40조 제3항 제18호 아목에 따라 농지를 수의 계약으로 매각하는 경우 실경작 여부를 반드시 확인하여야 하며, 관련 서류 등을 보관하여야 한다.


제10조(총괄청과의 협의 등)

  ① 중앙관서의 장이 제6조 제5호에 따라 매각하는 일반재산 중 다음 각 호의 어느 하나에 해당하는 경우에는 총괄청과 협의하여야 한다.

  1. 공용재산으로 사용 후 용도폐지된 토지나 건물

  2. 공공용 재산(도로, 하천, 제방 등)을 제외한 일단의 [토지 경계선이 서로 맞닿은 국유 일반재산(국가와 국가 이외의 자가 공유한 토지는 제외한다.)인 일련의 토지를 말한다. 이하 같다.] 면적이 특별시·광 역시 지역에서는 1,000㎡ 초과, 그 밖의 시 지역에서는 2,000㎡ 초과, 시 외의 지역[시(행정시를 포함한다.)에 소재한 읍·면 지역을 포함한다. 이하 같다]에서는 3,000㎡를 초과하는 재산


  ② 중앙관서의 장 등은 다음 각 호의 어느 하나에 해당하는 국유지를 매각하려는 경우에는 우선적으로 장기공공임대주택(임대주택법 시행령 제2조에 따른 공공 건설임대주택으로서 임대의무기간이 10년 이상인 임대주택을 말한다.)의 용도로 필요한지에 관하여 국토교통부장관과 협의하여야 한다.

  1. 용도폐지된 군부대, 교도소 및 학교의 부지

  2. 일단의 토지의 면적이 10,000㎡를 초과하는 토지


  ③ 중앙관서의 장 등은 법 제27조 및 제54조에 따라 교환하려는 경우 교환

계약 체결 전 총괄청에 그 내용을 통지하여야 한다.

④ 법 제6조 제2항 제1호에 따른 공용재산(주거용은 제외한다.)으로 사용 후 용도폐지된 토지나 건물을 한국자산관리공사가 매각하려는 경우에는 타 중앙관서의 행정 수요 여부를 총괄청을 통해 미리 확인하여야 한다.

제11조(집행실적의 보고)
한국자산관리공사는 이 기준에 따라 매각한 집행 실적을 분기별로 총괄청에 보고하여야 한다.

제12조(처분승인 재산의 이월 집행)
이 기준에 따라 처분이 승인되었으나 2019년 12월 31일까지 집행하지 못한 재산(집행 당시의 처분기준에 위배되지 않는 경우로 한정한다.)은 2020년 12월 31일까지 이월하여 집행할 수 있다.

부칙 〈2017.08.22.〉

제1조(농지매각 수의계약 제한의 적용)
제9조에 따른 농지매각 수의계약 제한 규정은 2018년 1월 1일 이후 최초 대부계약(사용허가를 포함한다.)을 체결한 자에게 적용한다.

## 2019년 국유재산 처분기준(안) 신·구조문 대비표

| 현행 | 개정 (안) | 개정사유 |
|---|---|---|
| 제4조(매각의 제한)<br>① 신설 | 제4조(매각의 제한) ①<br>11. 총괄청 소관 일반재산의 관리·처분에 관한 사무를 위임·위탁받은 자(이하 '한국자산관리공사'라 한다)가 일반재산의 활용도 제고를 위하여 개발형, 활용형, 보존형, 처분형 등으로 유형화한 재산 중 처분형 재산이 아닌 경우 | • 일반재산 유형화 분류 근거를 마련하고, 처분형 재산만 매각토록하여 매각 축소 |
| 제5조(매각승인 등 대상 재산) ① 공공용재산(도로, 하천, 제방 등)을 제외한 일단의 토지 [경계선이 서로 맞닿은 국유일반재산(국가와 국가 이외의 자가 공유한 토지는 제외한다)인 일련(一連)의 토지를 말한다. 이하 같다] 의 면적이 특별시·광역시 지역에서는 1,000㎡ 초과, 그 밖의 시 지역에서는 2,000㎡ 초과, 시 외의 지역[시(행정시를 포함한다)에 소재한 읍·면 지역을 포함한다. 이하 같다]에서는 3,000㎡를 초과하는 재산을 매각하고자 하는 경우에는 미리 총괄청의 승인을 받아야 한다. 다만, 총괄청 소관 일반재산의 관리·처분에 관한 사무를 위임·위탁받은 자는 해당 일반재산이 영 제40조 제3항 제1호부터 제6호까지, 제11호부터 제12호 및 같은 항 제18호자목에 해당하여 수의계약의 방법으로 매각하려는 경우에는 면적에 관계없이 총괄청의 승인을 받아야 한다.<br><br>② (생략)<br>신설 | 제5조(매각승인 및 심의 대상)<br>① 다음 각 호의 어느 하나에 해당하는 재산을 매각하려는 경우에는 미리 총괄청의 승인을 받아야 한다.<br>1. (좌동) 현행 제1항 본문과 같음<br>2. 영 제40조 제3항 제17호 및 제27호에 따라 수의계약으로 매각하려는 경우 매각 재산의 대장가격이 특별시·광역시 지역에서는 5억 원 초과, 그 밖의 시 지역에서는 3억 원 초과, 시 외의 지역에서는 2억 원을 초과하는 재산<br>3. 한국자산관리공사가 영 제40조 제3항 제1호부터 제6호까지, 제11호부터 제12호 및 같은 항 제18호자목에 따라 수의계약으로 매각하려는 재산<br><br>② (현행과 같음)<br>③ 한국자산관리공사가 영 제40조 제3항 제17호 및 제27호에 따라 수의계약으로 매각하려는 경우에는 자체 심의위원회의 심의·의결을 거쳐야 하며, 심의결과와 관련한 자료는 총괄청에 제출하여야 한다. 다만, 일단의 토지 면적이 100㎡ 미만인 경우 또는 대장가격 1,000만원 미만인 재산의 매각에 대해서는 그러하지 아니하다. | • 조문정리<br><br>• 소규모·고액 우량 재산 보호 및 활용을 위해 특정 수의 계약의 경우 일정 금액 이상에 대해 총괄청 사전 승인 의무화<br><br>• 인접지 및 기타 사유의 수의매각을 하는 경우 자산관리공사 자체 심의위원회를 개최해서 심의할 수 있도록 근거 마련 |
| 제10조(총괄청과의 협의 등)<br>신설 | 제10조(총괄청과의 협의 등)<br>④ 법 제6조 제2항 제1호에 따른 공용재산(주거용은 제외한다)으로 사용 후 용도폐지 된 토지나 건물을 한국자산관리공사가 매각하려는 경우에는 타 중앙관서의 행정수요 여부를 총괄청을 통해 미리 확인하여야 한다. | • 공용청사로 사용했던 재산의 매각 시, 타 부처 수요에 따른 재사용 가능여부를 우선 파악 근거 마련 |
| 신설 | 제11조(집행실적의 보고) 한국자산관리공사는 이 기준에 따라 매각한 집행 실적을 분기별로 총괄청에 보고하여야 한다. | • 집행실적 보고 근거 마련 |

# 국공유지 관리체계와 취득 및 처분

## 국유재산 관리체계

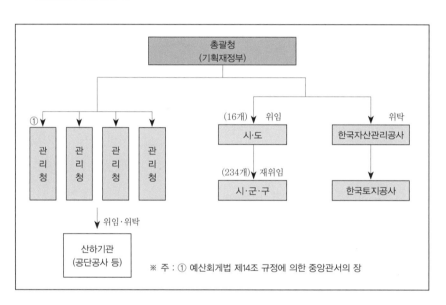

## 관리 기관별 재산관리 유형(국유잡종재산)

| 한국자산관리공사 | 지방자치단체 | 한국토지공사 |
|---|---|---|
| 1. 일단의 면적이 5,000㎡ 이하인 토지<br>2. 건물과 그 부속 토지<br>3. 매각을 위하여 용토폐지한 재산<br>4. 국세물납으로 인하여 취득한 재산<br>5. 한국자산관리공사에 위탁하는 것이 필요하다고 기획재정부가 결정한 재산 | 1. 농업진흥구역 내 농경지<br>2. 상수원보호구역, 국립공원구역 등 개발제한구역 내에 위피하거나 기타 관계법령에 의한 사용 또는 개방이 부적합한 재산<br>3. 지방자치단체에 위임하는 것이 필요하다고 기획재정부가 결정한 재산 | 1. 일단의 면적이 5,000㎡를 초과하는 토지<br>2. 한국토지공사에 위탁하는 것이 필요하다고 기획재정부가 결정한 재산 |

## 관리계획에 관한 총괄적인 사항(국유재산법 제1조~제4조)

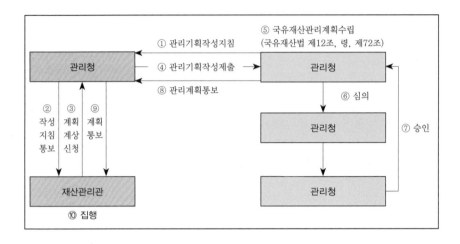

## 국유재산의 취득 및 처분과 관련되는 법

| 구분 | 취득 | | 처분 | |
|------|------|------|------|------|
| | 내용 | 관련법 | 내용 | 관련법 |
| 예정 가격 결정 | • 지가공시 및 토지등의 평가에 관한 법률에 의한 2인 이상의 감정평가업자에게 의뢰하여 그 평가액의 산술평균치를 기준으로 함<br>• 특별한 사유가 있는 경우에는 재감정하여 산술평균치를 기준으로 함 | • 공공용지취득 및 손실보상에관한법률법시행령 제2조의10 제8항<br>• 동법시행규칙 제5조의4 제4항 | • 싯가를 참작(감정평가법인 2인 이상에게 의뢰하여 그 평가액을 산술평균한 금액으로 함) | • 국유재산법시행령 제37조 제1항 |
| 계약 방법 | • 수의계약 | • 국가를 당사자로 하는 계약에 관한 법률 시행령 제26조1항 제4호카목 | • 경쟁입찰<br>• 지명경쟁, 제한경쟁<br>• 수의계약수의계약 | |

# 행정재산의 사용 수익허가

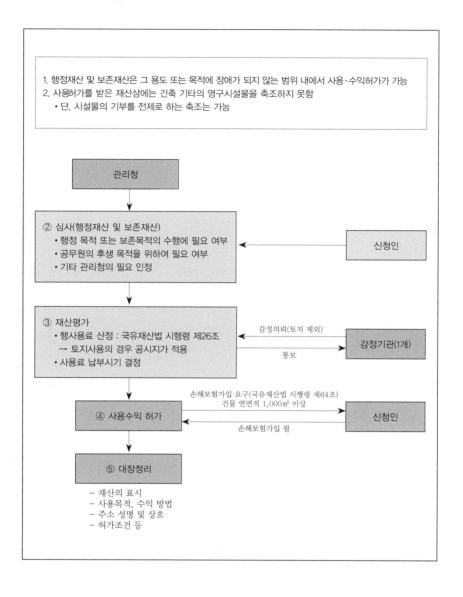

1. 행정재산 및 보존재산은 그 용도 또는 목적에 장애가 되지 않는 범위 내에서 사용·수익허가가 가능
2. 사용허가를 받은 재산상에는 건축 기타의 영구시설물을 축조하지 못함
   • 단, 시설물의 기부를 전제로 하는 축조는 가능

관리청

② 심사(행정재산 및 보존재산)
   • 행정 목적 또는 보존목적의 수행에 필요 여부
   • 공무원의 후생 목적을 위하여 필요 여부
   • 기타 관리청의 필요 인정

신청인

③ 재산평가
   • 행사용료 산정 : 국유재산법 시행령 제26조
     → 토지사용의 경우 공시지가 적용
   • 사용료 납부시기 결정

감정의뢰(토지 제외)

통보

감정기관(1개)

손해보험가입 요구(국유재산법 시행령 제64조)
건물 연면적 1,000㎡ 이상

손해보험가입 필

④ 사용수익 허가

신청인

⑤ 대장정리

   - 재산의 표시
   - 사용목적, 수익 방법
   - 주소 성명 및 상호
   - 허가조건 등

## 잡종재산의 매각

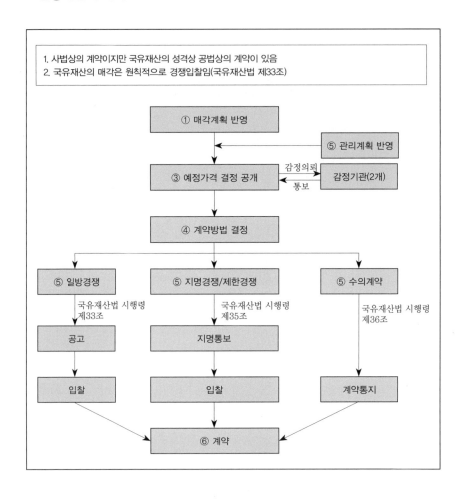

1. 사법상의 계약이지만 국유재산의 성격상 공법상의 계약이 있음
2. 국유재산의 매각은 원칙적으로 경쟁입찰임(국유재산법 제33조)

① 매각계획 반영

⑤ 관리계획 반영

③ 예정가격 결정 공개 ← 감정의뢰 / 통보 → 감정기관(2개)

④ 계약방법 결정

⑤ 일방경쟁 → 국유재산법 시행령 제33조 → 공고 → 입찰

⑤ 지명경쟁/제한경쟁 → 국유재산법 시행령 제35조 → 지명통보 → 입찰

⑤ 수의계약 → 국유재산법 시행령 제36조 → 계약통지

⑥ 계약

# 국유지 매입 관련 검토

## 1. 국유재산 매입 및 관리·처분기관

### 가. 관리·처분기관 : 국유재산법 제32조 및 동법 시행령 제33조

---

- **법 제32조 ③항**
  총괄청은 대통령이 정하는 바에 따라 제1항 본문 및 제2항의 관리·처분에 관한 사무의 일부를 총괄청 소속 공무원, 관리청 또는 그 소속 공무원, 지방자치단체의 장 또는 그 소속 공무원에게 위임하거나 정부 출자 기업체, 금융기관, 증권회사 또는 특별법에 의하여 설립된 법인으로 대통령령이 정하는 자에게 위탁할 수 있다〈개정 1994. 1. 5. 1999. 12. 31〉

- **령 제33조 ②항**
  총괄청은 총괄청이 관리·처분하는 잡종재산 및 보존재산 중 총괄청이 따로 지정하는 재산을 제외한 재산의 관리처분에 관한 사무를 **법 제32조 제3항의 규정에 의하여 재산의 소재지를 관할하는 특별시장·광역시장 도지사 또는 특별자치도지사(이하 시·도·지사라 한다)**에게 위임한다. 다만, 다음 각 호의 어느 하나에 해당하는 재산의 경우에는 금융기관부실자산의 효율적 처리 및 한국자산관리공사의 설립에 관한 법률에 의하여 설립된 한국자산관리공사(이하 한국자산관리공라 한다) 또는 한국토지공사법에 의하여 설립된 한국토지공사에 관리처분을 위탁할 수 있다.

---

근거 : 국유재산관리계획 203조 : 〈별첨 2〉 2006년도 국유재산의 관리·처분 재산명게의 변경권한

| 변경권한 | 조항 | 내용 |
|---|---|---|
| 국무회의 심의<br>(대통령 재가) | 제9조 제1항<br>제13조(제1항 제3호 제외) | • 지방자치단체 및 공공단체에 매각<br>• 양여 중 총괄청 변경사항을 제외한 재산 |
| 총괄청<br>(국장전결) | 제6조<br>제7조 제5항 제6호<br>제9조 제2항 제13호<br>재10조<br>제12조<br>제13조 제1항 제3호<br>제14호<br>제15조 제4항 | • 관리환(기획재정부소관 재산에 한함)<br>• 재산의 위치 규모·형태 및 용도로 보아 부적합한 재산의 매각<br>• 사도 개설 부지의 매각<br>• 지특별회계. 기금소관 재산의 매각<br>• 교환<br>• 대체시설 제공자에게 용도폐지 재산을 양여<br>• 신탁<br>• 무상대부(기획재정부 소관 재산에 한함) |
| 관리청<br>(시·도 자산관<br>리공사 토지공<br>사, 자체변경) | 제5조<br>제7조(제5항 제6조 제외)<br>제8조<br>제9조 제2항(제13호 제외) | • 취득<br>• 보존부적합 재산의 매각 중 총괄청 변경사항을 제외한 재산<br>• 지법규에 의한 매각<br>• 공공목적의 매각(교육, 주택, 농업, 공업 증 산업의 기본적인 육성 목적 중 총괄청 변경 사항을 제외한 재산 |

### 나. 국유재산 처분 관련 근거 법률
- 도시 및 주거환경정비법 제38조(토지 등의 수용 또는 사용)/ 제66조(국공유재산의 처분 등)
- 국유재산법 제31조(처분 등) 및 동법 시행령 제33조
- 국유재산관리계획 제8조(법규에 의한 매각기준)
  → 도정법 제66조 → 국유재산법 제31조 → 국유재산관리계획 제8조 → 처분관리청은 서울시

## 2, 공익사업이란 : 공익사업을 위한 토지등의 취득 및 보산에 관한 법률 제4조

- **법 제4조(공익사업)**

  이 법에 의하여 토지 등을 취득 또는 사용할 수 있는 사업은 다음 각호의 1에 해당아는 사업이어야 한다.

  1. 국방·군사에 관한 사업
  2. 관계 법률에 의하여 허가·인가·승인·지정 등을 받아 공익을 목적으로 시행하는 철도·도로·공항·항만·주차장·공영차고지·화물터미널·식도·궤도·하천·제방·댐·운하·수도·하수도·하수종말처리·폐수처리·사방·방풍·방화·방조·방수·저수지·용배수로·석유비축 및 송유폐기물처리·전기·전기통신·방송·가스 및 기상관측에 관한 사업
  3. 국가 또는 지방자치단체가 설치하는 청사·공장·연구소·시험소·보건 또는 문화시설·공원·수목원·광장·운동장·시장·묘지·화장장·토축장 그밖의 공공용 시설에 관한 사업
  4. 관계 법률에 의하여 허가·인가·승인·지정 등을 받아 공익을 목적으로 시행하는 학교·도서관·박물관 및 미술관의 건립에 관한 사업
  5. 국가·지방자치단체·정부투자기관·지방공기업 또는 국가나 지방자치단체가 지정한 자가 임대나 양도의 목적으로 시행하는 주택의 건설 또는 택지의 조성에 관한 사업
  6. 제1호 내지 제65호의 사업을 시행하기 위하여 필요한 통로·교량·전선로·재료적치장 그 밖의 부속시설에 관한 사업
  7. **그 밖에 다른 법률에 의하여 토지 등을 수용 또는 사용할 수 있는 사업**

- **※도시 및 주거환경 정비법 제38조(토지 등의 수용 또는 사용)**

  사업시행자는 정비구역안에서 정비사업(주택재건축사업의 경우에는 제8조 제4항 제1호의 규정에 해당하는 사업에 한한다. 이하 이 조에서 같다.)을 시행하기 위하여 필요한 경우에는 공익사업을위한토지등의취득및보상에관한법률 제3조의 규정에 의한 토지·물건 또는 그 밖의 권리를 수용 또는 사용할 수 있다.〈개정 2005. 3. 18〉

- **※도시 및 주거환경정비법 제40조(공익사업을 위한 토지들의 취득 및 보상에 관한 법률의 준용)**

  ① **정비구역 안에서 정비사업의 시행을 위한 토지 또는 건축물의 소유권과 그 밖의 권리에 대한 수용 또는 사용에 관여하는 이 법에 특별한 규정이 없는 경우를 제외하고는 공익사업을 위한 토지등의 취득 및 보상에 관한 법률을 준용**한다.
  ② 제1항의 규정에 의하여 공익사업을위한토지등의취득및보상에관한법률을 준용함에 있어서 **사업시행인가의 고시**(시장·군수가 직접 정비사업을 시행하는 경우에는 제28조 제3항의 규정에 의한 사업시행계획서의 고시를 말한다. 이하 이 조에서 같다.)가 있는 때에는 공익사업을 위한 토지등의 취득 및 보상에 관한 법률 제20조 제1항 및 제22조 제1항의 규정에 의한 사업인정 및 그 고시가 있는 것으로 본다.
  ③ 제1항의 규정에 의한 수용 또는 사용에 대한 재결의 신청은 공익사업을 위한 토지등의 취득 및 보상에 관한 법률 제23조 및 동법 제28조 제1항의 규정에 불구하고 사업시행인가를 할 때 정한 사업시행기간 이내에 이를 행하여야 한다.
  ④ 대지 또는 건축물을 현물보상하는 경우에는 공익사업을 위한 토지등의 취득 및 보상에 관한 법률 제42조의 규정에 불구하고 제52조의 규정에 의한 준공인가 이후에 그 현물보상을 할 수 있다.

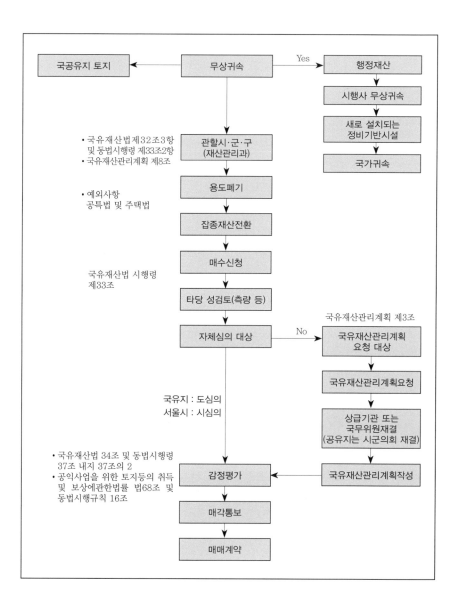

국공유지 토지 ← 무상귀속 —Yes→ 행정재산

행정재산 → 시행사 무상귀속 → 새로 설치되는 정비기반시설 → 국가귀속

• 국유재산법 제32조3항 및 동법시행령 제33조2항
• 국유재산관리계획 제8조

관할시·군·구 (재산관리과)

• 예외사항 공특법 및 주택법

용도폐기

잡종재산전환

매수신청

국유재산법 시행령 제33조

타당성검토(측량 등)

자체심의 대상 —No→ 국유재산관리계획 요청 대상

국유재산관리계획 제3조

국유재산관리계획 요청 대상 → 국유재산관리계획요청 → 상급기관 또는 국무위원재결 (공유지는 시군의회 재결) → 국유재산관리계획작성

국유지 : 도심의
서울시 : 시심의

감정평가

• 국유재산법 34조 및 동법시행령 37조 내지 37조의 2
• 공익사업을 위한 토지등의 취득 및 보상에관한법률 법68조 및 동법시행규칙 16조

매각통보

매매계약

## 3. 국유지 재산 가격 결정

관련 법률 : 국유재산법 34조 및 동법 시행령 37조 내지 37조의2
공익사업을 위한 토지 등의 취득 및 보상에 관한 법률 법68조 및 동법 시행규칙 16조

---

※ **국유재산법 제34조 (처분재산의 가격결정)** : 잡종재산의 처분에 있어서 그 가격은 대통령령이 정하는 바에 의하여 시가를 참작하여 결정한다.

→령 37조 (재산의 가격결정)
① 잡종재산을 처분하는 때에는 싯가를 참작하여 당해 재산의 예정가격을 결정하여야 한다. 다만, 예정가격이 **500만 원**[특별시·광역시(군은 제외한다)와 총괄청이 지정하는 지역에 있어서는 1천 500만 원] 이상으로 추정되는 재산에 대하여는 **2개 이상의 감정평가법인에게 평가를 의뢰하고 그 평가액을 산술한 금액을 예정가격**으로 한다.〈개정 1982. 4. 16, 1990. 6. 30, 1994. 4. 12, 1993. 6. 15, 1997. 10. 1, 2006. 8. 14〉
② 제1항의 규정에 의한 예정가격은 이를 공개하여야 한다〈개정 1994. 4.12〉
③ 제1항 규정에 의한 감정평가법인의 평가액은 평가일로부터 1년이 경과한 때에는 이를 적용할 수 없다.(1994. 4. 12)
④ 잡종재산을 법 제33조에 따라 경쟁입찰지명경쟁입찰 또는 제한경쟁입찰에 2회 부친 결과 해당잡종재산이 매각되지 아니하는 경우에는 3회차 입찰부터 최초 매각예정가격의 100분의 10의 금액만큼 매회 그 예정가격을 낮출 수 있다.(2006. 8. 14)
⑤ 삭제(1994. 4. 12)
⑥ 법 제44조 제1항 제1호 및 법 제45조 제1항의 규정에 의하여 양여하는 경우에는 제1항의 규정에 불구하고 국유재산대장가격을 재산 가격으로 한다.〈신설 1981. 3. 14〉
⑦ 국유재산을 법 제35조의 규정에 의하여 개척·매립·간척 또는 조림하거나 기타 정당한 사유에 의하여 점유하고 개량한 자에게 당해 재산을 매각하는 경우에는 매각 당시의 개량한 상태의 가격에서 개량비 상당액을 공제한 금액을 매각대금으로 한다. 다만, 매각을 위한 평가일 현재 개량하지 아니한 상태의 가액이 개량비 상당액을 공제한 후의 금액보다 높을 때에는 그 가액 이상으로 매각대금을 결정하여야 한다.〈신설 1980. 2. 12〉
⑧ 법 제35조의 규정에 의하여 개척·매립·간척 또는 조림하거나 기타 정당한 사유에 의하여 점유하고 개량한 국유재산을 공익사업을 위한 토지 등의 취득 및 보상에 관한 법률이 적용되는 공익사업의 사업시행자가 당해 점유개량자에게 개량비 상당액을 지급한 경우에 관여하는 제7항의 규정을 준용한다〈신설 1994. 4. 12, 1994. 12. 23, 1998. 9. 25〉
⑨ 제7항 및 제8항의 개량비의 범위는 기획재정부령으로 정한다.〈신설 1980. 2. 12, 1994. 12. 23, 1998. 9. 25〉

→ 령 제37조의2(공익사업에 필요한 재산의 가격결정〈개정 2002.. 12. 30〉) 공익사업을 위한 토지 등의 취득 및 보상에 관한 법률이 적용되는 공익사업에 필요한 국유재산을 당해 사업의 사업시행자에게 처분하는 경우에는 제37조의 규정에 불구하고 해당법률에 의하여 산정한 보상액을 국유재산의 처분가격으로 할 수 있다.〈개정 1997. 10. 1, 2002. 12. 30, 2005. 6. 30〉

---

↓ ↓ ↓

---

※ **공익사업을 위한 토지 등의 취득 및 보상에 관한 법률 제68조 ①항(보상액의 산정)**
사업시행자는 토지 등에 대한 보상액을 산정하고자 하는 경우에는 부동산가격공시 및 감정평가에 관한 법률에 의한 감정평가업자(이하 감정평가업자라 한다.) **2인 이상에게 토지 등의 평가를 의뢰**하여야 한다. 다만 사업시행자가 건설교통부령이 정하는 기준에 따라 직접 보상액을 산정할 수 있는 때에는 그러하지 아니한다.

→령 **제18조 ⑤항(보상평가의 의뢰 및 평가 등)**
보상액의 산정은 각 감정평가업자가 평가한 평가액의 **산술평균치를 기준**으로 한다.

## 4. 당 사업지의 국유지 현황

| 구분 | | 지번 | | 지목 | 소유주 | 대상면적 | | 비고 |
|------|------|------|------|------|--------|------|------|------|
| | | 본번 | 부번 | | | m² | 평 | |
| 무상<br>귀속 | 국유지 | 23 | 1 | 도 | 건교부 | 257.50 | 77.89 | 정비기반시설 및 토지등의 귀속<br>(도정법 제65조)<br><br>• 새로운 정비기반시설 : 그 시설을 관<br>리할 국가 지방자치단체에 무상으로<br>귀속<br>• 용도가 폐지되는 국가지방자치단체<br>소유의 정비기반시설 : 그가 새로이<br>설치한 정비기반시설의 설치비용 안<br>에서 사업시행자에게 무상양도 |
| | | 50 | 1 | | | 102.20 | 30.92 | |
| | | 67 | 17 | | | 94.90 | 28.71 | |
| | | 67 | 8 | | | 2.60 | 0.79 | |
| | | 3 | 8 | | 재무부 | 2.30 | 0.70 | |
| | | 67 | 29 | | 재경원 | 33.10 | 10.01 | |
| | 공유지 | 46 | 4 | 도 | 서울시 | 44.90 | 13.58 | |
| | | 65 | 4 | | | 205.30 | 62.10 | |
| 매수<br>대상 | 국유지 | 67 | 14 | 대 | 재무부<br>재경원 | 4.30 | 1.30 | 관련 법률<br><br>1. 국유재산법<br>2. 지방재정법<br>3. 국유지재산관리처분계획 |
| | | 67 | 2 | | | 109.10 | 33.00 | |
| | | 67 | 22 | | | 61.80 | 18.69 | |
| | | 67 | 23 | | | 33.10 | 10.01 | |

※당 사업지의 국유지는 잡종재산으로 분류


### 잡종재산의 매각

### 1. 국유재산 매각

• **국유재산은 재산의 위치·규모·형상·용도 등으로 보아 매각하는 것이 유리하다고 판단되는 경우에 관리<br>계획심의를 거쳐 매각**

• **국유재산의 매각은 사법상의 계약이지만 상격상 공법상의 제약이 있음.**

### 2. 매각방법

• 원칙 : 공개경쟁입찰 방식
• 예외 : 수의계약 방식
 – 국가지분면적이 특별시 : 500㎡, 기타 시 : 700㎡, 기타 : 1,000㎡ 이하의 토지를 공유지분권자에게 매각할 때
 – 2회에 걸쳐 2인 이상의 유효한 입찰이 성립되지 아니한 경우
 – 좁고 긴 모양으로 되어 있으며 폭이 5m 이하로서 국유지 이외의 토지와 합필이 불가피한 토지
 – 좁고 긴 모양으로 되어 있는 폐도, 폐구거, 폐하천으로서 인접 사유토지와 합필이 불가피한 토지

- 농업진흥지역 안의 농지로서 10,000㎡ 이하의 범위 안에서 동일인이 5년 이상 계속 경작한 실경작자에게 매각하는 경우
- 일단의 토지면적이 시 지역에서는 1,000㎡, 시이외의 지역은 2,000㎡ 이하로서 1981. 1. 24 이전부터 국유 이외의 건물이 있는 토지
- 건축법 제49조 제1항의 규정에 의한 최소분할면적에 미달하는 일단의 토지로서 그 경계선의 2분의 1 이상이 사유토지와 접하여 있는 경우
- 기타

### 3. 매각절차

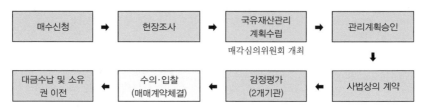

### 4. 매각제한

- 국가기관 및 지방자치단체가 행정목적 수행상 필요한 경우
- 당해 재산의 매각으로 인하여 인근 잔여재산의 효용가치가 감소하는 경우
- 상수보호구역 내의 국유지
- 무주부동산 공고를 거쳐 취득한 후 10년이 경과되지 아니한 재산
- 도시계획에 저촉되는 재산 등

### 5. 가격 결정 및 소유권 이전

- 매각재산의 가격결정
  - 결정방법 : 2개 감정평가법인에게 의뢰한 평가액을 산술평균한 금액
  - 적용기간 : 감정평가일로부터 1년

- 매각대금의 납부 : 매매계약 체결일로부터 60일 이내
  - 계약체결시 매각대금의 10% 이상을 계약금으로 납부

- 매각재산의 소유권 이전
  - 매각재산의 소유권 이전은 매각대금이 완납된 후에 함이 원칙
  - 도시재개발구역 안의 토지매각시 분할납부의 경우 매각대금 완납 전에 이전가능. 단, 저당권 설정 등 채권확보가 필수

- 연체료 등

| 납부지연(연제)기간 | 부과이율 | 비고 |
|---|---|---|
| • 1개월 미만인 경우<br>• 1개월 이상~3개월 미만<br>• 3개월 이상~6개월 미만<br>• 6개월 이상 | • 연12%<br>• 연13%<br>• 연14%<br>• 연15% | |

# 국유지 매입에서의 체크사항

1. 사업지의 사업시행인가 고시가 완료되게 되면 해당 사업부지의 국공유지 관리청을 확인을 하여야 한다. 통상 캠코가 관리하게 되며 해당 담당자와 사전면담이 필요하다.

2. 국공유지 지상권자의 지료(토지임대료) 미납 현황도 파악하여야 할 중요한 사항이다.

소유권 이전 전에 (잔금지급 전) 국공유지 매입을 위한 해당 실무담당자와 협의를 통하여 미납 또는 체납 현황을 파악할 수 있다.

잔금정산 시 미납분은 정산함이 타당함 → 통상 지상권자는 국유재산을 점유 사용함에 따라 지료를 납부하여야 하나, 이를 확인치 않고 지상권에 대한 매입 후 국공유지 매입을 진행하다 보면 연체 또는 미납 지료에 대하여 국유재산법 제51조에 의거 변상금을 시행자가 지불하여야 하는 불상사가 발생한다. 국공유지 매각조건상 시행자로 하여금 선 변상금 예납 후 국공유지 부동산 매매계약을 체결하기 때문에 사전 확인이 필수다.

3. 국공유지 매입대상은 지목상 기반시설에 해당하지 아니한 토지 지목이다.(대지, 잡종지 등) 도로는 무상귀속이기 때문에 초기 토지권리분석 진행 시 해당 지목을 파악하고 향후 매입 국공유지에 대한 리스트 관리가 중요하다.

4. 국유재산 매입 신청 시 필요 서류

가. 국공유재산 매수신청서 첨부서류 : 등기부등본, 토지(임야) 대장등본, 도시계획확인원, 지적도등본, 부근 약도, 건축물관리대장(건물이 점유하고 있는 경우)

나. 법인인감증명서

다. (도시환경정비사업) 규약

라. 사업시행인가서

마. 구역 위치도

바. 국공유재산 매수신청목록

사. 국공유지 점유현황 측량성과도(지적공사에 의뢰하여 성과물 첨부)

아. 점유 현황 조서

자. 국공유지 매수신청목록 (필지별)

차. 국공유지 매수신청목록 (조합원별)

카. 국공유재산 매수신청 토지목록 증빙서류

타. 매수 위임장 및 증빙서류(시행자 대리인)

## 국유일반재산의 매각 방법 및 절차

| 구분 | 내용 |
|------|------|
| 매각방법 | 공개경쟁입찰(원칙)<br>※아래의 경우, 수의계약 방식에 의함<br>1. 좁고 긴 모양으로 되어 있으며 촉이 5m 이하로서 국유지 이외의 토지와 합필이 불가피하거나 폐도, 폐구거, 폐하천으로서 인접 사유토지와 합필이 불가피한 토지<br>2. 국가지분 면적이 특별시·광역시는 300㎡, 기타 시는 500㎡, 시 이외의 지역은 1,000㎡ 이하의 토지를 공유지분권자에게 매각시.<br>3. 농업진흥지역 안의 농지로서 시 이외의 지역에 위치한 재산을 10,000㎡ 이하의 범위 안에서 5년 이상 계속 경작한 실경작자에게 매각하는 경우<br>4. 일단의 토지면적이 시 지역은 1,000㎡ 시 이외의 지역은 2,000㎡ 이하로서 '89. 1. 24 이전부터 국유 이외의 건물이 있는 토지<br>5. 건축법(제49조 제1항)에 의한 최소분할 면적에 미달하는 일단의 토지로서 그 경계선의 2분의 1 이상이 사유토지와 접하여 있는 경우 등 |
| 매각절차 | ① 매수신청 → ② 현장확인 및 담당자 상담 → ③ 국유재산관리계획수립(매각심의위원회 개최) → ④ 관리계획 승인 → ⑤ 감정평가(2개 기관) → ⑥ 수의·입찰(매매계약 체결) → ⑦ 대금수납 및 소유권 이전 |

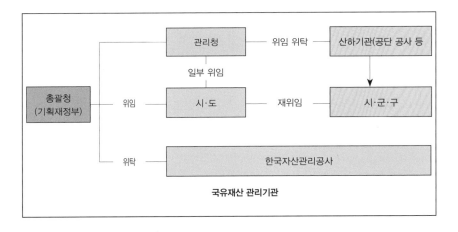

국유재산 관리기관

## 국유일반재산의 관리기관별 재산관리 유형

| 한국자산관리공사 | 지방자치단체 |
|------------------|--------------|
| • 한국자산관리공사에 위탁하는 것이 필요하다고 기획재정부가 결정한 재산<br>• 건물과 그 부속토지<br>• 매각을 위하여 용도폐지한 재산<br>• 국세물납으로 취득한 재산 | • 농업진흥구역 내 농경지<br>• 상수원보호구역, 국립공원구역 등 개발제한구역 내에 위치하거나 그 밖의 관계 법령에 따른 사용이나 개발이 부적합한 재산<br>• 지방자치단체에 위임하는 것이 필요하다고 기획재정부가 결정한 재산 |

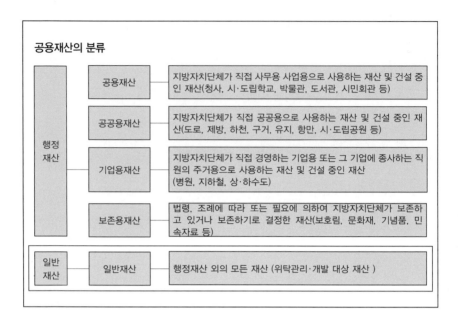

**공용재산의 분류**

| 행정재산 | 공용재산 | 지방자치단체가 직접 사무용 사업용으로 사용하는 재산 및 건설 중인 재산(청사, 시·도립학교, 박물관, 도서관, 시민회관 등) |
| | 공공용재산 | 지방자치단체가 직접 공공용으로 사용하는 재산 및 건설 중인 재산(도로, 제방, 하천, 구거, 유지, 항만, 시·도립공원 등) |
| | 기업용재산 | 지방자치단체가 직접 경영하는 기업용 또는 그 기업에 종사하는 직원의 주거용으로 사용하는 재산 및 건설 중인 재산 (병원, 지하철, 상·하수도) |
| | 보존용재산 | 법령, 조례에 따라 또는 필요에 의하여 지방자치단체가 보존하고 있거나 보존하기로 결정한 재산(보호림, 문화재, 기념품, 민속자료 등) |
| 일반재산 | 일반재산 | 행정재산 외의 모든 재산 (위탁관리·개발 대상 재산 ) |

# 국공유재산 계약관련 참고 서류

공유재산　[　　] 사용수익허가
　　　　　[　　] 대부　　　　신청서(예시)
　　　　　[　　] 매수

| 신청인 | 성명 | | 주민등록번호 | |
|---|---|---|---|---|
| | 주소 | | 전화번호 | |

신청내용

| 재산의 표시 | | | 신청면적 (㎡) | 용도 | 사용인 · 대부자 또는 매수자 | 비고 |
|---|---|---|---|---|---|---|
| 소재지 | 지목 | 지적(㎡) | | | | |
| | | | | | | |
| | | | | | | |
| | | | | | | |
| | | | | | | |

첨부서류　1. 주민등록등본(행정정보 공동이용 동의로 갈음 가능)
　　　　　2. 사업자등록등 사본(대부 신청인이 사업자은 경우)

　　　　　　　　　[　　] 시용수익허가
위재산의　　　[　　] 대부　　　　를 신청합니다.
　　　　　　　　　[　　] 매수

년　　　　월　　　　일

신청인　　　　　　(서명 또는 인)

○○○시도/ 시군구청장

# 공유재산[유상/무상]사용허가서(예시)

재산의 표시

신청인 주소

     성명

   년   월   일자로 제출한 위 표시 재산의 [유상/무상] 사용허가 신청에 대하여 다음의 조건을 붙여 그 사용을 허가합니다.

                           년   월   일

     ○ ○ ○ 시도 / 시군구청장   (인)

# 허 가 조 건(예시)

**제1조(사용목적)** 사용목적은 ○○○○로 한다.

**제2조(사용기간)** 사용기간은 0000년 00월 00일로부터 0000년 00월 00일 까지로 한다.

**제3조(사용료)** 사용료는 금○○○○○원(₩000,000)으로 한다. 다만, 월할 계산에 있어 1개월 미만의 일수는 일할 계산한다.

**제4조(사용료의 납부)** 사용료는 ○○○ 시도 / 시군구에서 발행하는 납입고지서에 의하여 지정기한 내에 납입하여야 하며, 지정기한 내에 납부하지 아니하는 때에는 「공유재산 및 물품 관리법 시행령」 제80조의 규정에 의하여 납부기한을 경과한 날로부터 체납된 사용료에 연체료를 가산하여 납부하여야 한다.

**제5조(사용료의 반환)** 납부한 사용료는 허가를 취소한 경우 취소기일까지 사용기간분에 대하여는 제3조의 규정에 의하여 사용료를 계산하고 잔여 미사용 기간분에 대한 과납금은 반환한다.

**제6조(보험료 또는 공제금의 납부)** 사용인은 사용허가 받은 재산에 대하여 「공유재산 및 물품 관리법 시행령」 제4조의 규정에 따라 ○○○ 시도 / 시군구에서 손해보험 또는 공제에 가입 후 부담한 당해 보험료 또는 공제금을 납부하여야 한다.

**제7조(사용허가 재산의 보존 및 연고권 배제)** 사용인은 선량한 관리자의 주의로서 사용허가 재산에 대하여 보존책임을 다하여야 하며, 사용권 이외의 아무런 연고권도 주장할 수 없다.

**제8조(사용허가 재산의 부과금)** 사용허가 재산에 대한 모든 부과금은 사용인이 부담하여야 한다.

**제9조(사용인의 행위제한)** 사용인은 ○○○ 시도 / 시군구의 승인없이 다음 행위를 하지 못한다.
1. 사용 또는 수익의 목적을 변경하는 행위
2. 사용허가 받은 재산을 전대 또는 그 권리를 양도하는 행위
3. 사용허가 받은 재산의 원상을 변경하는 행위

**제10조(사용허가의 취소)** 다음 각 호의 1에 해당할 때에는 언제든지 허가한 재산의 전부 또는 일부에 대하여 사용허가를 취소할 수 있다.

1. 청사, 관사, 학교, 병원, 도서관, 공무원아파트 등 ○○○ **시도/시군구**가 직접 사무용·
   사업용에 필요할 때
2. 도로, 공원, 하천, 제방, 유수지, 구거 등 공공용 사업에 필요한 때
3. 『공익사업을 위한 토지 등의 취득 및 보상에 관한 법률』 제4조 각호의 1에 해당하는
   사업에 필요한 때
4. 허가 재산의 보관을 해태하거나 허가조건에 위배한 때
5. 허가 받은 재산을 전대하거나 그 권리를 양도한 때

**제11조(사용허가의 취소시의 손해배상)** 본 허가조건의 위반으로 허가를 취소하는 경우
사용인에게 손해가 발생하더라도 ○○○ **시도/시군구**는 그 손해를 배상하지 아니한다.

**제12조(사용허가의 취소요청)** 사용인은 허가취소를 받고자 할 때에는 1개월 전에 사용
허가 취소원을 제출하여야 한다.

**제13조(사용재산의 반환)** 사용기간이 끝났거나 허가취소로 인하여 사용재산을 반환하는
때에는 ○○○ **시도/시군구** 직원의 입회하에 이를 원상태로 반환하여야 한다. 다만,
사용목적의 성질상 사용재산의 원상회복이 불필요한 경우와 ○○○ **시도/시군구**의
승인을 얻은 경우에는 그러하지 아니한다.

**제14조(의무 불이행시 사용료 징수)** 사용인이 전조의 의무를 이행하지 아니할 때
○○○ **시도/시군구**는 사료를 계속 징수하며, ○○○ **시도/시군구**가 원상복구 할 때에는
그 비용을 사용인이 부담하여야 한다.

**제15조(사용허가 만료후 허가없이 사용할 때 변상금 징수)** 사용허가기간이 만료된 후에
다시 사용허가를 받지 아니하고 계속 사용하는 경우에는 『공유재산 및 물품 관리법』
제81조 규정에 의한 변상금을 납부하여야 한다.

**제16조(사용인의 손해배상 책임)** 사용인은 허가조건의 이행을 태만히 하거나 또는
위반하여 ○○○ **시도/시군구**에 손해를 가한 경우에는 허가조건 범위 안의 행위라 하더라도
그 배상의 책임을 져야 한다.

**제17조(사용허가 재산에 대한 지도감독)** 사용허가 재산에 대하여 공공·공익 또는
재산관리상의 목적에 의하여 ○○○ **시도/시군구**가 필요한 지도 또는 명령을 하는
경우에는 그 지도 또는 명령에 응하여야 한다.

**제18조(이행보증보험 제출)** 사용인이 사용료를 분할납부하는 경우에는 『공유재산 및
물품 관리법』 제22조제3항에 따른 이행보증보험을 체결하여·○○○ **시도/시군구**에
제출하여야 한다.

## ○○○○년도 제○회 공유재산 대부 입찰 공고(예시)

### 1. 입찰물건의 표시
물건 목록과 같음

### 2. 입찰참가자격
가. 모든 사람 (내·외국인 및 법인 포함)의 참여가 가능합니다.

나. 대리인이 입찰에 참가하고자 하는 경우에는 입찰 마감일까지 대리입찰 신청서(입찰자의 날인 및 인감증명이 첨부된 위임장)를 작성하여 ○○○ **시도/ 시군구청장**에 제출하여야 합니다.

다. 2인 이상이 공동명의로 입찰에 참여하고자 하는 경우에는 인터넷입찰 마감 일까지 공동입찰 참가신청서를 ○○○ **시도/시군구청장**에 제출하고 대표 입찰자 명의로 입찰에 참여해야 합니다.

라. 민법상 만20세 미만의 미성년자 명의로 입찰에 참가하고자 하는 경우에는 인터넷 입찰 마감일까지 법정대리인의 미성년자 입찰 참가 동의서(법정대리인 인감증명서 및 주민등록등본<행정정보 공동이용 동의로 갈음 가능> 첨부)를 ○○○ **시도/시군구청장**에 제출하고 입찰에 참가하여야 합니다.

### 3. 입찰 및 개찰
가. 입찰기간 : 0000.00.00.00:00 ~ 0000.00.00.00:00

나. 개찰일시 : 0000.00.00.00:00 이후

다. 낙찰자 발표 : 한국자산관리공사 전자자산처분시스템(http://www.onbid.co.kr)

### 4. 입찰방법
일반경쟁입찰에 의합니다.

### 5. 입찰참가전 준비사항
입찰자는 입찰참가 전까지 온비드(www.onbid.co.kr)회원가입 후 공인인증기관 으로부터 전자입찰용(범용) 공인인증서를 발급받아 온비드에 등록하여야 합니다.

## 6. 입찰예정가격 및 입찰보증금

가. 대부입찰예정가격은 대부 받고자 하는 최저 연간대부료이며, 최고가격으로 낙찰된 연간 대부료는 해당 공유재산에 대한 연간사용료로서 대부계약 만료 시 전세 또는 임대 보증금과 같이 반환되는 것이 아니므로 유의하시기 바랍니다. 입찰을 실시하여도 입찰자나 낙찰자가 없는 때에는 최초 대부예정가격의 100분의 50에 해당하는 금액을 한도로 하여 3회차부터 입찰할 때마다 최초 대부예정가격의 100분의 10에 해당하는 금액을 체감합니다.

나. 입찰자는 대부 받고자 하는 금액의 10%이상에 해당하는 금액(현금, 당일 교환 결제가 가능한 우체국을 포함한 금융기관 발행 자기앞 수표 또는 보증보험증권)을 인터넷 입찰 마감 전까지 온비드의 지정된 예금계좌에 입금하여야 합니다.

다. 입찰결과 무효 또는 유찰된 경우 입찰보증금은 응찰자가 지정한 환불계좌로 이자 없이 환불되며 별도의 송금 수수료가 발생될 경우에는 입찰보증금에서 이를 공제합니다.

## 7. 입찰의 무효 및 취소

가. 단독입찰, 입찰보증금을 납부하지 아니한 입찰, 동일물건에 대하여 동일인이 2통 이상의 유효한 입찰서를 제출한 입찰, 기타 입찰공고에 고지한 내용을 위반한 입찰은 낙찰자 결정 이후라도 무효로 처리하며, 계약체결 이후 위반 사실이 발견될 경우에도 계약을 취소할 수 있습니다.

나. 대부자(○○○ 시도/시군구청장)는 공고일 이후 입찰 종료 시까지 공고물건에 대하여 불가피 하게 취소사유가 발생한 경우에는 해당 물건의 입찰을 무효 처리합니다.

다. 입찰 진행시 온비드 장애 및 기타 사유로 인하여 입찰진행이 어려운 경우에는 인터넷 입찰을 연기 또는 중지할 수 있습니다.

## 8. 낙찰자 결정방법

가. 온비드 시스템에서 전자적 방법으로 일괄 개찰하여 대부예정가격 이상으로 2인 이상의 유효한 입찰이 성립한 경우에 한하여 그 중 최고가액의 입찰자를 낙찰자로 결정합니다.

나. 동일한 최고가격으로 입찰한 자가 2인 이상인 경우에는 온비드 시스템에 의한 무작위 추첨으로 낙찰자를 결정합니다.

## 9. 계약체결 및 대금납부방법

가. 낙찰자는 낙찰일로부터 5일(○○○○.○○.○○) 이내에 대부료 잔금 납입 후 주민
　등록등본 1통(행정정보 공동이용 동의로 갈음 가능) 및 인장을 지참하여 ○○○ **시도**
　**/시군구**에서 대부계약을 체결하여야 하며, 이에 응하지 않을 경우에는 낙찰을
　무효로 하고 입찰보증금은 ○○○ **시도/시군구**에 귀속됩니다.

나. 대부계약 기간은 대부계약 체결일로부터 최장 5년이며, 더 이상의 계약갱신은
　되지 않습니다.
　- 다만, 주거 및 경작을 목적으로 하는 재산은 종전의 대부기간을 갱신할 수 있으며,
　갱신기간은 5년을 초과할 수 없습니다.

다. 2차년도 이후의 연간 대부료는 공유재산법의 관련 규정에 의하여 결정되며 매차년도
　시작 1개월 전에 피대부자에게 공지합니다.

라. 대부용도 중 근린생활시설과 나대지의 경우에는 낙찰결정이후 ○○○ **시도/시군구청장**과
　대부계약 체결시에 구체적인 용도(사용목적)를 정하여 계약을 체결하여야 하며, 동
　용도가 당해 재산의 위치·형태나 주변환경 등을 고려하여 공유재산의 효율적·합리적
　관리에 적절치 않다고 판단될 때에는 당해 낙찰을 취소할 수 있습니다.
　- 과도한 소음 및 악취 등으로 환경을 저해하거나 다수민원의 발생이 예상되는 경우
　- 주택가 내의 혐오시설 및 유흥업종의 경우
　- 인근의 동종업종 등에 과도한 피해를 유발할 우려가 있는 경우
　- 사회통념상 비윤리적·비도덕적인 분위기를 조성할 우려가 있는 경우
　- 기타 공유재산 관리업무에 막대한 지장이 초래될 것으로 예상되는 경우 등

마. 대부재산에 대하여 수인이 공동으로 대부계약을 체결하는 경우에는 각자의 점유
　부분이 특정될 수 있는 점유현황 명세서를 제출하여야 합니다.
　- 다만, 각자의 점유부분이 특정되지 않을 경우에는 공동점유로 봅니다.

바. 대부료는 일시불 선납이 원칙이나, 연간 대부료가 100만원을 초과하는 경우에는
　연 4회 이내에서 해당 지방자치단체의 조례로 정하는 바에 따라 분할 납부할 수 있으며
　이 경우 잔액에 대하여는 연 2퍼센트 이상 6퍼센트 이하의 이자가 추가됩니다.
　- 연간 대부료가 1,000만원이상의 경우에는 연간 대부료의 100분의 50에 해당하는
　금액을 대부계약일까지 보증금으로 예치하거나 이행보증조치를 하여야 합니다.
　- 제출된 보증금은 계약종료일을 만기일로 하는 정기예금으로 예탁되며 이 보증금은
　마지막 연도 최종 분납금을 납부하거나 대부기간 동안의 모든 대부료를 중도에
　선납한 경우 또는 대부료 연체 등으로 대부계약을 해제 또는 해지한 경우에 연체된 대부료
　및 연체료를 정산한 후 반환됩니다.

## 10. 물건별 특기사항

입찰물건별로 특기사항이나 부대조건 등을 온비드상 물건 상세정보에서 사전에 확인
하시고 기타 상세사항은 물건 기본정보에 표시된 담당부서에 필히 문의(확인)하시고 응찰
하시기 바랍니다.

## 11. 공통 조건

가. 대부재산의 점유·사용에 따른 각종 인·허가사항은 피대부자 책임하에 득하여야 하며
인허가 명의자와 피대부자 명의가 일치 하여야 합니다.

나. 입찰물건 중 관련 법령 등의 규제, 구조, 규격, 품질, 수량 등이 입찰내용과 상이한
경우에도 현 상태대로 대부하며 온비드 시스템(OnBid System)상의 사진이 현황과
다를 수 있으므로 사전에 공부의 열람과 현장을 충분히 답사하시고 물건정보의
상세내역을 해당 물건 담당자에게 사실확인 후 응찰하시기 바랍니다.

다. 입찰 물건 중 토지의 추천용도는 권장사항으로서 관련법령에 위배되지 않는 범위 내(건물의
경우 동종의 용도 범위 내)에서 용도변경이 가능하며, 낙찰 후 사용목적을
변경하고자 하는 경우에는 ○○○ **시도 / 시군구청장**과 협의하시기 바랍니다.
지상에 구축물을 설치하거나 건물의 원형에 변형을 가져오는 시설물의 설치는
금하고 있습니다. 다만, 현황이 나대지인 물건은 원칙적으로 현상태로 사용하여야
하나 불가피하게 가설건축물의 설치가 필요한 경우에는 관계법령 및 해당 지방
자치단체의 조례에서 허용하는 가설 건축물의 설치가 가능한지 여부를 입찰
전에 해당 ○○○ **시도 / 시군구**에 충분히 확인한 후 응찰하시기 바랍니다.

라. 위 "다"항의 가설건축물은 존치기간이 종료하거나 계약이 해약되면 철거
하여야 하며, 계약이 만료되거나 해약되면 대부재산을 원상으로 회복하여
반환하여야 합니다.

마. 현황이 나대지로서 인접한 토지와 경계가 불분명한 경우에는 당사 부담으로
경계를 표시하오니 사전에 입찰물건 담당자에게 문의하시기 바랍니다.

바. 피대부자는 입찰물건 전체를 본인이 직접 사용하여야 하며, 낙찰물건의 일부
또는 전체를 제3자에게 전대(轉貸)하여 유상 또는 무상으로 사용하게 하는
경우에는 계약을 즉시 해약합니다.

사. 피대부자는 대부받은 재산에 대하여 고의 또는 중대한 과실로 인하여 재산상에
손해를 끼친 경우에는 배상책임을 지며, 선량한 관리자의 주의로써 대부재산의
보존책임과 사용·수익에 필요한 모든 부담을 지며, 유지·관리 비용은 물론
「민법」 제203조 또는 제626조의 규정에 의한 비용 등도 우리공사에 청구할 수
없습니다.

아. 대부계약 체결 이후 계약이 해약되는 경우에는 과납금 중에서 원상회복비용, 제세공과금 등을 공제한 잔액만을 이자 가산없이 반환합니다.

자. 기타 조건은 공유재산관련 법령, 입찰 참가자 준수규칙에 의하며 동 법령, 규칙, **○○○ 시도 / 시군구**에 비치되어 있는 공유재산대부계약서 및 감정평가서(건물이 있는 경우에만)를 사전에 열람하시기 바랍니다.

차. 주거를 목적으로 하는 재산의 경우에는 동일인이 1 물건을 초과하여 낙찰 또는 대부계약을 할 수 없습니다. 다만 법인인 경우에는 예외입니다.

 - 1인이 수개의 주거용 건물에 대하여 동시에 입찰 참여를 하여 2건 이상의 주거용 건물에 최고액의 입찰자로 확인된 경우에는 낙찰자의 의사를 확인한 후 1건물만 유효한 입찰로서 낙찰 처리하며, 나머지 건물에 대한 입찰은 무효로 합니다.

 - 낙찰자의 의사를 확인하였으나, 의사를 명확히 표시하지 않은 경우에는 전부를 무효로 처리합니다.

 - 주거용 건물을 대부받은 자는 대부계약 체결일로부터 3월 이내에 주민등록이 이전된 내용이나 거주사실을 입증하는 서류를 제출하여야 하며 주거목적 이외의 사용을 금합니다.

## 12. 수의계약 안내

가. 입찰결과 유찰된 물건 중 전·답, 주거용 건물에 대해서는 입찰종료 후 즉시 금번 공고한 대부예정가격 이상으로 수의계약을 신청할 수 있으며, 기타 물건에 대하여는 2회 이상 유찰된 물건에 한하여 동일한 조건으로 수의계약을 신청할 수 있습니다.

나. 위"가"항에 해당하는 물건에 있어 1인이 대부예정가격 이상으로 입찰하였으나 단독 입찰로 유찰된 경우에는 단독 입찰자는 개찰일 당일 이내에 **○○○ 시도/시군구**로 수의계약 체결의사를 표명하면 입찰한 금액으로 수의계약을 신청할 수 있으며 입찰한 금액의 10%이상 금액을 계약보증금으로 대부자가 지정하는 계좌에 입금하고 수의계약신청서를 제출하시면 계약당사자로 선정됩니다.

다. 위 "나"항의 단독입찰 유찰자가 공고물건에 대한 수의계약 체결을 포기하거나 개찰일 당일 이내에 계약보증금을 대부자의 지정계좌에 입금하지 않았을 경우, 이 이후부터 차기 입찰 공고일 전일 사이에 수의계약 체결을 희망하는 자는 금번 입찰공고 내용에서 정한 연간 대부예정가격의 10%이상에 해당하는 금액을 대부자의 지정 계좌에 입금하여야 하고 수의계약신청서를 제출하여야 하며, 우선 입금·납부한 자를 계약당사자로 선정합니다.

라. 계약대상자로 선정된 자는 입금일로부터 5일 이내에 수의계약 신청서를 제출하고 계약을 체결하여야 하며 이에 응하지 않을 경우에는 수의계약의사가 없는 것으로 간주하여 계약보증금은 ○○○ 시도/시군구에 귀속됩니다.

마. 계약보증금 입금 전까지 수의계약을 희망하는 자가 2인 이상인 경우 등 특정인을 계약대상자로 선정하기가 곤란하다고 판단되는 경우에는 수의계약 희망자를 대상으로 별도 기일을 정하여 지명경쟁 입찰을 실시할 수 있습니다.

○○○○년 ○○월 ○○일

# ○○○ 시도/시군구청장

# 공유재산 대부계약서(예시)

재산의 표시 : <u>○○시 ○○구 ○○동 ○○번지</u>    <u>대</u>   <u>○○○㎡</u>
<u>○○시 ○○구 ○○동 ○○번지</u>    <u>건물</u>   <u>○○㎡</u>

위 재산에 대하여 대부자를 "갑"으로 하고 대부받은 자를 "을"로 하여 다음과 같이 대부계약을 체결한다.

**제1조(사용목적)** 대부재산의 사용목적은 ○○○○으로 한다.

**제2조(대부기간)** 대부기간은 0000년 00월 00일부터 0000년 00월 00일까지 ○년간)로 한다.

**제3조(대부료)** ① 대부료는 연액 일금○○○○○원정(₩000,000)으로 한다. 다만, 입찰로 대부하는 경우 2차연도 이후의 경우에는 「공유재산 및 물품 관리법 시행령」 제31조 제3항의 계산식에 따라 별도 산정하여 결정한다.

**제4조(대부료 납입)** <일시납부의 경우> "을"은 ○○○○년 ○월 ○○일까지 대부료를 납부하여야 하며, 납부기한이 경과된 후 납부하는 경우에는 그 대부료에 대하여 「공유재산 및 물품 관리법 시행령」 제80조에 따라 연체료를 붙여 납부하여야 한다.

<분할납부의 경우> "을"은 아래와 같이 대부료를 납부하여야 하며, 납부기일이 경과된 후 납부하는 경우에는 그 분납금에 대하여 「공유재산 및 물품 관리법 시행령」 제80조에 따라 연체료를 붙여 납부하여야 한다.

| 회수 | 분납금 | 이 자 | 계 | 납부기일 | 회수 | 분납금 | 이 자 | 계 | 납부기일 |
|------|--------|-------|----|----------|------|--------|-------|----|----------|
| 1 |  |  |  |  | 3 |  |  |  |  |
| 2 |  |  |  |  | 4 |  |  |  |  |

※ 제1회차는 계약금으로 본다.

**제5조(대부재산의 보존 및 연고권 배제)** "을"은 선량한 관리자의 주의로써 대부재산을 보존할 책임을 지며, 통상의 수선에 소요된 비용, 영업을 위하여 설치한 시설물에 대하여 지출한 비용, 그 밖에 갑의 승인을 받지 아니한 개보수로 인하여 발생한 비용 등 「민법」 제203조 또는 제626조에 따른 비용상환청구 등 일체의 청구를 하지 못하며 사용권 이외의 권리주장을 하지 못한다.

**제6조(손해보험)** "을"은 대부재산에 대하여 "갑"을 보험금 수령인으로 하여 금      원정이상의 손해보험계약을 체결하고 그 증서를 "갑"에게 제출하여야 한다. 다만, "갑"이 대부재산에 대하여 보험료 또는 공제금을 미리 납부한 때에는 「공유재산 및 물품 관리법 시행령」 제4조에 따라 "을"은 당해 보험료 또는 공제금을 "갑"에게 납부하여야 한다.

**제7조(행위제한)** "을"은 "갑"의 승인없이 다음 각호의 1에 해당하는 행위를 하지 못한다.

1. 대부목적의 변경

2. 대부재산의 전대 또는 권리처분

3. 대부재산의 원상을 변경하는 행위

4. 대부재산에 시설한 "을"의 시설물을 제3자에게 양도하는 행위

**제8조(계약의 해지)** ① 다음 각호의 1에 해당하는 경우에는 "갑"은 "을"에 대하여 이 계약을 해지 할 수 있다.

1. 공용·공공용 또는 공익사업에 필요한 때

2. "을"이 제4조에 따른 대부료를 납부하지 아니한 때

3. "을"이 체납처분 강제집행 또는 경매로 인하여 지상물건의 소유권을 상실한 때

4. "을"이 대부재산을 전대하거나 권리를 처분한 때

5. "을"이 국내에 주소 또는 거소가 없게 된 경우에 관리인을 신고하지 아니한 때

6. 기타 "을"이 공유재산관계법령 및 위 계약조항에 위반한 때

② 제1항의 경우에 "을"에게 손해가 있을지라도 "갑"은 이를 배상하지 아니한다. 다만, 제1항제1호의 경우에는 "갑"은 손해를 배상할 수 있다.

③ 제2항의 단서 규정에 의하여 손해를 배상하는 경우에 그 배상액은 1개 감정평가법인의 평가액을 기준으로 "갑"이 결정하고, "을"은 배상액에 대하여 부당하다고 판단되면 배상 통지를 받은 날로부터 60일 이내에 이의를 신청할 수 있으며, 이 경우 대부료는 제3조의 규정에 의하여 계산하고 과납금은 이를 반환한다.

**제9조(계약의 해지요청)** ① 이 계약기간중 을이 해약을 하고자 할 때에는 1월전에 계약해지 요청서를 제출하여야 한다.

② 제1항에 의하여 계약을 해지하는 경우에 대부료는 제3조의 규정에 따라 계산하고 과납금은 이를 반환한다. 이 경우에 해지로 인하여 "을"에게 손해가 있을지라도 "갑"은 이를 배상하지 아니한다.

**제10조(재산의 반환)** 대부기간이 만료되거나 이 계약이 해지된 경우에는 "을"은 갑이 지정하는 기간내에 대부재산을 원상으로 회복하여 "갑"의 소속직원의 참여하에 반환하여야 한다.

다만, 대부목적의 성질상 대부재산의 원상회복이 불필요한 경우와 사전에 "갑"이 원상변경을 승인한 경우에는 그러하지 아니할 수 있다.

**제11조(계약의 갱신)** 대부기간 만료 후 "을"이 계속하여 대부를 받고자 할 때에는 기간만료 1월전까지 대부신청서를 제출하여야 한다.

**제12조(변상금)** 대부기간 만료 후 "을"이 대부계약을 체결하지 아니하고 계속하여 당해 재산을 사용할 때에는 「공유재산 및 물품 관리법」제81조에 따라 변상금을 "갑"에게 납부 하여야 한다.

**제13조(배상확인)** ① "을"이 이 계약에 정한 의무를 이행하지 아니하거나 의무를 위반하여 "갑"에게 손해를 끼친 경우에는 "을"은 "갑"에게 손해액을 배상하여야 한다.

② 대부재산이 "을" 이외의 제3자에게 매각된 때에는 이 계약은 해지하며, 이에 대하여 "을"은 이의를 신청하지 못한다. 다만, 그 해지로 인하여 "을"에게 객관적 손해를 끼친 때에는 "갑"은 이를 배상하여야 한다.

**제14조(해석)** 이 계약조항에 관하여 이의가 있을 때에는 "갑"과 "을"이 협의하여 결정하되, 협의가 이루어지지 아니하는 경우에는 관계법령에 따른다.

**제15조(이행보증보험 제출)** "을"이 대부료를 분할납부하는 경우에는 「공유재산 및 물품 관리법」 제32조제3항에 따른 이행보증보험을 체결하여 "갑"에게 제출하여야 한다.

위 계약이 체결되었음을 증명하기 위하여 이 계약서 2통을 작성하여 갑과 을이 기명 날인하고 각각 1통씩 보관한다.

ㅇㅇㅇㅇ년 ㅇㅇ월 ㅇㅇ일

대부자 (갑)　ㅇㅇㅇ 시도/시군구청장　대부 받는자 (을)　　　　(인)

수 탁 기 관　ㅇㅇㅇㅇㅇㅇ공사　사장　주민등록번호

(인)　　　　　　　　　　　　　주　　　　소

전 화 번 호

---

※ ㅇㅇㅇ 시도/시군구청장이 기타사항에 대하여 필요하다고 인정할 때에는 이 계약서에 필요한 조항을 조정 하거나 추가하여 사용할 수 있음

# 특 약 사 항

본 특약사항은 OOO **시도 / 시군구청장**[수탁기관 : OOOOO공사(이하 '갑'이라

한다)]와 대부 받은 자(이하 '을'이라 한다) 사이에 체결되는 공유재산 대부계약(이하

'대부계약'이라 한다)의 이행에 관하여 필요한 사항을 규정함을 목적으로 한다.

**제1조 [공과금 및 비용의 부담]** 대부재산을 사용함으로써 발생하는 제반 공과금 및
관리비 기타 비용은 을의 부담으로 한다.

**제2조 [연간 대부료의 변동]** 2년이상 대부계약 체결시 변동되는 2차년도 이후의
연간대부료는 『공유재산 및 물품 관리법』의 관련규정에 의해 산정되고 갑은 을에게
이를 통지한다.

**제3조 [보증금의 담보범위]** 대부료 분납에 따른 보증금(보증보험증권)은 대부재산
명도시까지의 체납된 대부료, 제세 공과금 및 기타 일체의 법률상 납부금의 지급을
담보하는 것으로 한다.

**제4조 [가설건축물 축조의 금지]** 을이 갑의 승인 없이 대부재산의 지상 또는 지하에
가설건축물이나 정화조 등의 시설물을 축조하거나 설치한 경우 갑은 즉시 대부계약을
해지할 수 있다. 이 때 을은 즉시 대부재산을 원상으로 회복하여야 하며, 갑에게
손해가 발생한 경우에는 별도의 손해배상을 하여야 한다.

**제5조 [전자우편에 의한 송달]** 갑이 대부계약과 관련하여 발송하는 각종 통지는 을의
동의 하에 을의 전자우편주소 (            @            )로 송달하기로 한다. 이 경우 을의
위 전자우편주소에 통지가 도달한 때에 송달된 것으로 본다.

**제6조 [명도집행시 특칙]** 보전처분이나 강제집행절차 개시시 대부재산에 존재하는
유체동산 및 시설물은 을의 소유에 속하는 것으로 본다.

**제7조 [대부재산의 점유종기일]** 대부기간 중 계약이 해지되거나 기간만료로
대부계약이 종료되어 을이 대부재산을 자진명도할 경우, 을은 갑에게 서면으로
자진명도사실을 통지하여야 한다. 이 경우 갑의 직원이 을로부터 대부재산의
잠금장치를 인수받는 등의 방법으로 대부재산의 점유가 갑에게 이전이 완료된 때
을의 점유가 종료된 것으로 한다.

**제8조 [안전관리 의무]** 대부재산에 대한 안전관리는 을의 책임이며, 갑에게 귀책사유가
있음을 을이 입증하지 않는 한 화재, 재난 및 기타 사고 등으로 인한 대부재산
내에서 을, 을의 사용인 또는 을의 고객이 입은 손해에 대하여 갑은 일체의 책임을
부담하지 아니한다.

**제9조 [위험에 대한 사전통지]** 대부재산의 노후, 기능상실 등으로 인하여 대부재산이 붕괴 또는 멸실 등 위험요인이 있는 경우 을은 갑에게 사전 통지하여야 하고, 을이 고의나 과실로 사전통지 의무를 해태한 경우, 갑은 대부재산의 붕괴 또는 멸실 가능성 등에 대하여 과실 없이 알지 못한 것으로 본다.

**제10조 [행정법규 준수의무]** ① 을은 대부재산과 관련된 행정법규를 준수하여야 하고, 특히 대부건물에 대하여 건축, 대수선 공사 등을 시행할 경우 갑에게 사전에 공사 시행사실을 서면으로 통지하고 관할 관청의 인허가절차 등을 이행하여야 한다.

② 을이 서면통지의무를 해태하거나 행정법규를 위반한 경우, 해당 행정청이 행정 법규 위반을 이유로 갑에 부과하는 이행강제금, 벌금 등 모든 부담에 대하여 갑은 부과 즉시 을에게 구상권을 행사할 수 있고, 대부계약을 해지할 수 있다.

**제11조 [대부재산 출입 및 그 부수조치에 대한 사전 동의]** ① 갑이 대부재산관리를 위해 필요하다고 판단한 경우 갑의 직원('직원의 보조자'를 포함한다)은 대부계약 기간 및 대부계약 종료 이후 대부재산에 출입할 수 있고 출입을 위하여 필요한 조치를 취할 수 있으며, 을은 이에 대해 이의를 제기하지 못한다.

② 을은 갑의 직원의 출입에 협조하여야 하며 이를 방해하거나 저지하여서는 아니된다.

③ 을이 제2항을 위반한 경우 갑은 대부계약을 해지할 수 있다.

---

상기 계약내용을 충분히 숙지하였으며, 무단전대 행위나 불법건축물 등의 설치를 하지 않겠음(자필서명)

---

ㅇㅇㅇㅇ. ㅇㅇ. ㅇㅇ

**대부자(갑)** ㅇㅇㅇ 시도 / 시군구청장          **대부 받는 자 (을)**                    (인)
**수탁기관** ㅇㅇㅇㅇㅇㅇ공사 사장    (인)    **주민등록번호**
                                                          **주        소**
                                                          **전 화 번 호**

# 공유재산매매계약서(예시)

재산의 표시 : ○○시 ○○구 ○○동 ○○번지      대   ○○○㎡

               ○○시 ○○구 ○○동 ○○번지      건물   ○○○㎡

위 재산에 대하여 매도자를 "갑"으로 하고 매수자를 "을"로 하여 갑·을간에 다음과 같이 매매계약을 체결한다.

**제1조** "갑"은 위 표시 재산을 을에게 일금 ○○○○○○원정에 매각한다.

**제2조** ① "을"은 제1조의 매수대금중 계약체결일에 일금 ○○○○○○원정을 납부하고 잔액에 대하여는 아래와 같이 분납하기로 한다.

| 회수 | 분 납 금 | 이 자 | 납부기일 |
|------|----------|-------|----------|
|      |          |       |          |

② "을"은 제1항의 대금납부 기간중 대금잔액에 대하여 연 할(푼)의 이자를 붙여 납부하여야 하며, 매수재산이 건물·공작물 기타 시설인 때에는 "갑"이 지정하는 화재보험회사에 "갑"을 보험금 수취인으로 재산매각대금 상당액 이상에 해당하는 화재보험 계약을 체결하여야 한다.

③ "을"은 제1항의 납부기일이 경과된 후 매각대금을 납부하는 경우에는 그 분납금에 대하여 「공유재산 및 물품 관리법 시행령」 제80조의 규정에 의한 연체료를 붙여 납부하여야 한다.

**제3조** "을"은 계약보증금으로 일금 ○○○○○○원정을 "갑"에게 납부하여야 하며, "갑"은 정히 이를 영수한다.

**제4조** ① 제3조의 계약보증금은 분납금을 최초로 납부하는 때에 이를 매각대금으로 납부한 것으로 본다. 다만, "을"의 귀책사유로 인하여 매매계약을 해약한 경우에는 그러하지 아니하다.

② 매각대금을 일시에 납부하는 경우 제3조의 계약보증금은 매각대금으로 본다. 다만, "을"의 귀책사유로 인하여 계약을 해약한 경우에는 그러하지 아니하다.

**제5조** "을"은 제2조의 규정에 불구하고 분납금의 일부 또는 전부를 선납할 수 있다.

**제6조** "갑"은 계약에 의하여 "을"에게 매도한 재산에 대하여 양도의 책임을 지지 아니 한다.

**제7조** "을"은 재산의 소유권이 "을"에게 이전되기 전에는 "갑"의 승인 없이 다음 각 호의 1에 해당하는 행위를 하지 못한다.
  1. 본 계약 재산의 전대 양도
  2. 본 계약 재산의 저당권 기타 제한물건의 설정
  3. 본 계약 재산의 원형 또는 사용목적 변경

**제8조** ① "을"은 다음 각 호의 1에 해당하게 된 때에는 "갑"은 본 계약을 해제할 수 있다.
  1. 매각대금 또는 분납금을 지정기일 내에 납부하지 않은 때
  2. 제7조에 위반한 때
  3. 본 건 재산의 대부 또는 매각에 있어서 허위의 진술 또는 불실의 증빙서류를 제시 하였거나 기타 부정한 방법으로 대부 받거나 매수한 사실이 발견된 때 또는 위법한 사실이 발견된 때 "갑"은 그 계약을 해제할 수 있다.
  4. 제2조에 의한 화재보험계약을 체결하지 아니한 때
  5. 매매계약 체결후 실질적으로 외국인이 취득할 목적으로 한국인 명의를 위장하여 매수한 사실이 발견된 때
  6. 외국인이 「외국인토지법」에 위배하여 시유재산을 매수 또는 취득한 때
  ② "갑"이 필요하다고 인정한 때에는 제1항제3호의 해제권의 등기를 할 수 있다.

**제9조** 제8조에 의하여 계약을 해제하였을 때에는 "을"은 계약보증금을 포기하고, 즉시로 그 재산을 "갑"에게 반환하여야 하며 원상복구와 손해배상의 책임을 진다. "을"이 재산을 반환하고 원상복구의 책임을 이행한 후에는 "갑"은 기 납부된 대금에서 매매계약 체결일부터 해약 일까지의 사용료 상당액을 제외한 잔액을 반환한다.

**제10조** "을"은 본 계약사항에 대한 이의가 있을 때에는 쌍방 합의하에 "갑"이 결정한다.

**제11조** ① "을"은 제1조에 규정한 매각대금을 완납한 후가 아니면 소유권 이전을 받을 수 없다. 다만, 「공유재산 및 물품 관리법 시행령」 제41조의 규정에 의거 매각 대금을 분할납부하게 하는 경우에는 근저당권 설정 등 채권의 확보를 위하여 필 요한 조치를 취한 후 소유권을 이전 할 수 있다.
  ② 소유권 이전에 따른 일체의 비용은 "을"이 부담한다.

**제12조** "갑"은 구획정리에 의한 환지예정지에 저촉되는 대지에 대하여는 하등의 책임을 지지 아니하며, "을"은 이에 대한 이의를 "갑"에게 제의치 아니하기로 한다.

**제13조** "갑"은 매도한 재산을 인도하기 전에는 본 재산에 부과된 공과금을 부담하며, 갑이 본 재산을 "을"에게 인도한 후에 발생한 일체의 위험부담에 대하여 "갑"은 그 책임을 지지 아니한다

**제14조** 본 계약이 체결되었음을 증명하기 위하여 본 계약서 2통을 작성하여 "갑"·"을" 당사자는 기명 날인 후 각각 1통씩 보관한다.

년　　월　　일

대 부 자(갑)　　○○○ 시 도 / 시 군 구 청 장　　대부 받는자 (을)　　　　(인)

수 탁 기 관　　○○○○○○공사 사장　　주민등록번호

(인)　　　　　　　　　　　　　　　　　　주　　　　소

　　　　　　　　　　　　　　　　　　　　전 화 번 호

"주" : 갑은 을과 협의하여 이 서식의 각 조항에 저촉되지 아니하는 범위 안에서 필요한 조항을 삽입할 수 있다.

# 한국자산관리공사(KAMCO) 국유자산관리

 ## 국유재산의 이해

### 1 국유재산이란?
국가가 행정목적을 수행하기 위해 필요로 하여 소유하고 있는 일체의 재산(광의) 및 국가의 부담이나 기부의 채납, 법령이나 조약의 규정에 의하여 국유로 된 재산(협의)을 말함

### 2 국유재산의 범위

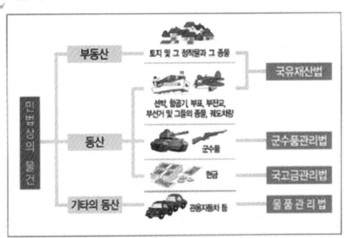

### 3 국유재산의 분류

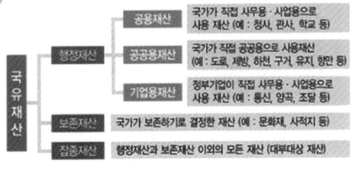

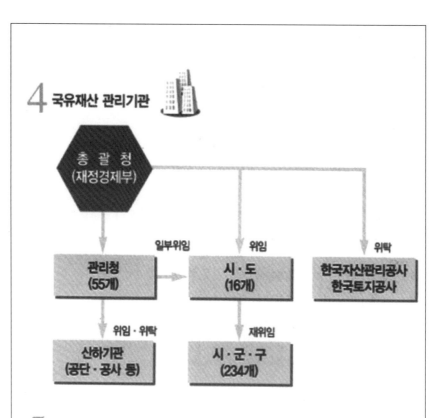

## 4 국유재산 관리기관

```
총괄청
(재정경제부)
```

일부위임 → 위임 → 위탁

| 관리청 (55개) | 시·도 (16개) | 한국자산관리공사 한국토지공사 |

위임·위탁 ↓   재위임 ↓

| 산하기관 (공단·공사 등) | 시·군·구 (234개) |

## 5 관리기관별 재산관리 유형 (국유잡종재산)

| 한국자산관리공사 | 지방자치단체 | 한국토지공사 |
|---|---|---|
| 1. 일단의 면적이 5,000㎡ 이하인 토지<br>2. 건물과 그 부속토지<br>3. 매각을 위하여 용도 폐지한 재산<br>4. 국세물납으로 인하여 취득한 재산<br>5. 한국자산관리공사에 위탁하는 것이 필요하다고 재정경제부가 결정한 재산 | 1. 농업진흥구역내 농경지<br>2. 상수원보호구역, 국립공원구역 등 개발제한구역 내에 위치하거나 기타 관계법령에 의한 사용 또는 개발이 부적합한 재산<br>3. 지방자치단체에 위임하는 것이 필요하다고 재정경제부가 결정한 재산<br>→ | 1. 일단의 면적이 5,000㎡ 를 초과하는 토지<br>2. 한국토지공사에 위탁하는 것이 필요하다고 재정경제부가 결정한 재산 |

# 잡종재산 대부 안내

## 1 국유재산 대부

- 법률의 규정에 의하여 국가가 국가 이외의 자에 대하여 사법상의 계약을 체결하여 사용·수익하게 하는 것
- 민법상의 임대차와 유사한 것이며, 잡종재산의 임대를 지칭함

## 2 대부 방법

▶ 원칙 : 공개경쟁입찰방식

▶ 예외 : 수의계약방식

- 주거용으로 대부하는 경우
- 경작의 목적으로 실경작자에게 대부하는 경우
- 2회에 걸쳐 2인이상의 유효한 입찰이 성립되지 아니한 경우
- 기타 법률등의 규정에 의하여 대부하는 경우

## 3 대부계약 체결 절차

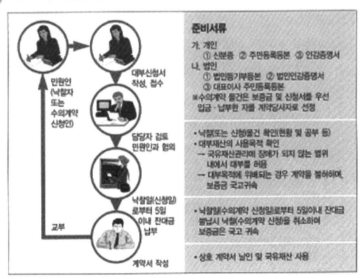

민원인
(낙찰자
또는
수의계약
신청인)

대부신청서
작성, 접수

담당자 검토
민원인과 협의

낙찰일(신청일)
로부터 5일
이내 잔대금
납부

교부

계약서 작성

**준비서류**

가. 개인
  ① 신분증 ② 주민등록등본 ③ 인감증명서
나. 법인
  ① 법인등기부등본 ② 법인인감증명서
  ③ 대표이사 주민등록등본
※수의계약 물건은 보증금 및 신청서를 우선
  입금·납부한 자를 계약당사자로 선정

- 낙찰또는 신청물건 확인현황 및 공부 등)
- 대부재산의 사용목적 확인
  → 국유재산관리에 장해가 되지 않는 범위
    내에서 대부를 허용
  → 대부목적에 위배되는 경우 계약을 불허하며,
    보증금 국고귀속

- 낙찰일(수의계약 신청일)로부터 5일이내 잔대금
  불납시 낙찰(수의계약 신청)을 취소하며
  보증금은 국고 귀속

- 상호 계약서 날인 및 국유재산 사용

## 4 대부기간 및 대부료

### 🔹 대부기간은 다음각호의 기간 이내에서 재산의 유형에 따라 결정
- 10년 이내 : 조림을 목적으로하는 토지와 그 정착물
- 5년 이내 : 조림목적 이외의 토지와 그 정착물(상업 · 주거 · 경작용)
- 1년 이내 : 기타의 물건

### 🔹 대부료 산정 : 연간대부료 = 재산가액 × 사용요율

| 재산가액 | 사용요율 |
|---|---|
| • 토지 : 당해년도 개별공시지가<br>• 건물 : 1개 감정평가법인의 평가금액 | • 주거용 : 1천분의 25이상<br>• 경작용 : 1천분의 10이상<br>• 기타(상업용) : 1천분의 50이상 |

### 🔹 대부료 납부방법
- 연간대부료는 전액 선납하는 것이 원칙임 (시행령 제27조제1항)
- 대부계약 체결이후 연체시 최고 연 15%의 연체료가 부과됨

## 5 대부계약의 해지

### 🔹 다음의 경우에는 대부계약이 해지되오니 유의하시기 바랍니다.
- 대부료 연체시
- 대부재산의 전대 또는 권리의 처분
- 대부목적의 변경
- 대부재산의 원상변경
- 국가가 공용 · 공공용으로 필요한 경우 등

## 6 대부계약중 유의사항
- 계약내용을 준수하여야 하며, 대부받은 재산에 대하여 아무런 연고권을 주장할 수 없습니다.
- 대부재산의 보존을 잘 해야 하며, 재산관리 소홀로 손해가 발생시 배상 및 원상복구 의무가 있습니다.
- 통상의 수선에 소요되는 비용 및 기타 승인을 받지 아니한 개보수로 인하여 발생한 비용 등은 청구하지 못합니다.
- 대부계약 해지를 원할시 1개월전에 신청하여야 합니다.

# 잡종재산 매각 안내

## 1 국유재산 매각

- 국유재산은 재산의 위치, 규모, 형상, 용도 등으로 보아 매각하는 것이 유리하다고 판단되는 경우에 「관리계획 심의」를 거쳐 매각합니다.
- 국유재산의 매각은 사법상의 계약이지만, 성격상 공법상의 제약이 있습니다.

| 사법상의 계약 | ← | 국유재산 중 잡종재산 | → | 공법상의 제약 |
|---|---|---|---|---|

## 2 매각 방법

### ▶ 원칙 : 공개경쟁입찰방식

### ▶ 예외 : 수의계약방식

1. 국가지분면적이 특별시 : 500㎡, 기타시 : 700㎡, 기타 : 1,000㎡이하의 토지를 공유지분권자에게 매각할때

2. 2회에 걸쳐 2인이상의 유효한 입찰이 성립되지 아니한 경우

3. 좁고 긴 모양으로 되어 있으며 폭이 5m이하로서 국유지 이외의 토지와 합필이 불가피한 토지

4. 좁고 긴 모양으로 되어 있는 폐도, 폐구거, 폐하천으로서 인접 사유토지와 합필이 불가피한 토지

5. 농업진흥지역안의 농지로서 10,000㎡이하의 범위안에서 동일인이 5년이상 계속 경작한 실경작자에게 매각하는 경우

6. 일단의 토지면적이 시지역에서는 1,000㎡ 시이외의 지역은 2,000㎡이하로서 1989.01.24이전부터 국유 이외의 건물이 있는 토지

7. 건축법 제49조제1항의 규정에 의한 최소분할면적에 미달하는 일단의 토지로서 그 경계선의 2분의 1이상이 사유토지와 접하여 있는 경우

8. 기타

## 3 매각 절차

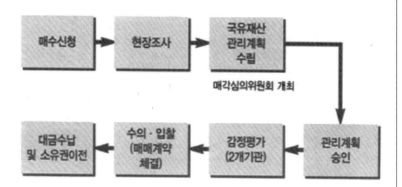

## 4 매각의 제한

1. 국가기관 및 지방자치단체가 행정목적 수행상 필요한 경우
2. 당해 재산의 매각으로 인하여 인근 잔여재산의 효용가치가 감소하는 경우
3. 상수도보호구역내의 국유지
4. 무주부동산 공고를 거쳐 취득한 후 10년이 경과되지 아니한 재산
5. 도시계획에 저촉되는 재산 등

## 5 가격결정 및 소유권이전

### ▶ 매각재산의 가격결정
- 결정방법 : 2개 감정평가법인에게 의뢰한 평가액을 산술평균한 금액
- 적용기간 : 감정평가일로부터 1년

### ▶ 매각대금의 납부 : 매매계약 체결일로부터 60일 이내
- 계약체결시 매각대금의 10%이상을 계약금으로 납부

### ▶ 매각재산의 소유권이전
- 매각재산의 소유권이전은 매각대금이 완납된 후에 함이 원칙
- 도시재개발구역안의 토지매각시 분할납부의 경우 매각대금 완납전에 이전가능, 단, 저당권 설정등 채권확보가 필수

 입찰참가 안내

## 온비드 회원가입
www.onbid.co.kr 로 접속

- 온비드내 〈회원가입〉코너를 통해 회원가입
- 반드시 유의사항을 읽어본 후 가입
- 기관회원도 인터넷입찰 참여가 가능하며 이 경우 개인명의가 아니라 기관명으로 입찰하여야 합니다.

## 공인인증서 등록
은행, 증권회사, 한국전산원 등에서 발급 받음

- 발급받은 또는 보유한 공인인증서는 〈나의 온비드〉에서 등록합니다.
- 공인인증서는 온라인상 인감과 같으며, 공인인증서가 없으면 인터넷 입찰에 참여할 수 없습니다.

## 입찰대상 물건확인
사진, 지도정보, 공부열람, 감정평가서, 현장 확인 조사 등

- 〈입찰공고〉, 〈물건정보〉코너, 〈물건검색〉 기능을 통해 인터넷 입찰이 가능한 물건을 검색합니다.
- 공고와 물건정보를 〈관심정보〉로 등록해 두시면 〈나의 온비드〉를 통해 해당물건에 대한 입찰진행 정보를 쉽게 파악할 수 있습니다.

## 인터넷입찰서 작성
"입찰참가" 버튼을 누름

- 인터넷입찰이 시작된 물건의 물건정보화면 하단의 입찰정보목록에서 "입찰참가" 버튼을 누르면 "인터넷입찰서 작성" 화면으로 넘어갑니다.
- 전자입찰서에는 원하시는 입찰금액과 유찰시 보증금을 환급받을 수 있는 계좌번호를 입력합니다.

**입찰참가 제한**

1. 대부료, 변상금 또는 매각대금의 체납자
2. 입찰을 방해하거나 온비드를 정상적으로 작동되지 않게 한 행위자
3. 허위 명의로 대부신청한 자
4. 부당하게 가격을 떨어뜨릴 목적으로 담합한 자
5. 입찰담당 직원의 직무집행을 방해한 자 등

**입찰참가자
준수규칙 확인**

공고사항 및 부대조건
등을 확인

- 작성된 입찰내용을 확인하고, "인터넷입찰참가자
준수규칙"을 확인 후 동의를 선택합니다.

**입찰서 제출 완료**

"입찰서제출"
버튼을 누름

- 입찰참가 납부계좌 확인 및 관련정보를 확인하신 후
"확인" 버튼을 눌러 입찰서 제출을 최종 완료 합니다.

※ 공동입찰, 대리인입찰, 미성년자 입찰의 경우 인터넷입찰
마감 1영업일전까지 관련서류(공동·대리인입찰서, 법정
대리인동의서)를 제출하여야 유효한 입찰이 됩니다.

**입찰보증금
납부**

〈입찰보증금업무〉
지불결제시스템
(외환은행)

- 해당물건의 인터넷 입찰마감시한까지 보증금을 납부
하시면 입찰이 완료됩니다.

- 보증금은 인터넷뱅킹, ATM, 은행창구입금 등 일반적인
은행의 거래방식 모두를 사용할 수 있습니다.

※ 입금상태는 〈나의온비드〉코너의 〈입찰내역〉에서 확인

**낙찰자선정 및
결과확인**

낙찰자입찰
보증금 이체
(입찰진행기관)

- 해당 입찰건의 집행기관이 공지된 날에 낙찰자를
선정합니다.

- 온비드 회원 가입시 입찰진행 상태 알림메일을 신청
하시면 이메일로 결과를 받아 보실 수 있습니다.

※ 유찰자의 입찰보증금은 입찰자 계좌번호로 환급

→

# 변상금에 대한 사항

## 1 변상금 부과

국유재산의 대부 또는 사용·수익허가 등을 받지 아니하고 점유·사용하였을 경우 정당한 대부료의 120%에 해당하는 금액을 부과하는 일종의 징벌적 성격을 가진 것

### 🚫 유의 사항

무단으로 국유지를 점유·사용하고 계시는 경우에는 변상금 부과에 따른 추가부담(대부료의 20%)을 줄이기 위해 대부 계약을 맺고 사용하시기 바랍니다.

## 2 부과처리 흐름도

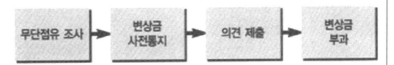

무단점유 조사 → 변상금 사전통지 → 의견 제출 → 변상금 부과

## 3 변상금 산정 및 부과기간

※ 부과 시점부터 점유(사용)기간 소급 (최장 5년)부과하고 이후부터 1년 단위로 매년 정기적으로 부과합니다.

| 산식 | 연간 변상금 = 연간 대부료(사용료) × 120% |

## 4 변상금 부과 면제

무단으로 국유지를 점유하였다고 하여 무조건 변상금을 내게 되는 것은 아니며, 특별한 사유가 있는 경우에는 변상금을 면제받게 됩니다.

### 경우1
등기부 기타 공부상의 명의인을 정당한 소유자로 믿고 상당한 대가를 지급하고 권리를 취득한자의 재산이 취득후에 국유재산으로 판명되어 국가에 귀속되는 경우

### 경우2
국가 또는 지방자치단체가 불가피한 사유로 일정기간 국유재산을 점유하게 하거나 사용·수익하게 한 경우

 # 연체료에 대한 사항

## 연체료 부과

• 대부료, 변상금, 매각대금 모두 납부기한이 경과한 후에는 납부 지연 기간에 대해 최고 연 15%의 연체료를 추가 부담하게 됩니다.

| 납부지연(연체) 기간 | 부과이율 | 비고 |
|---|---|---|
| • 1개월 미만의 경우 | • 연 12% | |
| • 1개월이상 3개월미만의 경우 | • 연 13% | |
| • 3개월이상 6개월미만의 경우 | • 연 14% | |
| • 6개월이상의 경우 | • 연 15% | |

# 시설물 설치 금지에 관한 사항

## 1 임대 국유지상 시설물 설치는 원칙적으로 불가

- 대부받은 재산에는 영구시설물 축조가 불가능합니다.
- 다만, 원상회복을 위한 조건을 이행할 경우 즉시 철거가 가능한 가설 건축물등에 한하여 설치를 허용하고 있습니다.

## 2 설치 가능한 가설건축물의 범위

- 건축법 제15조제2항 및 동법시행령 제15조 제5항에 정한 가설건축물 로서 그 존치기간이 대부(임대)기간 이내인 것

- 해체에 특별한 기술을 요하지 아니하고, 과다한 비용(철거비용이 축조 비용의 $\frac{1}{2}$을 초과)이 소요되지 않아 원상회복이 용이한 가설건축물

- 다음 각호에 해당하지 아니하는 시설물
  - 철근콘크리트조 또는 철골철근콘크리트조
  - 전기, 수도, 가스 등 새로운 간선 공급시설의 설치를 요하는 시설물
  - 주거용 시설물
  - 설치시 토지환경을 침해하거나 토지가치를 감소시킬 수 있는 시설물

## 3 가설건축물 설치시 선행조건

- 원상회복을 계약조건 등에 명시
  - 계약만료시 가설건축물은 임차인의 비용으로 철거 및 원상회복
  - 가설건축물 설치에 관한 약정서 체결 및 공증

- 원상회복 이행보증금 예치
  - 가설건축물 투자비용의 10% 이상
  - 원상회복을 이행하지 않을 경우 보증금은 국고에 귀속

- 제소전 화해신청
  - 민사소송법 제385조에 따라 당사자 합의에 의거 지방법원에 화해 신청후 화해조서 작성

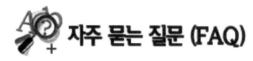

# 자주 묻는 질문 (FAQ)

## ⭐ 국유재산 대부 입찰이란?

국유재산의 사용자를 경쟁의 방법으로 선정하는 방식을 입찰이라 하며,
국유재산 대부는 사유재산의 임대와 같은 개념으로, 매각과는 별도입니다.

## 🌸 정보공개 및 대부입찰은 어디에서 하는지?

국유 잡종재산에 대한 대부 입찰은 한국자산관리공사의 온비드시스템
(www.onbid.co.kr)을 통하여 일반경쟁 입찰로 피대부자를 결정하게 됩니다.

## 🏠 전자입찰에 참가하기 위한 사전준비 사항은?

한국자산관리공사 온비드(www.onbid.co.kr)에 회원 가입 후 공인 인증기관
으로부터 전자입찰용(범용) 공인인증서를 발급받아 온비드에 등록하셔야 합니다.

## 🎵 국유재산 대부계약 체결방법은?

정보공개, 입찰공고, 입찰참가 및 낙찰자 결정은 한국자산관리공사의 온비드
시스템(www.onbid.co.kr)에서 일괄적으로 이루어지며, 대부계약은 낙찰된 금액
중 보증금을 제외한 잔대금 및 주민등록등본 등 관련서류를 지참하여 입찰 공고
에서 정한 기일(5일) 이내에 체결하여야 합니다.

- **한국자산관리공사 위탁재산 : 한국자산관리공사 국유재산관리부**
- **시 · 군 · 구 위임재산 : 관할 시 · 군 · 구청 재무과 · 회계과 등**
- **토지공사 위탁재산 : 토지공사 국유재산관리처**

## ☀ 개인도 국유재산을 대부 받을 수 있는지?

대부를 받기 위한 자격에는 제한이 없으며, 자연인(개인)은 물론이고
법인, 외국 인의 구분 없이 누구든지 국유재산을 대부 받을 수 있습니다.
단, 종전 대부료 체납자에 대하여는 입찰을 참여하실 수 없습니다.

## ⭐ 대부료의 납부방법은?

대부료는 1년 단위로 선납함을 원칙으로 합니다.
(국유재산법시행령 제27조 제1항)

국유재산을 대부받기 위하여 반드시 입찰에 참여하여야 하는지?

대부방법에는 일반경쟁입찰 및 수의계약이 있는데, 원칙적으로 일반경쟁입찰로 대부하고 있으며, 법률에서 정한 일정한 요건하에서 수의계약으로 대부가 가능합니다.

〈수의계약 대상 예〉
- 주거를 목적으로 대부하는 경우
- 경작을 목적으로 실경작자에게 대부하는 경우
- 2회에 걸쳐 2인 이상의 유효한 입찰이 성립되지 아니한 경우

참고사항

사유건물로 점유된 국유지를 주거용으로 대부하는 경우 건물소유자에게 수의계약으로 대부하고 있으나, 토지와 건물이 모두 국유재산인 경우에는 일반인에게 공평한 기회를 제공하고자 경쟁 입찰에 의한 대부계약을 체결하고 있습니다.

 대부예정가격은 어떻게 결정되는지?

대부예정가격이란 연간 대부료의 최저금액으로서 응찰자가 대부 예정가격 이상으로 입찰하여야 낙찰을 받을 수 있습니다. 대부예정가격은 재산가액을 기준으로 10/1,000~50/1,000 요율을 곱한 금액으로 정하며 이 때, 재산가액은 토지의 경우 해당 공시지가에 면적을 곱하여 산정하며, 건물은 1개 감정평가 법인이 평가한 감정평가액으로 합니다.

- 경작용의 경우 : 재산가액의 10/1,000 이상
- 주거용의 경우 : 재산가액의 25/1,000 이상
- 기타(상업용 등)의 경우 : 재산가액의 50/1,000 이상

2회이상 경쟁입찰을 실시하여도 낙찰자가 결정되지 아니하는 경우에는 3회 부터 경쟁입찰을 실시할 때마다 최초 대부예정가격의 100분의 10에 해당하는 금액을 체감하여 최고 50%까지 체감할 수 있습니다.

 대부료가 고액일 경우 가격조정이 가능한지?

대부료는 국유재산법시행령 제26조의 방법에 의하여 산정되며, 재산관리기관이 임의로 조정 할 수 없습니다. 다만, 경쟁입찰을 2회이상 실시하여 사용료 예정가격을 체감하여도 사용·수익자가 결정되기 어렵다고 인정되는 때에는 감정평가 법인의 평가액을 사용료 예정가격으로 정할 수 있습니다.

**계약체결시 본인이 직접 와야 하는지?**

대리인을 통하여 계약체결이 가능하며 이 경우 위임장이 별도로 요구됩니다. 위임의 범위에는 계약체결에 관한 일체의 내용이 포함되어야 하며 자연인의 경우에는 본인의 인감증명(법인의 경우에는 법인등기부등본 또는 초본과 대표이사 인감증명)이 첨부되어야 합니다.

 **대부물건을 낙찰받아 1년 대부기간 종료 후 연장하여 사용하고자 할 경우 다시 입찰을 통하여 낙찰을 받아야 하는지?**

모든 물건이 다 적용되는 것은 아니지만 대부분 경쟁 입찰에 의하여 낙찰된 대부물건은 첫해의 대부료는 최고입찰가로 결정하고, 최장 5년까지 대부계약을 체결할 수 있으며 1년 단위로 재산정된 대부료를 납부합니다. 또한, 주거용 및 경작용으로 대부받은 재산을 제외하고는 5년 대부계약기간 종료후 재산을 반납하고 다시 입찰을 통하여 낙찰을 받아야 사용하실 수 있습니다.

1년 단위 대부료 재산정 방법

• 당해 연도의 재산가액 × [(입찰에 의하여 결정된 첫해의 사용료) ÷ (입찰당시의 재산가액)]'의 방식으로 산정함

 **대부기간이 종료되어 대부재산을 반환하는 경우 사용한 그대로 반환해도 되는지?**

원칙적으로 대부재산을 원상회복하여 반환하여야 합니다. 다만 관리청이 사전에 원상의 변경을 승인한 경우에는 변경된 상태로 반환할 수 있습니다.

♪ **대부료를 체납하면 대부계약이 해지되는지?**

대부료를 연체하였을 경우에는 납부하여야 할 대부료에 대하여 최고 연15%의 연체료를 가산하여 납부하여야 하며, 정당한 사유없이 원래의 납부기한을 3개월이상 경과하는 때에는 대부계약이 해지됩니다

기타 대부계약 해지사유

• 공용·공공용 또는 공익사업에 필요한 때
• 대부계약자가 대부재산을 전대하거나 권리를 처분한 때
• 기타 국유재산 관계법령 및 계약조항을 위반한 경우
  (예 : 대부목적의 변경, 대부재산의 원상변경, 대부료 연체 등)

➡

## 대부재산상에 건물 등을 설치할 수 있는지?

국유지상에 건물, 기타 영구시설물의 축조는 허용되지 않습니다. 다만, 대부계약자가 토지 이용을 위한 최소한의 가설물을 설치하고자 할 경우 반드시 관할 행정기관에 허가 가능여부를 확인한 후 대부재(자산관리공사)와 사전 협의를 하여야 합니다.

 ## 대부기간 중 대부계약자가 사망한 경우 대부계약자를 변경할 수 있는지?

호적등본, 제적등본 등으로 사망사실이 확인된 경우에 한하여 상속인으로 명의를 변경할 수 있습니다. 이 경우 대부기간은 당초 대부 받은 자의 잔여기간으로 합니다.

 ## 대부계약을 체결하지 않고 국유재산을 사용할 경우 어떠한 불이익이 있는지?

당해 국유재산 대부료의 100분의 120에 상당하는 변상금을 납부하여야 함. 또한, 대부계약이 만료된 후 다시 대부계약을 체결하지 아니하고 계속 사용하는 자에게도 변상금을 부과·징수하고 있습니다. 변상금을 자진 납부하지 아니할 경우 체납자의 재산에 대한 압류 등의 법적 절차를 진행하여 체납변상금을 회수합니다.

 ## 국유재산에 대해 1인이 응찰한 경우 어떻게 되는지?

국유재산은 2인 이상의 유효한 입찰이 성립된 경우에 한하여 그 중 최고가액의 입찰자를 낙찰자로 결정하므로 1인이 응찰한 경우 입찰이 무효가 됩니다.

### 참고사항

다만, 2회에 걸쳐 2인 이상의 유효한 입찰이 성립되지 않은 경우 입찰자가 원하는 경우에 응찰한 금액으로 수의계약을 체결할 수 있습니다. 동일한 최고가격으로 응찰한 자가 2인 이상일 경우에는 온비드시스템에 의한 무작위 추첨으로 결정합니다.

## 입찰에 참가하여 낙찰되었으나 대부계약을 체결하지 않는 경우 어떻게 되는지?

낙찰자는 입찰공고에서 정한 기일(5일) 이내에 주민등록등본 1통을 지참하여 대부계약 체결과 동시에 잔대금을 납부하여야 합니다. 만일 낙찰자가 이에 응하지 않을 경우에는 낙찰을 무효로 하고 입찰보증금은 국고에 귀속됩니다.

## 주거용 건물을 2개 이상 낙찰 받을 수 있는지?

현실적으로 1인이 2개 이상의 건물에서 거주할 수 없으므로 거주를 목적으로 하는 주거용 건물에 있어서는 1인이 1주택에 한하여 낙찰받을 수 있습니다. 만일, 1인이 수개의 주택에 대하여 동시에 입찰에 참여한 경우에는 본인 의사를 확인한 후 1주택만 유효한 입찰로 처리합니다.

## 대부입찰시 유의사항은?

입찰물건중 관련 법령 등의 규제와 구조, 품질, 수량 등이 입찰내용과 상이한 경우에도 현상태로 대부하는 것이므로 사전에 공부열람과 현장확인을 충분히하여야 합니다. 입찰물건은 공고한 용도대로 사용하여야 하며, 변경 가능한 동종의 용도로 변경사용을 원할 경우 사전에 대부자(자산관리공사)의 승인을 얻어야 합니다.

## 낙찰받은 대부재산을 타인이 사용할 수 있는지?

대부재산은 대부계약자만이 사용하여야 하며 타인으로 하여금 사용하게 할 수 없습니다. 만일, 대부계약자가 타인에게 대부재산을 사용하게 할 경우에는 대부자(자산관리공사)는 즉시 대부계약을 해지하게 됩니다.

## 대부재산의 사용용도를 변경할 수 있는지?

국유재산은 계약서의 사용목적대로 사용하여야 하고, 대부계약자가 개축 또는 목적 변경을 하고자 하는 경우에는 반드시 사전에 대부자(자산관리공사)와 협의하여야 하며, 이를 위반할 경우에는 대부계약이 해지됩니다.

## 건물이 노후화된 경우 대부자가 보수공사를 해주는지?

건물의 보수는 수익자(사용자)가 부담함을 원칙으로 합니다. 다만, 건물의 안전에 지장이 있는 경우 건물의 외관이나 기본설비에 이상이 있어 대부계약자가 재산을 사용하기 어려운 경우에는 대부자(자산관리공사)의 부담으로 건물을 수리할 수 있습니다.

## 대부기간 중에 발생한 각종 공과금은 누가 부담하는지?

대부재산의 사용과 관련하여 발생하는 제반 공과금(수도료, 전기료, 단 전·단수 복구비용, 가스료, 환경개선부담금, 관리비, 화재보험료 등)은 대부계약자가 부담하여야 합니다.

## Word 국유재산 용어정리

### 1 대부료

국유재산 대부는 사유재산의 임대와 같은 개념이며, 잡종재산의 대부계약에 따른 임대료를 말함(행정재산의 경우에는 사용·수익허가라고 하며 "사용료"라 칭함)

### 2 변상금

국유재산을 정당하게 대부받지 아니하고 점유·사용하였을 경우 징벌적 성격에서 부과되는 행정처분 금액(대부료의 120%가 부과됨)

### 3 일단의 토지

국가이외의 소유 토지와 경계선을 접하고 있는 잡종재산인 일련의 토지 (이 경우 행정재산, 보존재산 또는 국가와 국가이외의 자가 공유한 토지는 국가이외의 자의 소유 토지로 봄)

### 4 국유재산관리 계획

1회계연도에 있어 국유재산의 관리(취득, 관리환, 사용·수익허가, 대부)와 처분 (매각, 교환, 양여, 신탁)에 관한 예정서로서 현금회계에 있어서 예산과 동일한 개념임

### 5 전 대

대부를 받은 자가 허가없이 다시 제3자에게 임대하는 행위(계약해지 대상임)

### 6 용도폐지

행정재산 및 보존재산이 당해 목적수행을 위하여 사용할 필요가 없다고 판단되는 경우에 잡종재산으로 전환하는 것

### 7 영구시설

시설물의 해체가 물리적으로 심히 곤란하여 해체시 재사용이 불가능하거나 해체비용이 막대하여 오히려 재산의 손실을 가져올 수 있는 시설물

### 8 귀속재산

1948. 09. 11 대한민국 정부와 미국 정부간에 체결된 재정 및 재산에 관한 최초협정 제5조에 의거 대한민국정부에 이양된 재산으로 주둔 일본인, 일본법인 재산이 해당됨

**토지투자의 틈새 국유재산 활용법**

# 나라 땅 내 땅처럼 사용하기

**지은이** 이인수

**발행일** 2020년 2월 27일

**펴낸이** 양근모

**발행처** 도서출판 청년정신 ◆ **등록** 1997년 12월 26일 제 10—1531호

**주  소** 경기도 파주시 문발로 115 세종출판벤처타운 408호

**전  화** 031)955—4923 ◆ **팩스** 031)955—4928

**이메일** pricker@empas.com